배워서 바로 쓰는

스프링 부트 2

배워서 바로 쓰는 스프링 부트 2

DB 액세스부터 도커를 활용한 개발까지, 실무에 바로 써먹는 스프링 부트 2 마스터하기

초판 1쇄 발행 2020년 4월 16일
초판 4쇄 발행 2023년 11월 22일

지은이 히로스에 다케시, 미야바야시 다케히로 / **감수자** 다카야스 아츠시 / **옮긴이** 정인식 / **펴낸이** 전태호
펴낸곳 한빛미디어(주) / **주소** 서울시 서대문구 연희로2길 62 한빛미디어(주) IT출판2부
전화 02-325-5544 / **팩스** 02-336-7124
등록 1999년 6월 24일 제25100-2017-000058호 / **ISBN** 979-11-6224-299-5   93000

총괄 송경석 / **책임편집** 홍성신 / **기획** 홍성신 / **편집** 정지수 / **진행** 이윤지
디자인 표지 이아란 내지 김연정 / **전산편집** 백지선
영업 김형진, 장경환, 조유미 / **마케팅** 박상용, 한종진, 이행은, 김선아, 고광일, 성화정, 김한솔 / **제작** 박성우, 김정우

이 책에 대한 의견이나 오탈자 및 잘못된 내용에 대한 수정 정보는 한빛미디어(주)의 홈페이지나 아래 이메일로
알려주십시오. 잘못된 책은 구입하신 서점에서 교환해드립니다. 책값은 뒤표지에 표시되어 있습니다.
한빛미디어 홈페이지 www.hanbit.co.kr / 이메일 ask@hanbit.co.kr

지금 하지 않으면 할 수 없는 일이 있습니다.
책으로 펴내고 싶은 아이디어나 원고를 메일(writer@hanbit.co.kr)로 보내주세요.
한빛미디어(주)는 여러분의 소중한 경험과 지식을 기다리고 있습니다.

배워서 바로 쓰는
스프링 부트 2

히로스에 다케시, 미야바야시 다케히로 지음
다카야스 아츠시 감수 정인식 옮김

HB 한빛미디어
Hanbit Media, Inc.

지은이 · 옮긴이 소개

지은이 **히로스에 다케시** 廣末 丈士

주식회사 빅 트리 테크놀로지 & 컨설팅 아키텍처 그룹 관리자. 10년 이상 오픈 시스템 개발에 종사하며 자바를 사용했다. 최근에는 스프링 부트를 활용한 백엔드와 SPA(Vue.js/AngularJS) 구성 개발 프로젝트에서 기술 리더로 분투 중이다. 다양한 클라이언트에게 비용 대비 효과와 편의성 대비 보안의 균형을 중시하며 솔루션을 제공한다. 자신의 프로젝트 개발 기반 정비뿐만 아니라 사내 프로젝트의 개발 지원이나 외부와의 정보 교류에도 주력하고 있다. 본 도서의 5장~9장, 12장을 집필했다.

지은이 **미야바야시 다케히로** 宮林 岳洋

주식회사 빅 트리 테크놀로지 & 컨설팅 아키텍처 그룹 관리자. 10년 이상 웹 시스템 개발 및 운용에 종사하고 있다. 전 직장에서는 높은 트래픽의 대규모 EC 시스템 개발과 운용을 맡아 자동 테스트 기반 구축과 운영 비용 절감에 기여했다. 또한 내부 개발팀 지원과 시스템 감시 최적화 지원, 자동 테스트 도입 등 컨설팅 업무도 경험했다. 복잡한 비즈니스 애플리케이션과 자사 인터넷 서비스 개발, 높은 트래픽의 시스템 설계 및 운용, AWS 등 클라우드를 이용한 서비스 구축과 자바/Node.js를 이용한 서버 애플리케이션 개발에 뛰어나다. 아키텍처 그룹의 관리자로 스프링 부트를 이용한 개발 기반의 정비를 이끌며 실제 프로젝트에도 다수 적용하고 있다. 본 도서의 1장~4장, 11장을 집필했다.

감수자 **다카야스 아츠시** 高安 厚思

주식회사 빅 트리 테크놀로지 & 컨설팅 아키텍처 그룹 리더. 도쿄전기대학 공학부 시간 강사이며 SQuBOK 설계 개발 영역 담당 위원이다. 아키텍트로 활동하며 『Struts によるWeb アプリケーションスーパーサンプル(스트럿츠에 의한 웹 애플리케이션 슈퍼 샘플)』 시리즈, 『Seasar 入門(Seasar 입문)』, 『サーブレット/JSP プログラミングテクニック 改訂版(서블릿/JSP 프로그래밍 기술 개정판)』을 집필했고 잡지 『日経SYSTEMS(일경 시스템스)』에 기고하고 있다. 아키텍처 구축

에 관한 연구와 교육, 클라우드, AI 등의 최신 기술 적용 연구와 실천으로 바쁜 나날을 보내면서 휴일은 오로지 AKB48(특히 팀8)/NMB48의 DVD를 보면서 지낸다. 본 도서의 10장을 집필하고 전체 감수를 맡았다.

옮긴이 정인식 insik8463@gmail.com

숭실대학교에서 전자계산학을 전공하고 현대정보기술 eBiz 기술팀에서 웹 애플리케이션 개발 및 B2B Marketplace 솔루션을 연구했다. 그 후 이동통신 단말기 분야로 옮겨 휴대폰 부가서비스 개발 업무를 담당했다. 일본에서는 키스코 모바일사업부 팀장으로 교세라의 북미향 휴대폰 개발에 참여했으며, 퇴직하고서는 일본 주요 이동통신사에서 업무 프로세스 개선을 위한 IT 컨설팅과 데이터 분석 관련 툴을 개발하고 있다. 옮긴 책으로는 『실전 아파치 카프카』(한빛미디어), 『자바 마스터 북: 기초에서 실무 응용까지』, 『자바스크립트 마스터 북(2판)』(이상 제이펍)을 비롯해 10여 권이 있다.

옮긴이의 말

현재 여러 IT 산업 분야에서 사용하는 인기 있는 자바 기반 엔터프라이즈 프레임워크라면 단연코 스프링 프레임워크가 그 선두다. 특히, 웹 개발에서 스프링 프레임워크는 그 의존도가 매우 커서 대부분의 시스템 통합(SI) 업체에서 개발 엔지니어 채용 시 반드시 체크하는 기술 요소이기도 하다.

이 책에서 다루는 스프링 부트는 아래와 같은 장점 덕분에 최근 개발 현장에서 매우 각광받는 스프링 프레임워크가 되었다.

- 스프링 애플리케이션을 단독으로도 실행할 수 있다.
- 기본 설정이 되어 있는 스타터 컴포넌트를 제공한다.
- 설정을 위해 일일이 XML 코드를 생성하거나 설정해야 하는 번거로움이 없다.

이처럼 스프링 부트는 스프링 프레임워크를 사용해 보다 쉽게 애플리케이션을 개발할 수 있어 실제로 프로젝트 개발 일정 등에 기여하는 바가 크다. 그렇기에 스프링을 사용하는 자바 개발자라면 반드시 알아두어야 할 기술임이 틀림없다.

이 책은 저자들의 실전 경험을 통해 얻은 지식과 노하우를 바탕으로 스프링 부트를 어떻게 활용하는지 예제를 통해 구체적으로 알려준다. 이 책을 통해 실제 현장에서 사용하는 스프링 부트의 전반적인 기술을 이해하길 바란다.

감사의 글

먼저 이 책을 번역하게 해주신 하나님께 감사드린다. 번역을 하고 교정과 편집을 하는 과정에서 많은 도움의 손길이 있었다. 이 자리를 빌려 감사 말씀을 드리고 싶다. 이 책의 진행과 교정을 맡아준 한빛미디어 정지수 님과 여러 스태프에게 감사드린다. 교정본을 보면서 느낀 것이지만, 역자의 미진한 부분을 메꾸느라 많은 고생을 하셨을 거라 생각한다. 수고 많으셨다.

마지막으로 사랑하는 나의 아내와 하은, 시온에게도 이 책의 출간에 앞서 고마움을 전한다. 조만간 맛있는 요리를 사주어야겠다!

2020년 1월 말, 일본 도쿄에서
정인식

이 책에 대하여

대상 독자

이 책은 스프링 입문서를 읽고 튜토리얼을 따라 해봤지만, 프로젝트에 적용하기 어렵거나 더 나은 방법이 없는지 고민하며 실무 활용 방법을 찾는 사람을 위한 책이다. 따라서, 스프링과 스프링 부트를 모르는 독자라면 내용의 수준이 다소 높을 수 있다.

이 책은 여러 프로젝트에서 발생한 문제 해결 방법을 다른 멤버에게 설명하고 공유하기 위해 만든 예제 프로젝트를 토대로 설명하기 때문에 매우 실용적인 노하우를 다룬다. 이 책을 읽고 이해하지 못한 부분이 있다면, 참고 문헌에 기재된 입문서나 공개된 문서를 찾아보면서 읽으면 더 효과적이다.

읽는 방법

이 책의 각 장과 각 절의 내용은 어느 정도 독립적이다. 이는 독자가 원하는 부분만 읽을 수 있도록 고려한 구성이다. 따라서 문제가 생긴다면 목차를 보고 해당하는 내용을 찾아 해결할 수 있다. 각 장은 필자들이 소속된 빅 트리 테크놀로지 & 컨설팅이 개발한 예제 프로젝트에 기반을 두고 설명한다. 우선 1장을 읽고, 이 책에서 사용하는 스프링 부트의 소스 코드 구성을 이해한 후 2장을 읽으면 더 효과적이다. 또한, 11장과 12장에서는 예제 프로젝트의 개발 환경과 이용 방법을 소개하니 먼저 읽는 것을 추천한다.

구성

1장은 이 책에서 다루는 스프링/스프링 부트 프로젝트 구성을 설명한다. 특히 웹 애플리케이션의 디렉터리 구조를 설명한다.

2장은 웹 애플리케이션을 구축할 때 기능 사양에 의해 변경이 발생하지 않는 공통 처리 부분을 설명한다.

3장은 데이터베이스 액세스의 라이브러리 통합과 이용 방법을 설명한다. 필자들의 경험상 스프링 데이터 JPA로는 '프로그램에서 실행되는 SQL을 떠올리기 어렵다'는 문제가 있었기에 이 책에서는 도마^{Doma} 2라는 O/R 매퍼를 사용한다.

4장은 스프링 시큐리티의 사용법과 응용법을 설명한다. 스프링 시큐리티는 입문서나 가이드라인이 있지만, 실제로 이를 응용하려고 하면 난관에 봉착한다. 필자들이 프로젝트에서 각자 고민한 내용을 설명한다.

5장은 타임리프를 사용한 화면 개발 방법을 설명한다. 다국어 대응 등 실제로 문제가 되었던 내용을 설명한다.

6장은 REST API 제작법과 호출 방법을 설명한다.

7장은 스프링/스프링 부트의 내용을 넘어서 팀 개발에 필요한 환경, 데이터베이스의 구성 관리, 단위 테스트 실시 방법을 설명한다.

8장은 운용 시 문제가 생길 만한 부분을 방지하고 해결하는 방법을 설명한다.

9장은 스프링 부트를 사용한 애플리케이션을 적절히 배치하기 위한 시스템 구성 방법을 설명한다. 최근 컨테이너 기술이나 클라우드 기술은 개발 환경에서 충분히 사용할 만하다. 스프링 부트의 애플리케이션을 클라우드의 컨테이너에 탑재하는 방법을 설명한다.

10장은 스프링 5와 스프링 부트 2에서 새롭게 적용된 웹플럭스에 대해 간단히 설명한다. 웹플럭스는 앞으로 중요해질 것이므로 이론을 이해해두면 좋을 것이다.

11장은 예제 프로젝트를 이용한 개발 환경 구축 방법을 소개한다.

12장은 예제 프로젝트의 이용 방법과 제공 기능을 간단히 소개한다.

개발 스타일

다음과 같은 시스템 구성으로 개발한다.

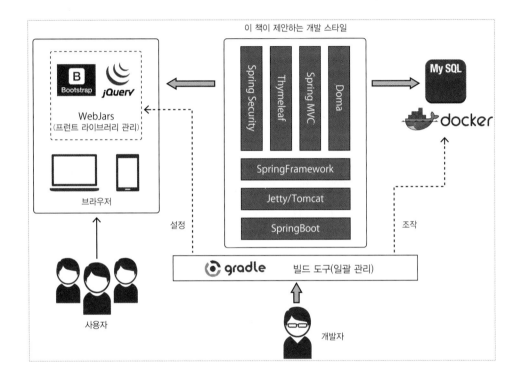

빌드 도구

스프링 부트는 빌드 도구로 메이븐과 그레이들 중 하나를 추천한다. 이 책에서는 더 유연하게
빌드할 수 있는 그레이들 중심으로 설명한다. 메이븐에 대해서는 스프링 부트의 공식 레퍼런스
를 참조하길 바란다.

스프링 부트 버전

이 책에서 사용하는 예제 프로젝트는 2018년 3월에 정식 릴리스된 스프링 부트 2.x 기준이다.

예제 프로젝트

이 책에서 사용하는 예제 프로젝트는 깃허브에 있다. 책에서 소개하지 않은 부분은 깃허브 저장소를 참조하길 바란다. 풀 리퀘스트나 이슈 모두 대환영이다.

- *https://github.com/miyabayt/spring-boot-doma2-sample*

깃허브에서 제공하는 코드는 주석과 설정이 일본어다. 한국어로 번역한 코드는 한빛미디어 자료실에서 다운로드할 수 있다.

- *http://hanbit.co.kr/src/10299*

면책 사항

이 책의 내용은 정보 제공이 목적이다. 따라서 이 책을 사용한 개발, 제작, 운용은 반드시 본인의 책임과 판단에 따라 실시하길 바란다. 이 정보에 의한 개발, 제작, 운용의 결과에 필자는 어떠한 책임도 지지 않는다.

CONTENTS

CHAPTER 1 스프링 부트의 구성

CONTENTS

CHAPTER **4** 보안

CONTENTS

CHAPTER **5** 화면 개발

CHAPTER 6 API 개발

CHAPTER 7 팀 개발

CONTENTS

CHAPTER 8 운용

CHAPTER 9 시스템 아키텍처 구성

CONTENTS

스프링 부트의 구성

스프링 부트는 프로덕션 환경에서 실행할 수 있는 애플리케이션 개발을 쉽고 빠르게 할 수 있다. 서드파티 라이브러리나 스프링 플랫폼 설정이 처음부터 들어 있어 최소한의 작업으로 개발을 시작할 수 있다.

설정을 변경하지 않는다면 내장된 컨테이너로 **톰캣**Tomcat을 사용해 미리 준비된 환경에 따라 동작한다. 스프링 부트를 사용하여 애플리케이션을 개발하면 명령줄로 실행 가능한 하나의 JAR 파일을 만들 수 있다. 명령줄에서 `java -jar` 명령의 인수로 작성한 JAR 파일을 지정해 실행하면 내장된 톰캣이 실행된 후 개발한 애플리케이션이 실행된다.

즉, 개발자는 톰캣 등의 애플리케이션 서버를 준비할 필요 없이 단순히 실행만으로 애플리케이션을 동작할 수 있다. 또한 WAR 파일을 만들 수 있어 기존 환경에 애플리케이션 서버가 있다면 스프링 부트를 기존 방법처럼 사용해 애플리케이션을 배포할 수 있다.

1.1 스프링 부트의 기초

1.1.1 스프링 부트란?

스프링 부트는 그 자체로 완전한 프레임워크는 아니다. 스프링 부트를 사용해 웹 애플리케이션을 개발할 때는 스프링에서 익숙한 **스프링 MVC** 프레임워크를 사용한다. 스프링은 스프링 MVC와 스프링 배치Spring Batch 등의 다양한 프레임워크를 조합해 신속하고 간단하게 애플리케이션을 개발할 수 있다.

다음은 스프링 부트의 대표 특징이다. 다음 절부터 각각의 특징을 살펴보자.

- **스타터**: 의존관계^{dependency}를 간단하게 정의하는 모듈이다.
- **빌드 도구**: 버전 해결 등 개발을 효율화하는 플러그인이다.
- **구성 클래스**: XML이 아닌 애너테이션과 자바로 설정을 작성한다.
- **자동 구성**: 디폴트 구성이 적용되며 필요한 부분만 설정하면 된다.
- **메인 애플리케이션 클래스**: 자바 명령으로 내장된 톰캣을 실행한다.
- **설정 파일**: 속성을 외부 파일에 정의할 수 있으며 동작 사양을 쉽게 변경할 수 있다.

1.1.2 스타터

스타터는 스프링 부트의 구성 요소 중 하나이며 일련의 의존관계를 세트로 정리하는 모듈이다. 스타터를 이용하면 필요한 라이브러리를 준비하거나 각각의 라이브러리 버전을 선정하는 번거로운 작업에서 해방된다. 예를 들어 **spring-boot-starter-web**이라는 하나의 의존관계를 추가하기만 하면 스프링 MVC 또는 톰캣 등 웹 애플리케이션에 필요한 라이브러리가 함께 추가된다.

아래의 스타터는 자주 사용하는 예다. 이외에도 어떠한 스타터가 존재하는지 알고 싶다면 스프링 부트 레퍼런스[1]를 참고하길 바란다.

- **spring-boot-starter-web**: 스프링 MVC, 톰캣이 의존관계에 추가된다.
- **spring-boot-starter-jdbc**: 스프링 JDBC, 톰캣 JDBC 커넥션 풀^{Tomcat JDBC Connection Pool}이 의존관계에 추가된다.

독자적인 스타터를 만들 수도 있다. 스타터를 만들 때는 ***-spring-boot-starter**라는 명명 규칙을 주의해야 한다. 참고로 **spring-boot**는 공식 아티팩트로 예약되어 있으니 **spring-boot**로 시작하는 명칭을 붙이지 않도록 주의하자.

---

1 스프링 부트 레퍼런스 가이드 **URL** *https://docs.spring.io/spring-boot/docs/current/reference/htmlsingle/#using-boot-starter*

1.1.3 빌드 도구

스프링 부트는 일반적인 자바 라이브러리와 마찬가지로 클래스 경로에 `spring-boot-*.jar`를 포함하여 이용할 수도 있지만 의존관계 관리가 가능한 빌드 도구를 이용하는 것이 더 좋다.

자바 애플리케이션 빌드 도구는 여러 가지가 있다. 스프링 부트는 **아파치 메이븐**Apache Maven (이후 메이븐) 또는 **그레이들**Gradle 사용을 권장한다. 물론 **아파치 앤트**Apache Ant와 같은 다른 빌드 도구를 사용할 수도 있지만, 메이븐이나 그레이들처럼 광범위한 지원을 받을 수 없다. 이 책에서는 더 유연한 빌드가 가능한 그레이들을 기반으로 설명한다. 다음은 그레이들을 사용할 때의 이점이다.

- 그레이들은 스크립트를 작성하는 빌드 도구이므로 아파치 앤트처럼 작업을 자유롭게 작성할 수 있다.
- 멀티 프로젝트를 구성할 때 하위 프로젝트에 대해 일괄로 설정하고 필요에 따라 개별적으로 설정할 수 있어 스크립트의 작성량이 메이븐보다 적다.
- 메이븐은 특수한 처리가 필요할 때 독자적인 플러그인으로 구현해야 하지만 그레이들은 스크립트를 작성하는 것만으로도 대응 가능하다.

메이븐

빌드 도구로 메이븐을 이용하려면 `spring-boot-starter-parent` 프로젝트를 부모 프로젝트로 상속한다. 그러면 플러그인의 디폴트 설정, 의존 라이브러리의 버전 정의, 자바 컴파일러 준수 레벨, 문자 코드를 이어받을 수 있다. 값을 지정하거나 덮어 쓰지 않는다면 값을 정의하지 않아도 미리 준비된 디폴트값으로 설정된다.

예제 1-1 부모 프로젝트 지정

```
<!-- Inherit defaults from Spring Boot -->
<parent>
  <groupId>org.springframework.boot</groupId>
  <artifactId>spring-boot-starter-parent</artifactId>
  <version>2.0.6.RELEASE</version>
</parent>
```

자바 컴파일러 준수 레벨의 디폴트값은 1.8이다. 버전 11로 변경하려면 다음 속성 태그를 `pom.xml` 파일에 작성하여 디폴트값을 덮어 쓴다. 다른 디폴트 설정도 동일한 방법으로 값을 덮어 쓸 수 있지만, 의존 라이브러리의 버전을 덮어 쓰는 것은 권장하지 않기 때문에 특별히 변경할 필요가 없다면 디폴트값을 사용하자.

예제 1-2 속성 덮어 쓰기

```
<properties>
  <java.version>11</java.version>
</properties>
```

그레이들

스프링 부트 2.0.x는 그레이들 4.0 이상을 지원한다. 메이븐과 다르게 그레이들을 이용하는 경우 설정을 이어받는 부모 프로젝트가 존재하지 않으므로 스타터를 의존관계로 추가해야 한다. 그레이들 플러그인 spring-boot-gradle-plugin으로 실행 가능한^{runnable} JAR 파일을 작성한다. 메이븐을 사용할 때와 마찬가지로 dependency-management 플러그인으로 의존 라이브러리의 버전을 생략할 수도 있다.

[예제 1-3]의 build.gradle 파일은 스프링 부트로 웹 애플리케이션을 개발할 때의 표준 빌드 스크립트다. 빌드 스크립트 안의 ❶~❻은 다음 설명을 실행한다.

❶ spring-boot-gradle-plugin을 빌드 스크립트의 의존관계에 추가한다.

❷ spring-boot-gradle-plugin과 dependency-management 플러그인 이용을 선언한다.

❸ 자바 컴파일러 준수 레벨을 디폴트값 1.8에서 11로 변경한다.

❹ 문자 코드로 UTF-8을 지정한다.

❺ 스타터를 애플리케이션의 의존관계에 추가한다.

❻ 테스트용 스타터를 애플리케이션의 의존관계에 추가한다.

이 책에서는 몇 가지 유용한 그레이들 플러그인을 소개하고 build.gradle 파일을 수정하면서 설명한다.

예제 1-3 표준 그레이들 빌드 스크립트

```
buildscript {
  ext {
    springBootVersion = "2.0.6.RELEASE"
    groovyVersion = "2.5.3"
  }
  repositories {
    jcenter()
  }
```

```
    dependencies {
        classpath "org.springframework.boot:spring-boot-gradle-plugin:${springBootVersion}"
//  ❶
    }
}

apply plugin: "java"
apply plugin: "org.springframework.boot" //  ❷
apply plugin: "io.spring.dependency-management" //  ❷

sourceCompatibility = 11 //  ❸
targetCompatibility = 11 //  ❸
[compileJava, compileTestJava, compileGroovy, compileTestGroovy]*.
options*.encoding = "UTF-8" //  ❹

repositories {
  jcenter()
}

dependencyManagement {
  imports {
    mavenBom org.springframework.boot.gradle.plugin.SpringBootPlugin.BOM_COORDINATES
  }
}

dependencies {
    compile "org.springframework.boot:spring-boot-starter-thymeleaf" //  ❺
    testCompile "org.springframework.boot:spring-boot-starter-test" //  ❻
}
```

앞서 언급한 바와 같이 build.gradle 파일에는 spring-boot-starter-thymeleaf의 버전이 작성되어 있지 않다. dependency-management 플러그인이 자동으로 spring-boot-starter-parent의 **BOM**^{bill of materials}을 로드하기 때문에 spring-boot-starter-web의 버전은 BOM에 정의된 버전으로 의존관계가 해결된다. 어떤 버전이 BOM에 정의되어 있는지는 아래의 레퍼런스[2]에 작성되어 있으므로 참고하기 바란다.

---

2 의존 라이브러리의 버전 URL *https://docs.spring.io/spring-boot/docs/current/reference/htmlsingle/#appendix-dependency-versions*

1.1.4 의존관계 관리

스프링 부트의 릴리스에는 일련의 의존관계가 정의되어 있어 모든 라이브러리의 버전을 하나씩 지정할 필요 없다. 스프링 부트를 업그레이드하는 경우에는 의존관계에 정의된 라이브러리도 함께 업그레이드된다. [예제 1-4]와 같이 필요에 따라 라이브러리의 버전을 별도로 지정할 수 있다.

예제 1-4 의존 라이브러리의 버전 덮어 쓰기(build.gradle)

```
ext["groovy.version"] = groovyVersion
```

ext는 그레이들의 확장 속성이다. 확장 속성에 각 라이브러리의 버전이 설정되어 있어 사용할 라이브러리의 버전을 변경하려면 버전값을 덮어 써야 한다. 스프링 부트의 버전을 높이려면 프로젝트 위키[3]에 실려 있는 릴리스 노트를 확인하길 바란다. 업그레이드하는 방법과 변경 사항, 새로운 기능을 확인할 수 있다.

1.1.5 구성 클래스

스프링 부트는 자바 기반으로 구성하는 것을 선호한다. [예제 1-5]와 같이 XML 파일에 기존처럼 작성할 수도 있지만, 스프링 부트는 @Configuration 애너테이션을 부여한 클래스로 구성하는 것을 권장한다.

구성 클래스는 꼭 하나의 클래스로 만들 필요 없다. @Import 애너테이션을 사용하여 다른 구성을 로드할 수도 있다. 아니면 @Configuration 애너테이션을 각 구성 클래스에 부여해 컴포넌트 스캔 기능으로 구성을 자동 설정하는 방법도 있다.

예제 1-5 XML로 구성하기

```
<beans xmlns="http://www.springframework.org/schema/beans"
    xmlns:context="http://www.springframework.org/schema/context"
    xmlns:xsi="http://www.w3.org/2001/XMLSchema-instance"
    xmlns:mvc="http://www.springframework.org/schema/mvc"
    xsi:schemaLocation="
```

---

3 프로젝트 위키 **URL** *https://github.com/spring-projects/spring-boot/wiki*

```
            http://www.springframework.org/schema/beans
            http://www.springframework.org/schema/beans/spring-beans.xsd
            http://www.springframework.org/schema/mvc
            http://www.springframework.org/schema/mvc/spring-mvc.xsd
            http://www.springframework.org/schema/context
            http://www.springframework.org/schema/context/spring-context.xsd">

    <context:component-scan base-package="com.sample.web" />

    <mvc:annotation-driven />
    <mvc:resources mapping="/static/**" location="/WEB-INF/static/" />

</beans>
```

스프링 부트에서 **@Configuration** 애너테이션을 사용하여 구성을 정의하면 [예제 1-6]처럼
된다. 나중에 언급할 자동 구성 기능으로 정적 콘텐츠를 배포하는 설정은 자동으로 이루어지므
로 설정을 변경할 필요가 없다면 작성하지 않는다. 컴포넌트 스캔은 메인 애플리케이션 클래스
의 **@SpringBootApplication** 애너테이션을 사용하여 스캔 대상 패키지를 지정한다.

예제 1-6 JavaConfig로 구성하기

```
// 디폴트 설정을 위해 아무것도 설정하지 않는다.
@Configuration
public class ApplicationConfig implements WebMvcConfigurer {

}

@SpringBootApplication(scanBasePackages = { "com.sample.web" })
public class Application {

  public static void main(String[] args) {
    SpringApplication.run(Application.class, args);
  }
}
```

1.1.6 자동 구성

앞서 언급했듯이 스프링 부트는 설정을 변경하지 않으면 미리 정해진 디폴트 설정에 따라 동작한다. 이는 자동 구성 기능이 디폴트 동작을 설정한 것이다. 예를 들어 의존관계에 HSQLDB 라이브러리를 추가한 상태에서 데이터베이스에 대한 접속 설정을 정의하지 않는다면, 내장형 인메모리 데이터베이스를 데이터 소스로 사용하도록 자동으로 설정된다.

자동 구성을 사용하려면 `@EnableAutoConfiguration` 또는 `@SpringBootApplication` 애너테이션을 부여한다. `@EnableAutoConfiguration`은 여러 번 부여할 수 없기 때문에 기본 구성 클래스에 부여할 것을 권장한다. 메인 애플리케이션 클래스에 부여하는 것도 일반적인 사례 중 하나이며 나중에 설명한다.

자동 구성은 개발자가 직접 명시한 구성을 덮어 쓰지 않는다. 데이터베이스에 대한 접속 설정을 정의하면 디폴트의 내장형 데이터베이스는 자동 구성 대상에서 제외된다. 만약 현재 어떤 자동 구성이 적용되었는지 알고 싶다면 인수에 `--debug`를 지정해 애플리케이션을 실행하면 자동 구성 보고서가 콘솔에 출력된다.

특정 자동 구성을 비활성화하려면 [예제 1-7]과 같이 `@EnableAutoConfiguration` 애너테이션의 속성에서 제외할 구성 클래스를 지정한다. 설정 파일의 `spring.autoconfigure.exclude` 속성으로도 제외 가능하다. `@SpringBootApplication`을 이용할 때도 별칭인 `exclude` 속성으로 동일하게 처리할 수 있다.

예제 1-7 특정 자동 구성 비활성화

```
import org.springframework.boot.autoconfigure.*;
import org.springframework.boot.autoconfigure.jdbc.*;
import org.springframework.context.annotation.*;

@Configuration
@EnableAutoConfiguration(exclude = { DataSourceAutoConfiguration.class })
public class MyConfiguration {
}
```

1.1.7 메인 애플리케이션 클래스

메인 애플리케이션 클래스는 스프링 부트의 애플리케이션을 실행하는 메서드를 호출한다. 자바 애플리케이션의 엔트리 포인트인 main 메서드 안에서 SpringApplication 클래스의 run 메서드를 호출하면 내장된 톰캣이 실행되고 Spring IoC 컨테이너가 초기화된다.

메인 애플리케이션 클래스는 디폴트 패키지가 아닌 루트 패키지에 배치할 것을 권장한다. 자동 구성에 의해 @EnableAutoConfiguration이 부여된 클래스의 패키지를 기준으로 동작하기 때문이다. 전형적인 디렉터리 구성은 [그림 1-1]과 같다.

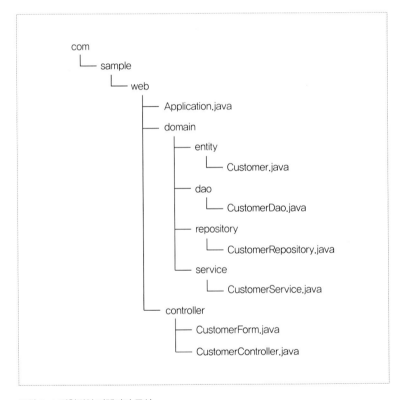

그림 1-1 전형적인 디렉터리 구성

루트 패키지에 메인 애플리케이션 클래스를 배치함으로써 @ComponentScan의 basePackage 속성을 명시적으로 지정할 필요는 없지만, [예제 1-8]처럼 scanBasePackageClasses 속성에는 컴포넌트 스캔의 기준 패키지에 배치한 클래스를 지정할 것을 권장한다. 이렇게 하면 리팩터링이 쉬워질 뿐만 아니라 기준 패키지가 어떤 패키지인지 쉽게 알 수 있다.

스프링 부트를 사용하는 애플리케이션에서는 메인 애플리케이션 클래스에 대부분 @Configuration, @EnableAutoConfiguration, @ComponentScan을 지정한다. 이를 대신하는 애너테이션은 @SpringBootApplication이다. @SpringBootApplication은 @EnableAutoConfiguration과 @ComponentScan의 속성을 커스터마이즈하는 별칭을 가지고 있어서 대부분 이 애너테이션을 지정하는 것만으로도 대응이 가능하다.

예제 1-8 메인 애플리케이션 글래스

```
package com.sample.web;

import org.springframework.boot.*;
import org.springframework.boot.autoconfigure.*;
import org.springframework.stereotype.*;
import org.springframework.web.bind.annotation.*;

import com.sample.ComponentScanBasePackage; // 상위 패키지를 스캔의 기준으로 한다.

// @Configuration, @EnableAutoConfiguration, @ComponentScan을 지정한 것과 동일
@SpringBootApplication(scanBasePackageClasses = {ComponentScanBasePackage.class })
@RestController // 원래 컨트롤러에 작성할 애너테이션
public class Application {

  @RequestMapping("/") // 원래 컨트롤러에 작성할 메서드
  public String hello() {
    return "Hello World!";
  }

  public static void main(String[] args) {
    SpringApplication.run(Application.class, args);
  }
}
```

예제 1-9 컴포넌트 스캔의 기준이 되는 패키지 지정하기

```
package com.sample;

/*
 * 컴포넌트 스캔의 basePackages를 설정한다.
```

```
 */
public class ComponentScanBasePackage {
}
```

[예제 1-8], [예제 1-9]는 패키지 클래스가 컴포넌트 스캔의 설정인 예다. 메인 애플리케이션에서만 동작하도록 Controller 클래스 구현을 포함한다.

1.1.8 설정 파일

애플리케이션을 실행하면 다음 위치에 있는 application.properties 설정 파일을 읽어 들인다.

1. 현재 디렉터리의 /config 서브 디렉터리
2. 현재 디렉터리
3. 클래스 경로의 /config 패키지
4. 클래스 경로의 루트

위에서부터 순서대로 우선 순위가 높게 설정되어 있어 여러 설정 파일이 존재할 때는 순위가 우선인 설정값으로 덮어 쓰인다.

설정 파일은 **프로파일**profile이라는 단위로 별도의 설정을 가진다. 개발 환경, 프로덕션 환경 등 환경별로 설정을 나누고 싶은 경우에는 application-{profile}.properties의 명명 규칙으로 설정 파일을 만든다. 예를 들어 프로덕션 환경의 프로파일명을 production으로 한 경우, application-production.properties라는 설정 파일에 프로덕션 환경 설정을 작성한다. 프로파일별 설정은 application.properties 설정을 덮어 쓰기 때문에 모든 설정을 프로파일별 설정으로 작성할 필요가 없다.

설정 파일의 작성 형식은 YAML로도 가능하다. 속성 형식의 설정은 [예제 1-10]과 같이 작성하는데, YAML의 경우 [예제 1-11]처럼 이루어져 있어 알아보기 좋고 쉽게 관리할 수 있다. YAML 형식의 설정을 사용하려면 application.properties 대신에 application.yml 파일을 배치하면 자동 로드된다.

예제 **1-10** 속성 형식 설정

```
foo.remote-address=192.168.1.1
foo.security.username=admin
```

예제 **1-11** YAML 형식 설정

```
foo:
  remote-address: 192.168.1.1
  security:
    username: admin
```

설정 파일에 작성한 설정값은 프로그램에서 간단히 이용할 수 있다. 프로그램에서 이용하는 방법은 [예제 1-12]처럼 구조화된 설정 클래스로 읽어 들이는 방법과 [예제 1-13]처럼 클래스의 필드로 설정값을 하나씩 읽어 들이는 방법이 있다.

예제 **1-12** @ConfigurationProperties를 사용하여 프로그램에서 설정값 이용하기

```java
@Component
@ConfigurationProperties(prefix="foo")
@Validated
public class SomePojo {

  @NotNull
  InetAddress remoteAddress;

  @Valid
  Security security = new Security();

  public static class Security {

    @NotEmpty
    String username;

    // 게터(getters)와 세터(setters)
  }
}
```

@Validated 애너테이션을 작성하면 **빈 검증**bean validation으로 속성값을 체크한다. 제약 조건을 위반한 값이 설정되면 애플리케이션 실행 시 예외가 발생하므로 설정이 빠져 있거나 설정이 틀린 것을 바로 발견할 수 있다. @ConfigurationProperties 애너테이션을 이용하면 **느슨한 바인딩**relaxed binding이 이루어지기 때문에 다음 예시처럼 클래스의 변수와 설정 파일의 키가 정확히 일치하지 않아도 느슨하게 바인딩된다.

- foo.remoteAddress
- foo.remote-address
- foo.remote_address
- FOO_REMOTE_ADDRESS

예제 1-13 @Value를 사용하여 프로그램에서 설정값 사용하기

```
@Component
public class SomePojo {

  @Value("${foo.remote-address}")
  String remoteAddress;

  @Value("${foo.security.username}")
  String securityUsername;
}
```

Column 외부 설정 파일의 종류

스프링 부트에서는 명령줄 인수나 환경 변수 등 다양한 외부 설정 파일을 사용할 수 있다. 설정이 활성화되면 우선 순위에 따라 순위가 높은 설정 방법의 값이 사용된다.

환경 변수로 설정값을 전달하는 경우, [예제 1-14]처럼 대문자의 스네이크 케이스로 지정한다. 시스템 속성은 [예제 1-15]와 같이 사용하고 명령줄 인수는 [예제 1-16]과 같이 사용한다. 각각 값을 전달하는 방법이 다르므로 자세한 내용은 레퍼런스[4]를 참고하길 바란다.

예제 1-14 환경 변수로 설정값 전달하기

```
$ SPRING_APPLICATION_JSON='{"acme":{"name":"test"}}' java -jar
myapp.jar
```

---

4 외부 설정 **URL** https://docs.spring.io/spring-boot/docs/current/reference/html/boot-features-external-config.html

```
$ java -Dspring.application.json='{"name":"test"}' -jar myapp.jar
```

예제 1-16 명령줄 인수로 설정값 전달하기

```
$ java -jar myapp.jar --spring.application.json='{"name":"test"}'
```

1.1.9 애플리케이션 실행하기

이 시점에서는 build.gradle 파일과 메인 애플리케이션 클래스, ComponentScanBase
Package 클래스만 있는 상태이지만 이것만으로도 스프링 부트 애플리케이션을 실행할 수 있
다. 다음 명령을 실행해보자.

예제 1-17 스프링 부트 애플리케이션 실행

```
$ gradle bootRun
  .   ____          _            __ _ _
 /\\ / ___'_ __ _ _(_)_ __  __ _ \ \ \ \
( ( )\___ | '_ | '_| | '_ \/ _` | \ \ \ \
 \\/  ___)| |_)| | | | | || (_| |  ) ) ) )
  '  |____| .__|_| |_|_| |_\__, | / / / /
 =========|_|==============|___/=/_/_/_/
 :: Spring Boot :: (v2.0.6.RELEASE)
 ~~~ 실행 시의 로그가 출력된다. ~~~
 2018-02-27 10:34:23.816 INFO 44063 --- [        main]
 s.b.c.e.t.TomcatEmbedded...
 2018-02-27 10:34:23.839 INFO 44063 --- [        main] com.sample.web.
 Applicati...
```

위 로그가 표시되면 브라우저에서 http://localhost:8080/를 입력해 접속한다. 브라우저
로 접속하면 'Hello World!'가 표시된다. 이 'Hello World!'는 [예제 1-8]에서 정의한 hello
메서드가 출력된 결과다. @RequestMapping("/") 애너테이션을 부여하면 브라우저에서 "/"
의 URL에 접속했을 때 hello 메서드를 처리한다. hello 메서드는 컨트롤러에 정의해야 하는
메서드지만, 여기서는 설명을 위해 애플리케이션 클래스에 정의한다.

IDE로 실행하기

스프링 부트는 간단한 자바 애플리케이션으로 **통합 개발 환경**integrated development environment(IDE)에서 쉽게 실행할 수 있지만 빌드 도구로 실행하는 방법이 일반적이다. **IntelliJ IDEA**(이후 인텔리제이)에서는 그레이들 프로젝트를 직접 열 수 있다. [그림 1-2]와 같이 그레이들 도구 창에서 bootRun 작업을 실행하면 된다.

그림 1-2 인텔리제이의 그레이들 창에서 bootRun 작업 실행하기

인텔리제이에서 그레이들 작업 실행 시 인수를 전달하고 싶다면 Run Configuration에서 설정한다.

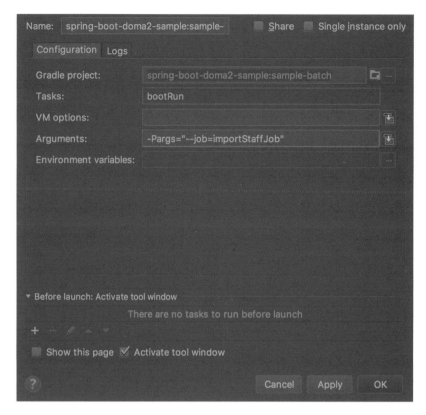

그림 1-3 인텔리제이의 Run Configuration 창에서 인수 지정하기

그레이들 작업 인수와 실행할 애플리케이션의 인수는 전달하는 방식이 다르므로 주의하길 바란다. [예제 1-18]과 같이 프로젝트 속성을 인수로 추가하도록 설정하면 개발 중 실행이 간단해진다.

예제 1-18 배치 작업명을 인수로 전달하기(build.gradle)

```
project(":sample-batch") {
  bootRun {
    // 프로젝트 속성을 인수로 건넨다.
    if (project.hasProperty("args")) {
      args project.args.split("\\s+")
    }
  }

  dependencies {
```

```
    (생략)
  }
}
```

1.2 웹 애플리케이션 개발

웹 애플리케이션을 개발할 때는 로컬 환경에서 애플리케이션을 실행해 동작을 확인하며 작업
한다. 자바의 소스 코드를 변경할 때는 동작 확인을 위해 빌드를 새로 하고 애플리케이션을 다
시 실행하는 절차를 반복한다. 이런 작업은 매우 성가시다.

1.2.1 개발자 도구

스프링 부트는 **spring-boot-devtools** 모듈을 제공한다. 이 모듈은 **JVM 핫 스와핑**JVM hot-
swapping과는 다른 방식으로 애플리케이션 개발의 효율성을 높여준다. devtools를 이용하려면
build.gradle 파일에 [예제 1-19]처럼 의존관계를 추가한다. java -jar 명령으로 실행하
면 devtools가 동작하지 않으므로 developmentOnly 의존관계로 설정한다.

예제 1-19 spring-boot-devtools를 의존관계에 추가하기(build.gradle)

```
configurations {
  developmentOnly
  runtimeClasspath {
    extendsFrom developmentOnly
  }
}

dependencies {
  developmentOnly "org.springframework.boot:spring-boot-devtools"
}
```

디폴트 속성

템플릿 엔진 등 일부 라이브러리에서는 캐시를 사용해 성능 향상을 도모한다. 프로덕션 환경에서는 캐시가 필수지만 개발 환경에서는 애플리케이션을 재실행해야 하기 때문에 오히려 방해가 된다. spring-boot-devtools는 application.properties에 캐시를 비활성화하는 설정을 작성하지 않아도 괜찮도록 자동으로 개발 환경 설정을 적용한다. DevToolsPropertyDefaultsPostProcessor[5]에 spring-boot-devtools를 적용하는 설정이 모두 정리되어 있으니 참고하길 바란다.

재실행 자동화

spring-boot-devtools를 사용하면 클래스 경로에 포함된 파일의 변경을 감지해 자동으로 애플리케이션을 다시 실행한다. 단, 정적 리소스 파일이나 템플릿처럼 재실행하지 않아도 되는 파일의 변경은 무시한다.

사용하는 IDE에 따라서 재실행이 걸리는 타이밍이 다르므로 주의하기 바란다. 이클립스의 경우 파일을 저장할 때 재컴파일이 이루어지기 때문에 설정하지 않아도 재실행이 자동으로 작동한다.

인텔리제이는 애플리케이션 실행 중에 파일을 변경해도 즉시 재컴파일되지 않으므로, 매크로를 작성하거나 애플리케이션 실행 중에 재컴파일을 실행하도록 설정을 변경해야 한다. 인텔리제이에서 Ctrl+Shift+A를 누르면 표시되는 다이얼로그 창에 registry를 입력하고 [Registry...]를 클릭한다.

---

5 DevToolsPropertyDefaultsPostProcessor.java **URL** *https://git.io/JvGQB*

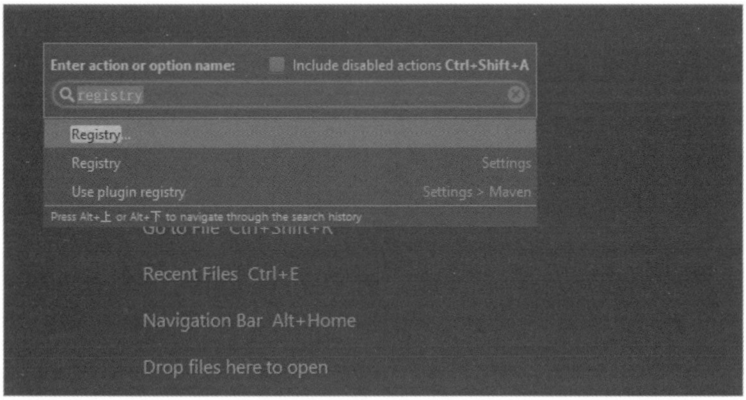

그림 1-4 인텔리제이 Registry 열기

Registry 화면이 열리면 compiler.automake.allow.when.app.running 항목을 찾는다.
이 항목에 체크하면 애플리케이션이 실행 중인 상태에서도 컴파일할 수 있다.

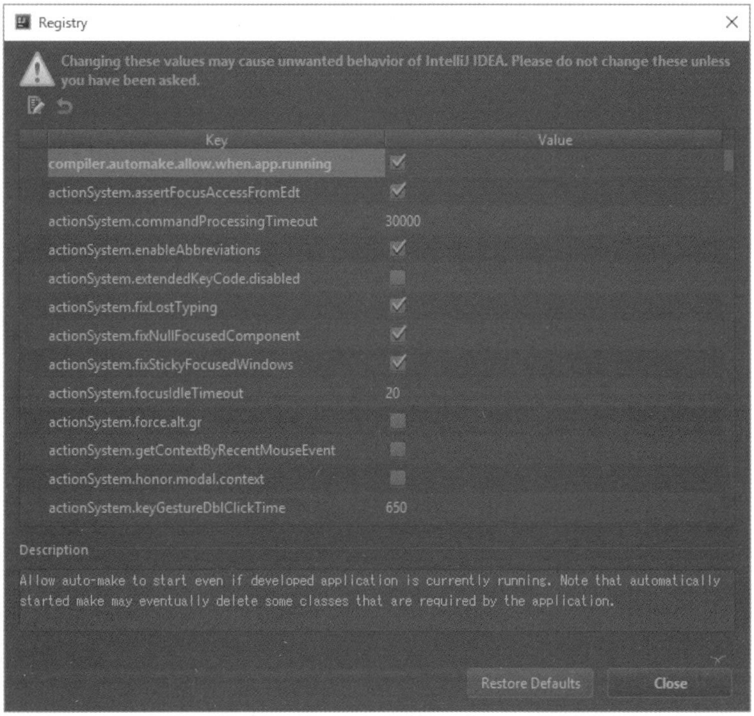

그림 1-5 애플리케이션 실행 중에도 컴파일하도록 변경하기

spring-boot-devtools는 재실행 속도를 높이기 위해 두 개의 클래스 로더를 제공하며 서드 파티 라이브러리처럼 변경되지 않는 부분은 베이스 클래스 로더에서 로드하여 이를 계속해서 사용한다. 변경되는 부분은 재실행용 클래스 로더에서 로드하고 재실행할 때마다 파기하거나 작성해 재실행하는 비용이 처음 실행보다 적어지도록 한다.

리소스 제외

정적 리소스의 변경은 단순히 리로드하는 것만으로도 괜찮기 때문에 애플리케이션의 재실행이 불필요하다. 디폴트 실정에서는 /META-INF/maven, /META-INF/resources, /resources, /static, /public 그리고 /templates가 포함된 파일의 변경은 재실행하지 않는다. [예제 1-20] 속성을 설정 파일에 작성해 재실행 트리거에서 제외할 파일을 설정한다.

예제 1-20 재실행 트리거에서 제외할 파일 설정하기

```
spring.devtools.restart.exclude=static/**, public/**
```

JVM 핫 스와핑을 사용하는 경우 [예제 1-21]의 설정을 추가하면 spring-boot-devtools의 LiveReload 기능을 활용할 수 있어 매우 편리하다.

예제 1-21 재실행 트리거에서 제외할 파일 추가 설정하기

```
spring.devtools.restart.additional-exclude=java/**, test/**
```

LiveReload

spring-boot-devtools 모듈을 의존관계에 추가하고 브라우저 확장 기능을 설치해 라이브 러리 로드 환경을 구성한다. 애플리케이션을 실행해 브라우저에서 개발 중인 화면을 열고 브 라우저 확장 기능 아이콘을 클릭하면 LiveReload 서버와 웹소켓^{WebSocket} 통신이 확립된다. 이 상태에서 템플릿이나 CSS, 자바스크립트 파일을 변경하면 브라우저 페이지가 새로고침된다. LiveReload 서버를 시작하고 싶지 않으면 [예제 1-22]의 설정으로 비활성화한다.

예제 1-22 LiveReload 비활성화

```
spring.devtools.livereload.enabled=false
```

브라우저 확장 기능은 크롬, 파이어폭스, 사파리에서 지원한다. LiveReload 브라우저 확장 기능은 LiveReload의 페이지[6]에서 다운로드할 수 있다.

1.2.2 재실행 vs 리로드

spring-boot-devtools를 사용한 애플리케이션은 첫 번째 실행 이후의 실행 비용이 전보다 적게 들도록 설계되어 있다. 하지만 소스를 변경하면서 즉시 동작을 확인하고 싶은 경우에는 리로드가 더 효율적이다. spring-boot-devtools의 재실행이 느려서 곤란할 때나 제대로 동작하지 않을 때 JVM 핫 스와핑을 시도해보는 것도 하나의 선택지이다.

스프링 부트 애플리케이션은 단순한 자바 애플리케이션이므로 특별히 아무것도 하지 않아도 JVM 핫 스와핑이 동작하지만, JDK에서 제공하는 표준 JVM 핫 스와핑은 여러 가지 제한이 있어 매우 편리하지는 않다. 만약 JVM 핫 스와핑을 구현하고 싶은 경우 제이레벨JRebel[7]이나 혹은 스프링 로디드Spring Loaded[8]의 사용을 고려해보자.

제이레벨은 JVM 핫 스와핑의 기능을 크게 향상시킨다. 클래스의 추가·삭제, 부모 클래스의 대체뿐만 아니라 **스프링 빈**Spring Bean의 리로드에도 대응하기 때문에 대부분의 소스 코드 변경이 즉시 반영된다. 하지만 제이레벨은 무료가 아니며 개인적으로 연간 약 450달러를 지불해야 사용할 수 있다.

스프링 로디드는 그레일즈Grails 2의 내부에서 이용하고 있으며 기능은 제이레벨에 못 미치지만 무료로 사용할 수 있다. 실행할 때 소스 코드의 새로고침이 가능해 파일 변경을 감지하고 리로드를 실시해 생성자, 메서드, 필드, 애너테이션, enum 값의 추가·변경·삭제에 대응할 수 있다. 하지만 새로운 클래스 추가는 지원하지 않는다.

다른 방법으로 **DCEVM**Dynamic Code Evolution VM[9]과 **HotSwapAgent**[10]를 사용한 JVM 핫 스와핑이 있다. 두 방법 모두 오픈 소스 프로젝트라 무료로 사용할 수 있다. DCEVM은 JDK에 패치를 적용해 클래스의 재정의 기능을 강화하므로 스프링 로디드에서는 지원하지 않던 클래스의 추가에 대해서도 핫 스와핑이 작동한다. HotSwapAgent와 함께 사용하면 스프링 빈의 리로드

---

6 LiveReload 브라우저 확장 기능 설치하기 **URL** *http://livereload.com/extensions/*
7 제이레벨 **URL** *https://jrebel.com/software/jrebel/*
8 스프링 로디드 **URL** *https://github.com/spring-projects/spring-loaded*
9 DCEVM **URL** *https://github.com/dcevm/dcevm*
10 HotSwapAgent **URL** *http://hotswapagent.org/*

가 가능해 DI 처리를 하는 서비스의 변경이 즉시 반영되어 매우 편리하다.

DCEVM + HotSwapAgent 도입 방법

DCEVM 프로젝트 사이트[11]에서 사용하는 JDK/JRE 버전용 DCEVM을 다운로드해보자. [예제 1-23]과 같이 다운로드한 JAR 파일을 실행해 설치한다. 윈도우의 경우, 명령 프롬프트를 관리자 권한으로 열어 설치 프로그램을 실행하면 `Program Files` 안에 설치된 JDK에 패치를 적용할 수 있다.

예제 1-23 DCEVM 설치하기

```
$ java -jar DCEVM-*-installer.jar
```

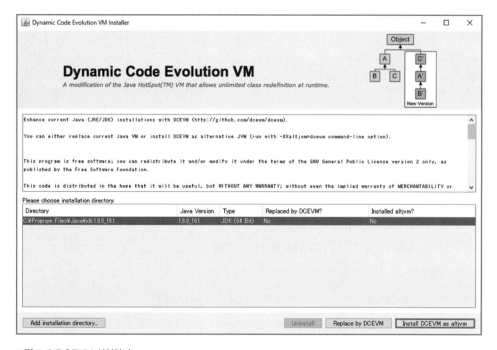

그림 1-6 DCEVM 설치하기

---

11 DCEVM 프로젝트 **URL** *https://dcevm.github.io/*

HotSwapAgent는 인텔리제이에 플러그인이 있어 사용하기 쉽다. 윈도우에서는 인텔리제이의 [File]−[Settings]−[Plugins]−[Browse repositories...]를 열고 HotSwapAgent를 검색하면 뜨는 플러그인의 [Install] 버튼을 클릭한다. 맥 운영체제에서는 [IntelliJ IDEA]−[Preferences]−[plugins]−[Browse repositories...]를 연다(이후 과정은 윈도우와 같다). 설치가 완료되면 IDE를 다시 시작하라는 메시지가 나타나므로 재실행한다.

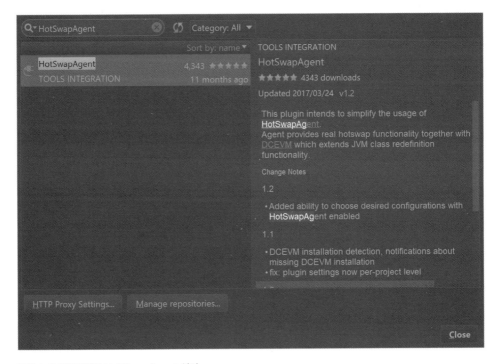

그림 1-7 인텔리제이 HotSwapAgent 설치

이어서 [Settings]의 검색 키워드에 HotSwapAgent를 입력하고 [Tools] 안에 나타난 [HotSwapAgent] 항목을 클릭한다.

그림 1-8 인텔리제이 HotSwapAgent 플러그인 설정

창 상단의 Enable HotSwapAgent in all configurations 체크박스는 모든 실행 설정에 대해 핫 스와핑이 동작한다는 의미이다. [그림 1-8]의 예에서는 bootRun 작업만 활성화하기 때문에 가장 아래의 체크박스만 체크되어 있다. 그다음 그레이들 도구 창에서 bootRun 작업을 실행하면 DCEVM과 HotSwapAgent로 핫 스와핑의 혜택을 누릴 수 있다.

1.3 예제 프로젝트의 구성

1.3.1 멀티 프로젝트

이 책은 '이 책에서 사용하는 예제 프로젝트'에서 설명한 바와 같이 깃허브에 공개된 예제 프로젝트를 기반으로 설명한다.[12] 이 예제 프로젝트는 [그림 1-9]와 같이 여러 모듈로 구성된 멀티 프로젝트다. 시스템에 여러 컴포넌트가 필요할 때 단일 프로젝트를 여러 개 작성하는 것이 아니라 멀티 프로젝트로 구성하면 다음과 같은 장점이 있다.

---

12 옮긴이_ 깃허브에서 제공하는 원서의 코드는 주석과 설정이 일본어다. 한국어로 번역한 코드는 한빛미디어의 자료실에 넣어두었으니 참고하길 바란다.

- 빌드 스크립트를 공통화할 수 있어 작성량이 줄어든다.
- 로컬/원격 저장소에 아티팩트artifact를 업로드하지 않고도 소스 코드의 변경이 반영된다.
- 각각의 프로젝트를 관련지어 작업을 실행할 수 있다.

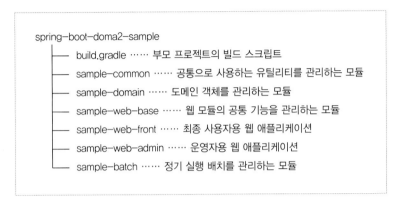

```
spring-boot-doma2-sample
        ├── build.gradle ······ 부모 프로젝트의 빌드 스크립트
        ├── sample-common ······ 공통으로 사용하는 유틸리티를 관리하는 모듈
        ├── sample-domain ······ 도메인 객체를 관리하는 모듈
        ├── sample-web-base ······ 웹 모듈의 공통 기능을 관리하는 모듈
        ├── sample-web-front ······ 최종 사용자용 웹 애플리케이션
        ├── sample-web-admin ······ 운영자용 웹 애플리케이션
        └── sample-batch ······ 정기 실행 배치를 관리하는 모듈
```

그림 1-9 예제 프로젝트의 프로젝트 구성

Column **예제 프로젝트에 대하여**

예제 프로젝트는 깃허브[13]에 오픈 소스 프로그램으로 공개하므로 이 책과 함께 참고하길 바란다. 수시로 소스를 수정하고, 추가하기 때문에 이 책의 집필 시점과 다른 부분이 있을지도 모른다. 그런 경우 소스 코드를 최신 버전으로 생각하고 살펴보길 바란다.

1.3.2 애플리케이션 아키텍처

예제 프로젝트의 애플리케이션은 다음과 같은 층으로 이루어진 계층형 아키텍처다.

프레젠테이션 층

프레젠테이션 층은 입력된 값을 받아 값을 확인하거나 값의 변환을 실시하는 층으로, 웹 모듈의 Form 클래스, FormValidator 클래스가 이에 해당한다.

---

13 예제 프로젝트 **URL** *https://github.com/miyabayt/spring-boot-doma2-sample*

애플리케이션 층

애플리케이션 층은 프리젠테이션 층에서 받은 값을 도메인 층에 전달하는 층으로 웹 모듈의 `Controller`가 이에 해당한다. 비즈니스 로직은 포함하지 않지만 화면 전환을 제어하거나 세션을 사용하여 다음 화면에 값을 전달한다.

도메인 층

도메인 층은 도메인 객체를 가지고 비즈니스 로직을 처리하는 메인 층으로 도메인 모듈의 `Service` 클래스가 이에 해당한다. 도메인 객체는 모든 계층에서 사용되지만, 반대로 도메인 층은 다른 계층에 의존해서는 안 된다는 점에 주의해야 한다.

인프라스트럭처 층

인프라스트럭처 층은 도메인 계층에서 전달된 데이터를 영속화하는 층으로 도메인 모듈의 `Repository` 클래스가 이에 해당한다. 애플리케이션 계층의 영향을 받지 않도록 범용적인 부품으로 만들어야 한다.

1.3.3 예제 프로젝트의 빌드 스크립트

모듈의 의존관계는 웹 모듈 → 도메인 모듈 → 공통 모듈 방향으로 이루어진다. 상호 참조하거나 반대 방향으로 의존하면 안 된다. 그레이들 같은 빌드 도구를 사용하면 의도하지 않은 상호 참조는 발생하지 않지만, 그럼에도 이를 염두에 두면 구현 단계에서 컴포넌트를 어느 층에 배치해야 할지 판단하는 데 도움이 된다.

위 프로젝트 구성을 빌드 스크립트에 적용하면, [예제 1-24], [예제 1-25]와 같이 된다. 이 빌드 스크립트에는 나중에 설명하는 내용도 포함되어 있다.

예제 1-24 예제 프로젝트의 빌드 스크립트(build.gradle)

```
buildscript {
    ext {
        springBootVersion = "2.1.3.RELEASE"  // ❶
        spockVersion = "1.2-groovy-2.5"
        groovyVersion = "2.5.3"
        lombokVersion = "1.18.2"
```

```
                dockerComposePluginVersion = "0.6.6"
        }
        repositories {
            mavenLocal()
            mavenCentral()
            jcenter()
        }
        dependencies {
            classpath "org.springframework.boot:spring-boot-gradle-
plugin:${springBootVersion}" //  ❶
        }
}

subprojects {
        apply plugin: "java"
        apply plugin: "groovy" //  ❷
        apply plugin: "idea"
        apply plugin: "eclipse"
        apply plugin: "org.springframework.boot" //  ❸
        apply plugin: "io.spring.dependency-management" //  ❹
        sourceCompatibility = 11 //  ❺
        targetCompatibility = 11
        [compileJava, compileTestJava, compileGroovy, compileTestGroovy]*.options*.encoding
= "UTF-8"

        sourceSets {
            test.resources {
                // 테스트 시 src/main/resources에 있는 설정 파일을 사용한다.
                srcDirs "src/main/resources"
                srcDirs "src/test/resources"
            }
        }

        repositories {
            mavenCentral()
            jcenter()

            // 재스퍼리포트(jasperreports)
            maven { url "http://jasperreports.sourceforge.net/maven2/" }
            maven { url "http://jaspersoft.artifactoryonline.com/jaspersoft/third-party-ce-
artifacts/" }
        }

        dependencyManagement {
```

```
    imports {
        mavenBom org.springframework.boot.gradle.plugin.SpringBootPlugin.BOM_
COORDINATES
    }
}

idea {
    module {
        downloadJavadoc = true
        downloadSources = true

        inheritOutputDirs = false
        outputDir = compileJava.destinationDir
        testOutputDir = compileTestJava.destinationDir
    }
}

eclipse {
    classpath {
        containers.remove("org.eclipse.jdt.launching.JRE_CONTAINER")
        containers "org.eclipse.jdt.launching.JRE_CONTAINER/org.eclipse.jdt.
internal.debug.ui.launcher.StandardVMType/JavaSE-11"
    }
}

ext["groovy.version"] = groovyVersion

bootRun {
    sourceResources sourceSets.main  // ❻
    jvmArgs "-XX:TieredStopAtLevel=1", "-Xverify:none"
}


dependencies {
    compileOnly "org.projectlombok:lombok:${lombokVersion}"
    annotationProcessor "org.projectlombok:lombok:${lombokVersion}"
    testCompile "org.assertj:assertj-core"
    testCompile "org.spockframework:spock-core:${spockVersion}"
    testCompile "org.mockito:mockito-core"
}
}

project(":sample-common") {
    bootJar {
```

```
        enabled = false
    }

    jar {
        enabled = true
    }
    dependencies {
      // 스프링 프레임워크
      annotationProcessor "org.springframework.boot:spring-bootconfiguration-processor"
      compile "org.springframework.boot:spring-boot-starter"

      compile "org.apache.commons:commons-lang3"
      compile "org.apache.commons:commons-text:1.4"
      compile "org.apache.commons:commons-compress:1.14"
      compile "commons-codec:commons-codec"
      compile "org.apache.commons:commons-digester3:3.2"
      compile "commons-io:commons-io:2.5"
      compile "org.apache.tika:tika-core:1.15"
      compile "dom4j:dom4j"
      compile "com.ibm.icu:icu4j:59.1"
    }
}

project(":sample-domain") {
    bootJar {
      enabled = false
    }

    jar {
      enabled = true
    }

    // 도마(Doma) 2를 위한 코드
    // 자바 클래스와 SQL 파일의 출력 디렉터리를 동일하게 한다.
    processResources.destinationDir = compileJava.destinationDir //  ❼
    // 컴파일하기 전 SQL 파일을 출력 디렉터리에 복사하기 위해 의존관계를 역전한다.
    compileJava.dependsOn processResources //  ❽

    dependencies {
      compile project(":sample-common")

      // 스프링 프레임워크
      compile "org.springframework.boot:spring-boot-starter-aop"
      compile "org.springframework.boot:spring-boot-starter-validation"
```

```groovy
        compile "org.springframework.boot:spring-boot-starter-mail"
        compile "org.springframework.boot:spring-boot-starter-thymeleaf"
        compile "org.springframework.boot:spring-boot-starter-jdbc"
        compile "org.springframework.boot:spring-boot-starter-json"

        // 도마에서 스프링 프레임워크 제외하기
        annotationProcessor "org.seasar.doma.boot:doma-spring-bootstarter:1.1.1"
        compile("org.seasar.doma.boot:doma-spring-boot-starter:1.1.1") {
            exclude group: "org.springframework.boot" //  ❾
        }

        // 잭슨(jackson)
        compile "com.fasterxml.jackson.dataformat:jackson-dataformat-csv"

        // 모델매퍼(modelmapper)
        compile "org.modelmapper:modelmapper:0.7.5"

        // 타임리프
        compile "org.codehaus.groovy:groovy:${groovyVersion}"
        compile("nz.net.ultraq.thymeleaf:thymeleaf-layout-dialect:2.3.0") {
            exclude group: "org.codehaus.groovy", module: "groovy"
        }

        // mysql 데이터베이스
        compile "mysql:mysql-connector-java"
        compile "org.flywaydb:flyway-core"

        testCompile "org.springframework.boot:spring-boot-starter-test"
        testCompile "org.spockframework:spock-spring:${spockVersion}"
    }
}

project(":sample-web-base") {
    bootJar {
      enabled = false
    }

    jar {
      enabled = true
    }

    dependencies {
      compile project(":sample-domain")
```

```
// 스프링 프레임워크
compile "org.springframework.boot:spring-boot-starter-cache"
compile("org.springframework.boot:spring-boot-starter-web") {
  // Jetty를 사용하기 위해 내장된 톰캣 제외
  exclude module: "spring-boot-starter-tomcat"
}
compile "org.springframework.boot:spring-boot-starter-security"
compile "org.springframework.boot:spring-boot-starter-jetty"

// 세션 보관 위치로 DB를 사용할 경우
compile "org.springframework.session:spring-session-jdbc" //  ❿
// 세션 보관 위치로 redis를 사용할 경우
// compile "org.springframework.boot:spring-boot-starter-data-redis"

// 타임리프
compile "org.thymeleaf.extras:thymeleaf-extras-springsecurity5"

// 재스퍼리포트
compile "net.sf.jasperreports:jasperreports:6.4.0"
compile "com.lowagie:itext:2.1.7.js5"

// 아파치 POI
compile "org.apache.poi:poi:3.16"
compile "org.apache.poi:poi-ooxml:3.16"

// EhCache
compile "net.sf.ehcache:ehcache"

// webjars
compile "org.webjars:webjars-locator-core"
compile "org.webjars:bootstrap:3.3.7"
compile "org.webjars:jquery:2.2.4"
compile "org.webjars:jquery-validation:1.17.0"
compile "org.webjars:bootstrap-datepicker:1.7.1"
compile("org.webjars.bower:iCheck:1.0.2") {
  exclude module: "jquery"
}
compile "org.webjars:html5shiv:3.7.3"
compile "org.webjars:respond:1.4.2"
compile "org.webjars:AdminLTE:2.3.8"
compile "org.webjars:font-awesome:4.7.0"
compile "org.webjars:ionicons:2.0.1"

testCompile "org.springframework.security:spring-security-test"
```

```
        testCompile "org.springframework.boot:spring-boot-starter-test"
        testCompile "org.spockframework:spock-spring:${spockVersion}"
    }
}

project(":sample-web-admin") {
    bootJar {
      launchScript()
    }

    configurations {
        developmentOnly
        runtimeClasspath {
            extendsFrom developmentOnly
        }
    }

    dependencies {
        compile project(":sample-web-base")
        developmentOnly "org.springframework.boot:spring-boot-devtools"

        testCompile "org.springframework.security:spring-security-test"
        testCompile "org.springframework.boot:spring-boot-starter-test"
        testCompile "org.spockframework:spock-spring:${spockVersion}"
    }
}

project(":sample-web-front") {
    bootJar {
      launchScript()
    }

    configurations {
      developmentOnly
      runtimeClasspath {
          extendsFrom developmentOnly
      }
    }

    dependencies {
      compile project(":sample-web-base")
      developmentOnly "org.springframework.boot:spring-boot-devtools"

      testCompile "org.springframework.security:spring-security-test"
```

```
      testCompile "org.springframework.boot:spring-boot-starter-test"
      testCompile "org.spockframework:spock-spring:${spockVersion}"
    }
}

project(":sample-batch") {
  bootRun {
    // 프로젝트 속성을 인수로 건넨다.
    if (project.hasProperty("args")) { // ⓫
      args project.args.split("\\s+")
    }
  }

  dependencies {
    compile project(":sample-domain")

    // 스프링 프레임워크
    compile "org.springframework.boot:spring-boot-starter-batch"

    testCompile "org.springframework.boot:spring-boot-starter-test"
    testCompile "org.springframework.batch:spring-batch-test"
    testCompile "org.spockframework:spock-spring:${spockVersion}"
  }
}

task wrapper(type: Wrapper) {
    gradleVersion = "4.10.2"
}
```

예제 1-25 예제 프로젝트 설정(settings.gradle)

```
include "sample-common", "sample-domain", "sample-web-base", "sampleweb-front",
"sample-web-admin", "sample-batch"
```

[예제 1-24]의 빌드 스크립트는 다음 설정을 실시한다.

❶ 스프링 부트 버전을 확장 속성으로 설정한다.

❷ 테스트 코드는 **스폭**Spock 프레임워크(**그루비**Groovy 언어로 작성)를 이용하므로 그루비를 사용할 수 있도록 설정한다.

❸ 모든 서브 프로젝트에서 spring-boot-gradle-plugin을 사용하도록 설정한다.

❹ 모든 서브 프로젝트에서 dependency-management 플러그인을 사용하도록 설정한다.

❺ 자바 컴파일러 준수 레벨을 11로 변경한다.

❻ src/main/resources를 클래스 경로에 추가하여 개발 중 변경 내용이 즉시 반영되도록 설정한다.

❼ 리소스 파일의 출력 위치를 소스 파일의 출력 위치로 변경한다.

❽ 컴파일 전에 리소스 파일의 출력을 실시한다.

❾ 도마의 의존관계에 버전 차이가 있는 스프링 부트를 제외한다.

❿ **스프링 세션**Spring Session 모듈을 사용하여 세션 정보를 데이터베이스에 저장한다.

⓫ 그레이들의 프로젝트 속성을 bootRun의 인수에 전달한다.

메인 애플리케이션 클래스가 정의되지 않은 공통 모듈은 bootJar 작업(실행 가능한 JAR 파일 작성 작업)을 실행할 때 오류가 발생하기 때문에 [예제 1-26]처럼 설정한다.

예제 1-26 메인 애플리케이션 클래스가 없는 모듈의 경우(build.gradle)

```
bootJar {
    enabled = false
}
```

1.3.4 롬복 이용하기

예제 프로젝트에서는 **롬복**Lombok을 이용하여 **보일러플레이트 코드**boilerplate code[14]의 절감을 도모한다. 롬복을 이용하려면 [예제 1-27]처럼 의존관계를 빌드 스크립트에 작성한다. 애플리케이션 실행 시에는 필요하지 않기 때문에 스코프는 compileOnly로 한다.

예제 1-27 의존관계에 롬복 추가하기(build.gradle)

```
dependencies {
  compileOnly "org.projectlombok:lombok:${lombokVersion}"
  annotationProcessor "org.projectlombok:lombok:${lombokVersion}"
}
```

---

14 옮긴이_ 보일러플레이트 코드란 프로그래밍 언어에서 상용구 코드를 말한다. 예를 들어 자바에서는 클래스의 getter, setter 메서드가 있다. 이런 메서드는 꼭 필요하지만 코드의 길이를 길어지게 하고 개발자에게 의미 없는 노동을 강요한다는 단점이 있다.

게터와 세터 구현 배제하기

@Getter와 @Setter 애너테이션을 작성하면 애너테이션 프로세서에 의해 [예제 1-29]처럼 **게터와 세터**가 자동으로 생성된다. 개발 시 애너테이션을 부여하고 필드를 정의하기만 하면 된다.

예제 **1-28** 게터와 세터 애너테이션 부여하기

```
@Getter
@Setter
public class Person {
  String name;
}
```

예제 **1-29** 자동 생성된 게터와 세터

```
public class Person {
  String name;

  public String getName() {
    return name;
  }

  public void setName(String name) {
    this.name = name;
  }
}
```

변수 타입을 val로 통일하기

롬복에서는 [예제 1-30]처럼 로컬 변수의 타입을 val로 설정할 수 있다. 꽤 긴 타입명도 val 세 글자로 통일할 수 있으며 자동 생성되는 타입에는 final이 부여된다. 참고로 자바 10부터 로컬 변수 타입 추론을 이용할 수 있어 var를 사용할 수 있다. 단, 자바 10의 var로 정의된 변수는 롬복에서 val로 정의한 것과 달리 final로 한정되지 않는다.

예제 **1-30** 변수 타입을 자동으로 생성하기

```
public String valExample() {
  val example = new ArrayList<String>();
  example.add("Hello, World!");
```

```
    val foo = example.get(0);
    return foo.toLowerCase();
}
```

위 기능 외에도 편리한 기능이 있으므로 롬복 공식 사이트[15]를 참조하길 바란다.

---

15 롬복의 특징 **URL** *https://projectlombok.org/features/all*

CHAPTER **2**

웹 애플리케이션의 공통 처리

이 장에서는 공통 처리와 구현 방법을 예제 프로젝트를 통해 설명한다. 다음은 웹 애플리케이션을 개발할 때 자주 쓰이는 공통 처리다.

- **유효성 검증**: 단일 항목과 상호 관련 항목 체크를 효율적으로 실시하기
- **객체 매핑**: 입력값을 다른 엔티티에 효율적으로 채워 넣기
- **로그 출력**: 공통으로 처리의 시작과 종료를 로그에 출력하기
- **파일 다운로드**: CSV, 엑셀, PDF 등의 파일 다운로드하기
- **파일 업로드**: 업로드된 파일을 도마를 사용하여 데이터베이스에 저장하기
- **메일 송신**: 본문을 템플릿 처리하여 메일 송신하기

2.1 유효성 검증

스프링 MVC에서는 단일 항목을 체크하는 **빈 검증기**bean validator가 준비되어 있지만, 상호 관련 항목을 체크하는 애너테이션은 없다. 하지만 스프링은 상호 관련 항목 체크를 공통 처리를 통해 효율적으로 실시한다. 스프링 부트에서는 spring-boot-starter-validation 스타터를 의존관계에 추가해 **빈 검증**bean validation 2.0과 **스프링 검증**Spring validation을 이용한다. 유효성 검증의 중점인 메시지 설정, 유효성 검증 종류, 단일 항목 체크, 상호 관련 항목 체크에 대해 살펴보자.

2.1.1 메시지 설정

빈 검증기는 메시지를 외부 파일로 관리하는 MessageSource를 포함한다. 스프링 부트에서는 MessageSource가 자동 구성되지만 디폴트 상태에서 문자 코드가 UTF-8로 되어 있지 않아 오류 메시지를 표시할 때 문자가 깨진다. 이 문제를 해소하기 위해 [예제 2-1]처럼 spring. messages.*를 설정하면 자동 구성으로 생성된 MessageSource는 문자 코드가 UTF-8인 메시지를 취급할 수 있다.

예제 2-1 메시지 관리 설정(application.yml)

```
spring:
  messages:
    basename: messages,ValidationMessages,PropertyNames
    cache-duration: -1
    encoding: UTF-8
```

유효성 검증기가 자동 구성에서 생성된 MessageSource를 사용하도록 스프링 빈을 정의한다.

예제 2-2 유효성 검증기의 빈 정의(BaseApplicationConfig.java)

```
@Bean
public LocalValidatorFactoryBean beanValidator(MessageSource
messageSource) {
  val bean = new LocalValidatorFactoryBean();
  bean.setValidationMessageSource(messageSource);
  return bean;
}
```

2.1.2 유효성 검증 종류

웹 애플리케이션 개발에서 유효성 검증은 클라이언트 입장과 서버 입장의 유효성 검증으로 나눌 수 있다. 이 책에서는 클라이언트 입장의 유효성 검증에 대해서는 설명을 생략하지만 예제 프로젝트는 제이쿼리 검증 플러그인jQuery validation plugin을 사용한 예가 포함되어 있으므로 참고하길 바란다.

서버 입장에서 유효성 검증은 단일 항목의 입력값으로부터 타당성을 체크하는 **단일 항목 체크**와 다른 항목이나 데이터의 상태로부터 타당성을 체크하는 **상호 관련 항목 체크**가 있다. 단일 항목 체크는 빈 검증 API가 제공하는 애너테이션을 사용할 수 있지만, 상호 관련 항목 체크는 org. springframework.validation.Validator 인터페이스 클래스를 만들거나 직접 제작한 애너테이션으로 구현해야 한다.

2.1.3 단일 항목 체크

먼저 단일 항목 체크의 구현 방법을 살펴보자. [표 2-1]에 있는 애너테이션은 자바 표준으로 미리 내장되어 있으며 javax.validation.constraints 패키지에 정의되어 있다. spring boot-starter-validation 스타터는 빈 검증의 구현 라이브러리로 **하이버네이트 검증기** Hibernate validator를 의존관계에 추가하고 있어 [표 2-2]에 있는 하이버네이트에서 정의된 애너테이션도 사용할 수 있다.

표 2-1 자바 표준 애너테이션

애너테이션	체크 내용
Min, DecimalMin	숫자가 최솟값보다 클 것
Max, DecimalMax	숫자가 최댓값보다 작을 것
NotNull	Null값이 아닐 것
Pattern	정규 표현을 만족할 것
NotBlank	값이 있을 것(공백을 허용하지 않음)
NotEmpty	값이 있을 것(공백을 허용함)
Digits	숫자일 것
Past	과거일 것
Future	미래일 것

표 2-2 하이버네이트에 정의된 애너테이션

애너테이션	체크 내용
CreditCardNumber	올바른 신용카드 번호일 것
Length	문자가 범위를 넘지 않을 것
Range	범위 내의 값일 것
SafeHtml	타당한 HTML 서식일 것
URL	올바른 URL일 것

애너테이션의 자세한 내용은 빈 검증 API,[1] 하이버네이트 검증기[2]를 참조하길 바란다.

애너테이션의 사용법은 [예제 2-3]과 같이 Form 객체의 필드에 부여하는 방법과 메서드에 부여하는 방법이 있다. 여기서 자세한 설명은 생략하지만 다른 항목의 상태를 사용한 조건 분기를 포함하는 메서드를 만들고, 그 메서드에 애너테이션을 부여해 상호 관련 항목을 체크할 수도 있다. DI 컨테이너에서 관리하지 않는 Form 객체의 메서드 안에서는 Service를 호출할 수 없기 때문에 Service를 이용한 상호 관련 항목 체크는 스프링 검증기에서 실시하도록 하자.

---

1 빈 검증 API의 사양 **URL** *https://beanvalidation.org/2.0/spec/*
2 하이버네이트 검증기의 사양 **URL** *http://hibernate.org/validator/*

예제 2-3 애너테이션을 사용한 유효성 검증(UserForm.java)

```java
import javax.validation.constraints.Digits;
import javax.validation.constraints.Email;
import javax.validation.constraints.NotEmpty;

import org.springframework.http.MediaType;
import org.springframework.web.multipart.MultipartFile;

import com.sample.web.base.validator.annotation.ContentType;
import com.sample.web.base.controller.html.BaseForm;

import lombok.Getter;
import lombok.Setter;

@Setter
@Getter
public class UserForm extends BaseForm {

    private static final long serialVersionUID = -6807767990335584883L;

    Long id;

    // 이름
    @NotEmpty
    String firstName;

    // 성
    @NotEmpty
    String lastName;

    @NotEmpty
    String password;

    @NotEmpty
    String passwordConfirm;

    // 메일 주소
    @NotEmpty
    @Email
    String email;

    // 전화번호
    @Digits(fraction = 0, integer = 10)
```

```
   String tel;

  (생략)
}
```

계속해서 컨트롤러의 인수인 Form 객체에 @Validated 애너테이션을 부여한다. 이 애너테이션으로 BindingResult에 유효성 검증의 결과가 설정된다. BindingResult는 @Validated 애너테이션이 부여된 인수 바로 다음에 정의해야 하므로 주의해서 사용한다.

예제 2-4 @Validated 애너테이션 이용하기(UserHtmlController.java)

```
/**
 * 사용자 등록 처리
 *
 * @param form
 * @param br
 * @param attributes
 * @return
 */
@PostMapping("/new")
public String newUser(@Validated @ModelAttribute("userForm") UserForm form,
BindingResult br,
RedirectAttributes attributes) {

  // 입력 체크 오류가 있다면 원래의 화면으로 돌아간다.
  if (br.hasErrors()) {
    setFlashAttributeErrors(attributes, br);
    return "redirect:/users/users/new";
  }

  (생략)
}
```

PRG 패턴은 Post, Redirect, Get 메서드를 조합하여 다음 순서대로 등록을 처리한다.

1 [보관] 버튼을 눌렀을 때 **POST** 메서드를 사용하여 서버에 요청한다(**P**: Post).
2 입력값을 DB에 보관하는 등 일련의 처리를 실시하고 상세 화면으로 리디렉션한다(**R**: Redirect).
3 **GET** 메서드로 상세 화면이 표시된다(**G**: Get).

예제 프로젝트의 거의 모든 기능에서 PRG 패턴을 적용한다. [예제 2-4]에서 유효성 검증 오류가 있는 경우, **BindingResult**를 **RedirectAttributes**에 저장한 후 입력 화면으로 리디렉션한다. 이렇게 구현하면 브라우저의 [뒤로] 버튼을 눌러도 폼 재송신의 대화 상자가 표시되지 않는다.

2.1.4 상호 관련 항목 체크

다음으로 상호 관련 항목 체크의 구현 방법을 설명한다. 실제 시스템 개발에서 값 A가 입력된 경우, 값 B의 입력이 필수가 되는 식의 유효성 검증을 구현하는 일이 자주 있다. 여기서는 암호를 두 번 입력하는 사용자 등록을 예로 들어 설명한다.

우선 [예제 2-5]와 같이 스프링 검증기를 구현한 기본 클래스를 작성한다. 이 기본 클래스를 각 유효성 검증기가 상속함으로써 중복 코드를 줄인다. 유효성 검증 결과로 모든 체크 결과를 원하는 경우와 처음 오류가 발생한 체크 결과만을 원하는 경우 모두 대응할 수 있다.

예제 2-5 Validator 기본 클래스(AbstractValidator.java)

```
import org.springframework.validation.Errors;
import org.springframework.validation.Validator;

import lombok.extern.slf4j.Slf4j;

/**
 * 기본 입력 체크 클래스
 */
@Slf4j
public abstract class AbstractValidator<T> implements Validator {

    @Override
    public boolean supports(Class<?> clazz) {
```

```java
            return true;
        }

        @SuppressWarnings("unchecked")
        @Override
        public void validate(final Object target, final Errors errors) {
            try {
                boolean hasErrors = errors.hasErrors();

                if (!hasErrors || passThruBeanValidation(hasErrors)) {
                    // 각 기능에서 구현하는 유효성 검증을 실행한다.
                    doValidate((T) target, errors);
                }
            } catch (RuntimeException e) {
                log.error("validate error", e);
                throw e;
            }
        }

        /**
         * 입력 체크를 실시한다.
         *
         * @param form
         * @param errors
         */
        protected abstract void doValidate(final T form, final Errors errors);

        /**
         * 상호 관계 체크 유효성 검증을 실시할지의 여부를 나타내는 값을 반환한다.
         * 디폴트는 JSR-303 유효성 검증에 오류가 있다면 상호 관련 체크를 실시하지 않는다.
         *
         * @return
         */
        protected boolean passThruBeanValidation(boolean hasErrors) {
            return false;
        }
    }
```

계속해서 기본 클래스를 상속한 유효성 검증기를 작성한다. 클래스에 정의한 범용형^{generic type}이 인수로 전달되기 때문에 캐스터 필요 없이 깔끔하게 작성할 수 있다. 여기서는 암호가 확인 암호와 다른 경우 **Errors** 인터페이스로 **BindingResult**에 오류 항목명과 오류 코드를 등록한다.

예제 2-6 스프링 검증기 예제(UserFormValidator.java)

```java
import static com.sample.common.util.ValidateUtils.isNotEquals;

import org.springframework.stereotype.Component;
import org.springframework.validation.Errors;

import com.sample.domain.validator.AbstractValidator;

/**
 * 사용자 등록 입력 체크
 */
@Component
public class UserFormValidator extends AbstractValidator<UserForm> {

    @Override
    protected void doValidate(UserForm form, Errors errors) {

        // 확인용 암호와 일치하는지 체크한다.
        if (isNotEquals(form.getPassword(), form.getPasswordConfirm())) {
            errors.rejectValue("password", "users.unmatchPassword");
            errors.rejectValue("passwordConfirm", "users.unmatchPassword");
        }
    }
}
```

마지막으로 컨트롤러에서는 작성한 유효성 검증기를 Form에 연관시킨다. **@InitBinder** 애너테이션을 부여한 메서드에서 유효성 검증기를 **WebDataBinder**에 추가한다. 이제 **@Validated** 애너테이션으로 빈 검증을 실행한 후, 추가한 유효성 검증기를 호출할 수 있다.

예제 2-7 유효성 검증기를 WebDataBinder에 추가하기(`UserHtmlController.java`)

```java
/**
 * 사용자 관리
 */
@Controller
@RequestMapping("/users/users")
@Slf4j
public class UserHtmlController extends AbstractHtmlController {

    @Autowired
    UserFormValidator userFormValidator;

    @InitBinder("userForm")
    public void validatorBinder(WebDataBinder binder) {
        binder.addValidators(userFormValidator);
    }
    (생략)
}
```

2.2 객체 매핑

객체 매핑object mapping은 객체의 값을 다른 객체에 복사하는 방법이다. 애플리케이션 계층 사이에서 데이터를 전달할 때 객체를 복사하는 경우가 많다. 객체를 복사할 때 항목 수가 많으면 코드량이 많아져 소스 코드의 가독성이 나빠진다.

2.2.1 재작성 비용 절약하기

객체 매핑을 사용하여 객체를 복사하면 도메인 객체의 독립성을 유지하면서 재작성 비용을 줄일 수 있다. Form 객체는 화면의 항목과 강하게 결합된 경우가 많고, 도메인 객체는 화면에 의존하지 않도록 설계되어 있기 때문에 이들을 하나로 정리하다 보면 어딘가 문제점이 생기곤 한다.

객체 매핑을 이용하면 [예제 2-8]과 같이 Form 객체를 사용하여 입력값을 받을 수 있고, Form 객체의 값을 도메인 객체에 간단히 복사해 신규 데이터를 등록할 수 있어 매우 편리하다. 예제 프로젝트에서는 **모델매퍼**(ModelMapper)[3]를 이용하는데, **도저**(Dozer)[4]와 **맵스트럭트**(MapStruct)[5] 등 다른 라이브러리로도 동일한 작업이 가능하므로 취향에 맞게 라이브러리를 선택해서 사용하면 된다.

예제 2-8 모델매퍼 이용하기(`UserHtmlController.java`)

```
/**
 * 사용자 등록 처리
 *
 * @param form
 * @param br
 * @param attributes
 * @return
 */
@PostMapping("/new")
public String newUser(@Validated @ModelAttribute("userForm") UserForm form,
BindingResult br, RedirectAttributes attributes) {

  (생략)

  // 입력값으로부터 도메인 객체를 작성한다.
  val inputUser = modelMapper.map(form, User.class);
  val password = form.getPassword();

  // 패스워드를 해시(hash)한다.
  inputUser.setPassword(passwordEncoder.encode(password));

  // 사용자를 등록한다.
  val createdUser = userService.create(inputUser);

  return "redirect:/users/users/show/" + createdUser.getId();
}
```

모델매퍼의 디폴트 설정에서 매핑이 느슨하게 이루어진다. 느슨한 매핑은 필드명이 비슷하면 의도하지 않게 매핑이 잘못 이루어지기 때문에 주의해야 한다. [예제 2-9]와 같이 **STRICT** 모드로 하는 편이 제어하기 쉬운 경우도 있기 때문에 어느 쪽이 좋은가 검토하길 바란다.

----

3 모델매퍼 URL *http://modelmapper.org/*
4 도저 URL *http://dozer.sourceforge.net/*
5 맵스트럭트 URL *http://mapstruct.org*

예제 2-9 모델매퍼 설정(DefaultModelMapperFactory.java)

```java
@Bean
public ModelMapper modelMapper() {
  val modelMapper = new ModelMapper();
  val configuration = modelMapper.getConfiguration();

  (생략)

  // STRICT 모드로 매핑한다.
  configuration.setMatchingStrategy(MatchingStrategies.STRICT);

  (생략)

  return modelMapper;
}
```

2.3 로그 출력

엔터프라이즈 애플리케이션 개발에서는 어떤 사용자가 언제 어떤 작업을 실시했는지 알 수 있도록 추적 로그를 기록하게 되어 있다. 공통으로 추적 로그를 기록하는 방법과 로그 출력 설정을 적절하게 실시하지 않으면 운용 단계에서 장애를 분석할 때 큰 곤경에 빠지기 쉽다.

스프링 부트에서는 spring-boot-starter-logging 스타터가 있다. 이 스타터는 spring-boot-starter의 의존관계에 포함되므로 로그 출력 라이브러리를 디폴트로 사용할 수 있다. spring-boot-starter-logging은 **로그백**Logback을 사용하기 때문에, **로그4j**Log4j로 변경하려면 spring-boot-starter-logging을 의존관계에서 제외하고 spring-boot-starter-log4j2를 의존관계에 추가한다.

로그 출력의 공통 처리는 요청을 접수한 기능의 처리 시작과 종료를 함께 로그 출력하는 경우가 많다. 로그백에서는 **MDC**mapped diagnostic context를 사용해 사용자 ID나 요청 ID 등의 정보를 넣어 추적성을 향상시킬 수 있다. 다음은 추적을 위한 공통 처리, 로그 레벨, 로그 로테이션에 대한 설명이다.

2.3.1 추적을 위한 공통 처리

예제 프로젝트는 [예제 2-10]과 같이 MDC에 필요한 정보를 설정하는 인터셉터를 구현한다. FunctionNameAware 인터페이스를 만들고 이 인터페이스를 각 기능에 구현해 getFunctionName 메서드로 기능명을 취득한다.

예제 2-10 MDC를 사용한 로그 출력(LoggingFunctionNameInterceptor.java)

```java
import javax.servlet.http.HttpServletRequest;
import javax.servlet.http.HttpServletResponse;

import org.slf4j.MDC;

import com.sample.common.FunctionNameAware;
import com.sample.web.base.WebConst;

import lombok.val;
import lombok.extern.slf4j.Slf4j;

/**
 * 기능명을 로그에 출력하기
 */
@Slf4j
public class LoggingFunctionNameInterceptor extends BaseHandlerInterceptor {

    private static final String MDC_FUNCTION_NAME = WebConst.MDC_FUNCTION_NAME;

    @Override
    public boolean preHandle(HttpServletRequest request, HttpServletResponse response,
Object handler) throws Exception {
        // 컨트롤러 동작 전

        val fna = getBean(handler, FunctionNameAware.class);
        if (fna != null) {
            val functionName = fna.getFunctionName();
            MDC.put(MDC_FUNCTION_NAME, functionName);
        }

        return true;
    }
}
```

예제 2-11 기능명을 취득하기 위한 마커 인터페이스(FunctionNameAware.java)

```java
/**
 * 기능명의 마커 인터페이스
 */
public interface FunctionNameAware {

    /**
     * 기능명을 반환한다.
     *
     * @return
     */
    String getFunctionName();
}
```

예제 2-12 요청을 추적하는 로그 출력(RequestTrackingInterceptor.java)

```java
import static java.util.concurrent.TimeUnit.NANOSECONDS;

import javax.servlet.http.HttpServletRequest;
import javax.servlet.http.HttpServletResponse;

import org.slf4j.MDC;

import com.sample.common.XORShiftRandom;

import lombok.val;
import lombok.extern.slf4j.Slf4j;

/**
 * 처리 시간을 DEBUG 로그에 출력한다.
 */
@Slf4j
public class RequestTrackingInterceptor extends BaseHandlerInterceptor {

    private static final ThreadLocal<Long> startTimeHolder = new ThreadLocal<>();

    private static final String HEADER_X_TRACK_ID = "X-Track-Id";

    // 난수 생성기
    private final XORShiftRandom random = new XORShiftRandom();

    @Override
```

```java
    public boolean preHandle(HttpServletRequest request, HttpServletResponse response,
Object handler) throws Exception {
        // 컨트롤러 동작 전

        // 현재 시각을 기록
        val beforeNanoSec = System.nanoTime();
        startTimeHolder.set(beforeNanoSec);

        // 추적 ID
        val trackId = getTrackId(request);
        MDC.put(HEADER_X_TRACK_ID, trackId);
        response.setHeader(HEADER_X_TRACK_ID, trackId);

        return true;
    }

    @Override
    public void afterCompletion(HttpServletRequest request, HttpServletResponse
response, Object handler, Exception ex) throws Exception {
        // 처리 완료 후

        val beforeNanoSec = startTimeHolder.get();

        if (beforeNanoSec == null) {
            return;
        }

        val elapsedNanoSec = System.nanoTime() - beforeNanoSec;
        val elapsedMilliSec = NANOSECONDS.toMillis(elapsedNanoSec);
        log.info("path={}, method={}, Elapsed {}ms.", request.getRequestURI(), request.
getMethod(), elapsedMilliSec);

        // 파기한다.
        startTimeHolder.remove();
    }

    /**
     * 추적 ID를 취득한다.
     *
     * @param request
     * @return
     */
    private String getTrackId(HttpServletRequest request) {
        String trackId = request.getHeader(HEADER_X_TRACK_ID);
```

```
        if (trackId == null) {
            int seed = Integer.MAX_VALUE;
            trackId = String.valueOf(random.nextInt(seed));
        }

        return trackId;
    }
}
```

2.3.2 로그 레벨

로그 레벨 설정은 [예제 2-13]처럼 `logging.level.*`로 설정한다. MDC에 설정한 값을 공통
으로 로그에 삽입하기 위해 `logging.pattern.level`을 설정하면 로그를 출력할 때마다 인수
에 정보를 전달하는 중복된 코드를 제거한다.

예제 2-13 로그 출력의 설정(application.yml)

```
logging:
  level:
    # 프로젝트마다 로그 레벨 지정 가능
    org.springframework: INFO
    org.springframework.jdbc: INFO
    org.thymeleaf: DEBUG
    com.sample: DEBUG
  pattern:
    level:"[%X{FUNCTION_NAME}:%X{X-Track-Id}:%X{LOGIN_USER_ID}] %5p"
```

2.3.3 로그 로테이션

로그 출력 설정에서 잊지 말아야 할 것은 로그 로테이션의 설정이다. 스프링 부트의 디폴트 설
정에서 로그 파일의 크기가 상한을 넘어서면 로테이션이 발생한다. [예제 2-14]는 로그 로테
이션의 설정을 변경하여 날짜별로 로그 파일을 분할한다. 파일명을 `logback-spring.xml`로
설정하면 스프링 확장 태그나 미리 정의된 변수를 사용할 수 있다. 여기서는 스테이징(검증)
환경과 프로덕션 환경의 로그 파일을 날짜별 로테이션으로 14일간 보관하도록 설정한다.

참고로 로그백의 경우, 다음의 네 파일 중 하나를 클래스 경로에 배치하면 로그 출력을 사용자가 정의할 수 있다.

- logback-spring.xml
- logback-spring.groovy
- logback.xml
- logback.groovy

예제 2-14 로그 로테이션 설정하기(logback-spring.xml)

```xml
<?xml version="1.0" encoding="UTF-8"?>
<configuration>
    <!-- 스프링 부트 디폴트 로그 출력 설정으로 설정 간소화 -->
    <include resource="org/springframework/boot/logging/logback/defaults.xml" />
    <property name="LOG_FILE" value="${LOG_FILE:-${LOG_PATH:-${LOG_TEMP:-${java.
io.tmpdir:-/tmp}}/}spring.log}"/>
    <include resource="org/springframework/boot/logging/logback/console-appender.xml"
/>

    <springProfile name="development">
        <root level="INFO">
            <appender-ref ref="CONSOLE" />
        </root>
    </springProfile>

    <springProfile name="production, staging">
        <appender name="FILE" class="ch.qos.logback.core.rolling.RollingFileAppender">
            <encoder>
                <charset>UTF-8</charset>
                <pattern>${FILE_LOG_PATTERN}</pattern>
            </encoder>
            <file>${LOG_FILE}</file>
            <rollingPolicy class="ch.qos.logback.core.rolling.TimeBasedRollingPolicy">
                <fileNamePattern>${LOG_FILE}-%d{yyyyMMdd}.gz</fileNamePattern>
                <maxHistory>14</maxHistory>
            </rollingPolicy>
        </appender>

        <appender name="ASYNC_FILE" class="ch.qos.logback.classic.AsyncAppender">
            <appender-ref ref="FILE" />
        </appender>
```

```
        <root level="INFO">
            <appender-ref ref="CONSOLE" />
            <appender-ref ref="ASYNC_FILE" />
        </root>
    </springProfile>

</configuration>
```

2.4 파일 다운로드

파일의 출력 처리를 공통 처리하면 소스 코드의 작성량이 줄어들고, 동작이 미묘하게 차이나지 않도록 방법을 통일할 수 있다. 파일 다운로드 기능은 엔터프라이즈의 애플리케이션 개발뿐만 아니라, 일반적인 홈페이지 게시판 등 여러 곳에서 자주 사용된다. `org.springframework.web.servlet.View` 인터페이스를 구현하면 범용적인 로직으로 다양한 파일 다운로드에 대응할 수 있다. 응답 형식이 화면인지 파일 다운로드인지를 비즈니스 로직에서 분리할 수 있기 때문에, `View` 클래스의 재사용성을 높이고, 비즈니스 로직에서 출력 처리를 배제할 수 있어 생산성이 향상된다. 여기서는 PDF 파일과 CSV 파일, 엑셀 파일의 다운로드에 대해 살펴본다.

2.4.1 PDF 파일 다운로드

자바 애플리케이션에는 서류 출력의 대표적인 라이브러리로 **재스퍼리포트**JasperReports가 있다. 재스퍼리포트는 `.jrxml`이라는 확장자의 XML 파일을 사용해 서류의 레이아웃을 템플릿으로 정의하고, 서류를 출력할 때 대상 데이터를 인수로 전달해 서류를 출력한다. 템플릿 파일은 재스퍼소프트 스튜디오Jaspersoft Studio라는 이클립스 기반 서류 디자인 도구를 사용한다.

스프링 MVC에서는 재스퍼리포트를 지원하는 `View` 클래스를 제공했지만, 스프링 프레임워크 5부터 그 기능이 제외되었다. 따라서 재스퍼리포트 라이브러리를 직접 사용해 PDF를 출력하는 `PdfView` 클래스를 구현하고, 데이터를 인수로 전달해 PDF로 출력한다.

(생략)

```java
/**
 * PDF 뷰
 */
public class PdfView extends AbstractView {

    protected String report;

    protected Collection<?> data;

    protected String filename;

    /**
     * 생성자
     *
     * @param report
     * @param data
     * @param filename
     */
    public PdfView(String report, Collection<?> data, String filename) {
        super();
        this.setContentType("application/pdf");
        this.report = report;
        this.data = data;
        this.filename = filename;
    }

    @Override
    protected void renderMergedOutputModel(Map<String, Object> model,
HttpServletRequest request, HttpServletResponse response) throws Exception {

        // IE의 경우 Content-Length 헤더가 지정되어 있지 않으면 다운로드에 실패하므로
        // 사이즈를 취득하기 위한 일시적인 바이트 배열 스트림에 콘텐츠를 출력한다.
        val baos = createTemporaryOutputStream();

        // 서류 레이아웃
        val report = loadReport();

        // 데이터 설정
        val dataSource = new JRBeanCollectionDataSource(this.data);
        val print = JasperFillManager.fillReport(report, model, dataSource);
```

```
        val exporter = new JRPdfExporter();
        exporter.setExporterInput(new SimpleExporterInput(print));
        exporter.setExporterOutput(new SimpleOutputStreamExporterOutput(baos));
        exporter.exportReport();

        // 파일명에 한국어를 포함해도 문자가 깨지지 않도록 UTF-8로 인코딩한다.
        val encodedFilename = EncodeUtils.encodeUtf8(filename);
        val contentDisposition = String.format("attachment; filename*=UTF-8''%s",
encodedFilename);
        response.setHeader(CONTENT_DISPOSITION, contentDisposition);

        // Content-Type과 Content-Length 헤디를 설정한 후에 response로 작성한다.
        writeToResponse(response, baos);
    }

    /**
     * 서류 레이아웃을 로딩한다.
     *
     * @return
     */
    protected final JasperReport loadReport() {
        val resource = new ClassPathResource(this.report);

        try {
            val fileName = resource.getFilename();
            if (fileName.endsWith(".jasper")) {
                try (val is = resource.getInputStream()) {
                    return (JasperReport) JRLoader.loadObject(is);
                }
            } else if (fileName.endsWith(".jrxml")) {
                try (val is = resource.getInputStream()) {
                    JasperDesign design = JRXmlLoader.load(is);
                    return JasperCompileManager.compileReport(design);
                }
            } else {
                throw new IllegalArgumentException(
                        ".jasper 또는 .jrxml 의 서류 포맷을 지정해주세요. [" +
fileName + "] must end in either ");
            }
        } catch (IOException e) {
            throw new IllegalArgumentException("failed to load report. " + resource,
e);
        } catch (JRException e) {
            throw new IllegalArgumentException("failed to parse report. " + resource,
```

```
e);
        }
    }
    (생략)
}
```

예제 2-16 PDF 다운로드 예제(UserHtmlController.java)

```
/**
 * PDF 다운로드
 *
 * @param filename
 * @return
 */
@GetMapping(path = "/download/{filename:.+\\.pdf}")
public ModelAndView downloadPdf(@PathVariable String filename) {
    // 모든 건을 취득한다.
    val users = userService.findAll(new UserCriteria(), Pageable.NO_LIMIT);

    // 서류 레이아웃, 데이터, 다운로드 시 파일명을 지정한다.
    val view = new PdfView("reports/users.jrxml", users.getData(), filename);

    return new ModelAndView(view);
}
```

2.4.2 CSV 파일 다운로드

CSV 파일의 다운로드는 jackson-dataformat-csv를 이용해 간단히 구현한다. 우선 build. gradle 파일에 [예제 2-17]의 라이브러리를 추가하자. 예제 프로젝트에서는 org.spring framework.web.servlet.view.AbstractView를 상속한 CsvView를 준비하고 jackson-dataformat-csv의 CsvMapper를 사용하여 엔티티를 CSV 파일에 매핑한 후 출력한다.

예제 2-17 잭슨을 의존관계에 추가하기(build.gradle)

```
compile "com.fasterxml.jackson.dataformat:jackson-dataformat-csv"
```

```java
/**
 * CSV 뷰
 */
public class CsvView extends AbstractView {

    protected static final CsvMapper csvMapper = createCsvMapper();

    protected Class<?> clazz;

    protected Collection<?> data;

    @Setter
    protected String filename;

    @Setter
    protected List<String> columns;

    /**
     * CSV 매퍼를 생성한다.
     *
     * @return
     */
    static CsvMapper createCsvMapper() {
        CsvMapper mapper = new CsvMapper();
        mapper.configure(ALWAYS_QUOTE_STRINGS, true);
        mapper.findAndRegisterModules();
        return mapper;
    }

    /**
     * 생성자
     *
     * @param clazz
     * @param data
     * @param filename
     */
    public CsvView(Class<?> clazz, Collection<?> data, String filename) {
        setContentType("application/octet-stream; charset=Windows-31J;");
        this.clazz = clazz;
        this.data = data;
        this.filename = filename;
    }
```

```java
    @Override
    protected boolean generatesDownloadContent() {
        return true;
    }

    @Override
    protected final void renderMergedOutputModel(Map<String, Object> model,
HttpServletRequest request, HttpServletResponse response) throws Exception {

        // 파일명에 한국어를 포함해도 문자가 깨지지 않도록 UTF-8로 인코딩한다.
        val encodedFilename = EncodeUtils.encodeUtf8(filename);
        val contentDisposition = String.format("attachment; filename*=UTF-8''%s",
encodedFilename);

        response.setHeader(CONTENT_TYPE, getContentType());
        response.setHeader(CONTENT_DISPOSITION, contentDisposition);

        // CSV 헤더를 객체에서 작성한다.
        CsvSchema schema = csvMapper.schemaFor(clazz).withHeader();

        if (isNotEmpty(columns)) {
            // 컬럼이 지정된 경우 스키마를 재구축한다.
            val builder = schema.rebuild().clearColumns();
            for (String column : columns) {
                builder.addColumn(column);
            }
            schema = builder.build();
        }

        // 출력한다.
        val outputStream = createTemporaryOutputStream();
        try (Writer writer = new OutputStreamWriter(outputStream, "Windows-31J")) {
            csvMapper.writer(schema).writeValue(writer, data);
        }
    }
}
```

[예제 2-19]는 잭슨에서 CSV 파일로 변환하는 엔티티다. CSV 파일에 출력하는 순서와 출력의 제외, 항목명의 정의를 애너테이션을 사용해 설정한다.

예제 2-19 CSV에 매핑할 엔티티 예제(UserCsv.java)

```java
@JsonIgnoreProperties(ignoreUnknown = true) // 정의되지 않은 속성은 무시하면서 매핑한다.
@JsonPropertyOrder({ "사용자ID", "이름", "성", "메일주소", "전화번호1", "우편번호", "주소1" }) // CSV의 헤더 순서
@Getter
@Setter
public class UserCsv implements Serializable {

    private static final long serialVersionUID = -1883999589975469540L;

    @JsonProperty("사용자ID")
    Long id;

    // 해시된 암호
    @JsonIgnore // CSV에 출력하지 않는다.
    String password;

    @JsonProperty("이름")
    String firstName;

    @JsonProperty("성")
    String lastName;

    @JsonProperty("메일주소")
    String email;

    @JsonProperty("전화번호")
    String tel;

    @JsonProperty("우편번호")
    String zip;

    @JsonProperty("주소")
    String address;
}
```

컨트롤러 구현은 PDF 파일의 경우와 마찬가지로 [예제 2-20]처럼 ModelAndView에서 CsvView를 넣어서 반환한다.

예제 2-20 CSV 다운로드 예제(`UserHtmlController.java`)

```java
/**
 * CSV 다운로드
 *
 * @param filename
 * @return
 */
@GetMapping("/download/{filename:.+\\.csv}")
public ModelAndView downloadCsv(@PathVariable String filename) {
    // 모든 파일을 취득한다.
    val users = userService.findAll(new UserCriteria(), Pageable.NO_LIMIT);

    // 채워 넣는다.
    List<UserCsv> csvList = modelMapper.map(users.getData(), toListType(UserCsv.class));

    // CSV 스키마 클래스, 데이터, 다운로드 시 파일명을 지정한다.
    val view = new CsvView(UserCsv.class, csvList, filename);

    return new ModelAndView(view);
}
```

2.4.3 엑셀 파일 다운로드

엑셀 파일의 다운로드는 `org.springframework.web.servlet.view.document.Abstract` `XlsxView`를 이용한다. `AbstractXlsxView`는 아파치 POI[Poor Obfuscation Implementation]에 의존하기 때문에 [예제 2-21]처럼 버전까지 지정해 의존관계를 작성한다. PDF 파일과 마찬가지로 파일명에 한국어가 포함되면 문자가 깨지므로 [예제 2-22]처럼 자식 클래스를 작성해 대응한다. 엑셀 통합 문서의 조립은 [예제 2-23]처럼 콜백을 사용하여 각 기능에서 구현하기 때문에 범용으로 `ExcelView`를 사용할 수 있다.

예제 2-21 아파치 POI를 의존관계에 추가하기(`build.gradle`)

```gradle
compile "org.apache.poi:poi:3.16"
compile "org.apache.poi:poi-ooxml:3.16"
```

`ExcelView`의 생성자에서 한국어를 사용하기 위한 `charset`으로 UTF-8을 지정한다.

```
/**
 * Excel 뷰
 */
public class ExcelView extends AbstractXlsxView {

    protected String filename;

    protected Collection<?> data;

    protected Callback callback;

    /**
     * 생성자
     */
    public ExcelView() {
        setContentType("application/vnd.openxmlformats-officedocument.spreadsheetml.sheet;
charset=UTF-8;");
    }

    /**
     * 생성자
     *
     * @param callback
     * @param data
     * @param filename
     */
    public ExcelView(Callback callback, Collection<?> data, String filename) {
        this();
        this.callback = callback;
        this.data = data;
        this.filename = filename;
    }

    @Override
    protected void buildExcelDocument(Map<String, Object> model, Workbook workbook,
HttpServletRequest request, HttpServletResponse response) throws Exception {

        // 파일명에 한국어를 포함해도 문자가 깨지지 않도록 UTF-8로 인코딩한다.
        val encodedFilename = EncodeUtils.encodeUtf8(filename);
        val contentDisposition = String.format("attachment; filename*=UTF-8''%s",
encodedFilename);
        response.setHeader(CONTENT_DISPOSITION, contentDisposition);
```

```
        // Excel 통합 문서를 구축한다.
        callback.buildExcelWorkbook(model, this.data, workbook);
    }

    public interface Callback {

        /**
         * Excel 통합 문서를 구축한다.
         *
         * @param model
         * @param data
         * @param workbook
         */
        void buildExcelWorkbook(Map<String, Object> model, Collection<?> data, Workbook
    workbook);
    }
}
```

UserExcel은 기능별로 구현하는 엑셀 통합 문서를 조립한다. 메서드의 첫 번째 인수 Map 변
수로부터 필요한 데이터를 추출하여 열과 행을 조립한다.

예제 2-23 엑셀 통합 문서 조립하기(UserExcel.java)

```
import static org.apache.poi.hssf.util.HSSFColor.HSSFColorPredefined.DARK_GREEN;
import static org.apache.poi.hssf.util.HSSFColor.HSSFColorPredefined.WHITE;

import java.util.Collection;
import java.util.List;
import java.util.Map;

import org.apache.poi.ss.usermodel.*;

import com.sample.domain.dto.user.User;
import com.sample.web.base.view.ExcelView;

public class UserExcel implements ExcelView.Callback {

    @Override
    public void buildExcelWorkbook(Map<String, Object> model, Collection<?> data,
Workbook workbook) {
```

```java
        // 시트 작성하기
        Sheet sheet = workbook.createSheet("사용자");
        sheet.setDefaultColumnWidth(30);

        // 폰트
        Font font = workbook.createFont();
        font.setFontName("굴림");
        font.setBold(true);
        font.setColor(WHITE.getIndex());

        // 헤더 스타일
        CellStyle style = workbook.createCellStyle();
        style.setFillForegroundColor(DARK_GREEN.getIndex());
        style.setFillPattern(FillPatternType.SOLID_FOREGROUND);
        style.setFont(font);

        Row header = sheet.createRow(0);
        header.createCell(0).setCellValue("이름");
        header.getCell(0).setCellStyle(style);
        header.createCell(1).setCellValue("성");
        header.getCell(1).setCellStyle(style);
        header.createCell(2).setCellValue("메일주소");
        header.getCell(2).setCellStyle(style);

        // 세부 사항
        @SuppressWarnings("unchecked")
        val users = (List<User>) data; // 컨트롤러에서 지정하는 데이터의 키

        int count = 1;
        for (User user : users) {
            Row userRow = sheet.createRow(count++);
            userRow.createCell(0).setCellValue(user.getLastName());
            userRow.createCell(1).setCellValue(user.getFirstName());
            userRow.createCell(2).setCellValue(user.getEmail());
        }
    }
}
```

예제 2-24 엑셀 다운로드하기(UserHtmlController.java)

```java
/**
 * Excel 다운로드
 *
```

```
 * @param filename
 * @return
 */
@GetMapping(path = "/download/{filename:.+\\.xlsx}")
public ModelAndView downloadExcel(@PathVariable String filename) {
    // 모든 건을 취득한다.
    val users = userService.findAll(new UserCriteria(), Pageable.NO_LIMIT);

    // Excel 통합 문서 생성 콜백, 데이터, 다운로드 시 파일명을 지정한다.
    val view = new ExcelView(new UserExcel(), users.getData(), filename);

    return new ModelAndView(view);
}
```

2.5 파일 업로드

파일 업로드 기능은 파일 다운로드와 마찬가지로 자주 사용된다. 스프링 부트에서 업로드 파일 크기를 제대로 제한하지 않으면 자동 구성에 의한 디폴트 동작 사양 때문에 실제 요구 사항을 만족하지 못할 수 있기 때문에 주의가 필요하다.

스프링 부트에서는 **서블릿**servlet API 3.0에서 사용할 수 있는 `javax.servlet.http.Part`를 포함하는 `MultipartResolver`가 자동으로 구성되므로 설정하지 않아도 `MultipartFile` 인터페이스를 사용해 파일을 수신할 수 있다. 여기서는 파일의 크기 설정, 처리, 데이터베이스 보관에 대해 설명한다.

2.5.1 파일의 크기 설정

디폴트 설정에서 파일 하나의 크기 제한은 1MB이며 한 번의 요청으로 받아들일 수 있는 크기는 10MB이다. 상한값을 변경하려면 [예제 2-25]와 같이 설정 파일에 값을 정의해 자동 구성의 동작 사양을 변경할 수 있다.

예제 2-25 파일 업로드 크기 제한값 변경(application.yml)

```yaml
spring:
  servlet:
    multipart:
      # 설정값을 -1로 하면 무제한이 된다.
      max-file-size: -1
      max-request-size: 20MB
```

2.5.2 파일 처리

[예제 2-26]처럼 Form 객체에 MultipartFile 타입의 필드를 선언하면 MultipartResolver 가 요청의 ContentType을 보고 multipart면 StandardMultipartFile을 인스턴스로 생성해 설정한다. SessionAttribute를 사용하여 세션에 Form 객체를 보관하는 경우에는 serializable이 아니기 때문에 transient로 설정한다.

예제 2-26 파일을 보관하는 Form 객체(UserForm.java)

```java
public class UserForm extends BaseForm {
    (생략)

    // 첨부 파일
    @ContentType(allowed = { MediaType.IMAGE_PNG_VALUE, MediaType.IMAGE_JPEG_VALUE,
MediaType.IMAGE_GIF_VALUE })
    transient MultipartFile userImage; // serializable이 아니므로 transient로 한다.
}
```

[예제 2-26]에서 사용된 @ContentType 애너테이션은 개별적으로 구현한 애너테이션으로 업로드된 파일의 형식을 빈 검증으로 체크한다. 여기서는 이미지 파일만 허용하고 싶기 때문에 MediaType 클래스를 사용해 이미지 파일 중 허용할 확장자를 allowed 속성에 전달한다.

2.5.3 데이터베이스 보관

이번에는 도마를 사용하여 업로드 파일을 데이터베이스에 보관하는 방법을 설명한다. 도마의 자세한 사용법은 3장에서 설명하므로 나중에 참조하길 바란다.

요즘은 고가용성을 담보하며 클라우드 서비스로 제공하는 저장소를 사용하는 경우가 많다. 하지만 기존 서버 자원을 활용하고 싶거나 무언가의 제약으로 클라우드 서비스를 사용할 수 없다면 데이터베이스에 파일을 보관하기도 한다. 단순히 로컬 저장소에 파일을 내보내려면 MultipartFile의 getInputStream 메서드를 사용해 취득한 스트림을 파일로 내보내면 되므로 이에 대한 설명은 생략한다.

먼저 파일을 일괄로 관리하는 업로드 파일 테이블을 만든 후에 파일을 식별하는 키를 다른 테이블과 연결하는 데 사용한다. 파일을 보관하는 테이블은 [예제 2-27]의 DDL문으로 작성한다.

예제 2-27 파일을 영속화하는 테이블(R__1_create_tables.sql)

```
CREATE TABLE IF NOT EXISTS upload_files(
   upload_file_id INT(11) unsigned NOT NULL AUTO_INCREMENT COMMENT '파일ID'
   , file_name VARCHAR(100) NOT NULL COMMENT '파일명'
   , original_file_name VARCHAR(200) NOT NULL COMMENT '원래파일명'
   , content_type VARCHAR(50) NOT NULL COMMENT '콘텐츠타입'
   , content LONGBLOB NOT NULL COMMENT '콘텐츠'
   , created_by VARCHAR(50) NOT NULL COMMENT '등록자'
   , created_at DATETIME NOT NULL COMMENT '등록일시'
   , updated_by VARCHAR(50) DEFAULT NULL COMMENT '갱신자'
   , updated_at DATETIME DEFAULT NULL COMMENT '갱신일시'
   , deleted_by VARCHAR(50) DEFAULT NULL COMMENT '삭제자'
   , deleted_at DATETIME DEFAULT NULL COMMENT '삭제일시'
   , version INT(11) unsigned NOT NULL DEFAULT 1 COMMENT '개정번호'
   , PRIMARY KEY (upload_file_id)
   , KEY idx_upload_files (file_name, deleted_at)
   , KEY idx_upload_files_01 (file_key, deleted_at)
) COMMENT='업로드파일';
```

업로드 파일 테이블에 해당하는 엔터티를 [예제 2-28]과 같이 작성한다. BZip2Data 타입은 도마의 도메인 클래스 기능을 사용해 파일의 바이트 배열을 GZip2로 압축해서 보관하는 클래스다. 압축할 필요가 없으면 content 필드의 타입을 byte[] 타입으로 변경한다.

예제 2-28 업로드 파일을 취급하는 엔티티(UploadFile.java)

```java
@Table(name = "upload_files")
@Entity
@Getter
@Setter
public class UploadFile extends DomaDtoImpl implements MultipartFileConvertible {

    private static final long serialVersionUID = 1738092593334285554L;

    @OriginalStates // 차분(차이가 발생한 항목(컬럼)) UPDATE를 위한 정의
    UploadFile originalStates;

    @Id
    @Column(name = "upload_file_id")
    @GeneratedValue(strategy = GenerationType.IDENTITY)
    Long id;

    // 파일명
    @Column(name = "file_name")
    String filename;

    // 원래 파일명
    @Column(name = "original_file_name")
    String originalFilename;

    // 콘텐츠 타입
    String contentType;

    // 콘텐츠
    BZip2Data content;  // byte[]를 포함하는 도메인 클래스(값 객체)
}
```

[예제 2-29]는 데이터베이스와 상호작용하는 데이터 액세스 객체이며 **@Update** 애너테이션을
부여한 메서드를 호출하면 [예제 2-28]의 엔티티로 데이터를 갱신하는 SQL문을 발행한다.

예제 2-29 데이터 액세스를 위한 Dao 클래스(UploadFileDao.java)

```java
@ConfigAutowireable
@Dao
public interface UploadFileDao {
(생략)
```

```
    /**
     * 업로드 파일을 갱신한다.
     *
     * @param uploadFile
     * @return
     */
    @Update
    int update(UploadFile uploadFile);

    (생략)
}
```

Form 객체에서 **MultipartFile** 타입의 인스턴스를 취득해 [예제 2-30]과 같이 엔티티에 값을 채워 넣는다. 그 후 [예제 2-31]처럼 엔티티를 인수에 전달해 데이터 액세스 객체의 **update** 메서드를 호출하면 BLOB 타입의 값이 content 컬럼에 기록된다.

예제 2-30 업로드 파일 변환(MultipartFileUtils.java)

```
/**
 * MultipartFileConvertible에 값을 채워 넣는다.
 *
 * @param from
 * @param to
 */
public static void convert(MultipartFile from, MultipartFileConvertible to) {
  to.setFilename(from.getName());
  to.setOriginalFilename(from.getOriginalFilename());
  to.setContentType(from.getContentType());

  try {
  // 바이트 배열을 설정한다.
      to.setContent(BZip2Data.of(from.getBytes()));
  } catch (IOException e) {
    log.error("failed to getBytes", e);
    throw new IllegalArgumentException(e);
  }
}
```

예제 2-31 업로드 파일을 DB에 보관(UserHtmlController.java)

(생략)

```
  val image = form.getUserImage();
  if (image != null && !image.isEmpty()) {
    val uploadFile = new UploadFile();
    MultipartFileUtils.convert(image, uploadFile);
   // MultipartFileConvertible에 값을 채워 넣는다.
    user.setUploadFile(uploadFile);
  }

  // 갱신한다.
  val updatedUser = userService.update(user);

  (생략)
```

2.6 메일 송신

자주 이용하는 메일 송신 방법을 예로 들면 미리 정해진 메일 본문을 템플릿 파일에 작성해두고 그 안에 넣어둔 변수에 값을 설정해 메일을 전송하는 방법이 있다. 그러나 이 방법에서 메일 본문을 조금이라도 수정하려면 애플리케이션을 수정해야 한다.

스프링 부트는 spring-boot-starter-mail 스타터가 있다. 이 스타터를 의존관계에 추가하고 spring.mail.host 속성을 정의하면 자동 구성에 의해 작성되는 JavaMailSender를 이용할 수 있다. JavaMailSender는 메일 송신을 위한 인터페이스로 **자바메일**^{JavaMail} 라이브러리를 사용하면 메일 송신을 쉽게 구현할 수 있다.

[예제 2-33]처럼 SimpleMailMessage 객체를 JavaMailSender#send 메서드에 전달해 메일을 송신한다. 메일의 본문은 SimpleMailMessage#setText 메서드의 인수로 전달하는데, 이 때 템플릿 엔진을 이용하면 실용적이다. 예제에서는 타임리프 3를 사용하여 메일 본문을 조립하고 sendMail 메서드에 전달한다.

2.6.1 템플릿 엔진 이용

타임리프^{Thymeleaf} 3는 템플릿 모드로 텍스트를 지정할 수 있으며 [예제 2-34]처럼 간단한 템플릿을 정의할 수 있어 매우 편리하다. 예제 프로젝트에서는 [예제 2-32]와 같이 데이터베이스에서 템플릿을 검색할 수 있다. 데이터베이스의 템플릿을 유지보수하는 기능을 준비하면 작은 수정 때문에 군이 애플리케이션을 수정하지 않아도 된다.

예제 2-32 데이터베이스에서 템플릿 취득(MailTemplateRepository.java)

```java
/**
 * 메일 템플릿을 취득한다.
 *
 * @return
 */
public MailTemplate findById(final Long id) {
  // 1건 취득
  return mailTemplateDao.selectById(id)
      .orElseThrow(() -> new NoDataFoundException("mailTemplate_id=" + id + " 의 데이터가 없습니다."));
}
```

예제 2-33 메일 송신 구현(SendMailHelper.java)

```java
/**
 * 메일 송신 헬퍼
 */
@Component
@Slf4j
public class SendMailHelper {

    @Autowired
    JavaMailSender javaMailSender;

    /**
     * 메일을 송신한다.
     *
     * @param fromAddress
     * @param toAddress
     * @param subject
     * @param body
     */
```

```java
    public void sendMail(String fromAddress, String[] toAddress, String subject, String
body) {
        val message = new SimpleMailMessage();
        message.setFrom(fromAddress);
        message.setTo(toAddress);
        message.setSubject(subject);
        message.setText(body);

        try {
            javaMailSender.send(message);
        } catch (MailException e) {
            log.error("failed to send mail.", c);
            throw e;
        }
    }

    /**
     * 지정한 템플릿의 메일 본문을 반환한다.
     *
     * @param template
     * @param objects
     * @return
     */
    public String getMailBody(String template, Map<String, Object> objects) {
        val templateEngine = new SpringTemplateEngine();
        templateEngine.setTemplateResolver(templateResolver());

        val context = new Context();
        if (isNotEmpty(objects)) {
            objects.forEach(context::setVariable);
        }

        return templateEngine.process(template, context);
    }

    protected ITemplateResolver templateResolver() {
        val resolver = new StringTemplateResolver();
        resolver.setTemplateMode("TEXT");
        resolver.setCacheable(false); // 안전을 위해 캐시하지 않는다.
        return resolver;
    }
}
```

예제 2-34 메일 본문의 템플릿 예

```
[[${staff.firstName}]] 님

아래 링크에서 패스워드를 재설정해주세요.
[[${url}]]
```

## CHAPTER 3

데이터 액세스

이 장에서는 O/R 매퍼인 **도마**^{Doma} 사용법을 설명한다. 도마는 **2 way-SQL**이라고 불리는 SQL 템플릿을 사용할 수 있어 SQL문의 전체적인 가독성을 높인다. O/R 매퍼는 실행 시 SQL 템플릿과 자바 소스 코드와의 불일치를 감지하여 문제점을 지적하는 기능도 있어 사용하기 매우 편리하다. 스프링 프로젝트는 O/R 매퍼로 스프링 데이터 JPA^{Spring Data JPA}[1]를 제공하는데, 다른 후보가 없다면 어느 쪽이 좋을지 검토해보길 바란다.

참고로 스프링 데이터 JPA는 발행되는 SQL문을 유추하기 어려워 성능 문제가 발생하는 등 여러 리스크가 있었다. 따라서 SQL을 사용할 수 있는 O/R 매퍼를 이용하는 것이 낫겠다고 생각했고, 2 way-SQL의 기능을 높이 평가하였기에 이 책에서는 도마 2를 이용한다.

3.1 스타터

도마에는 `doma-spring-boot-starter`가 있기 때문에 이 스타터를 의존관계에 추가한다. 1장에서 소개한 대로 빌드 스크립트를 [예제 3-1]과 같이 작성한다. 이때 `org.springframework.boot`를 그룹에서 제외하지 않으면 다른 버전의 스프링 부트 라이브러리가 의존관계에 추가되는 경우도 있으므로 주의해야 한다.

----

1 스프링 데이터 JPA **URL** *https://spring.io/projects/spring-data-jpa*

2 way-SQL은 SQL의 주석에 조건 분기를 작성한다. 이 SQL문으로 SQL 템플릿을 프로그램처럼 이용할 수도 있고 도구에서 수정 없이 그대로 이용할 수도 있다. 프로그래밍 언어로 쿼리를 조립하는 방법과 비교하면 실행 시 SQL문이 가시화되기 때문에 SQL문의 정확성을 쉽게 검증할 수 있다.

예제 3-1 도마 스타터를 의존관계에 추가하기(build.gradle)

```
// 도마에서 스프링 프레임워크 배제하기
annotationProcessor "org.seasar.doma.boot:doma-spring-boot-starter:1.1.1"
compile("org.seasar.doma.boot:doma-spring-boot-starter:1.1.1") {
  exclude group: "org.springframework.boot"
}
```

이 스타터를 추가하면 스프링 부트의 자동 구성이 동작한다. 디폴트 설정을 변경할 경우 설정 파일에 변경하려는 항목을 정의하자. 예를 들어 개발 중에 SQL 템플릿을 캐시하지 않으려면 [예제 3-2]를 application-development.yml에 작성한다.

예제 3-2 도마 설정(application-development.yml)

```
doma:
  # SQL 파일을 캐시하지 않는다.
  sql-file-repository: no_cache
```

3.2 도마 사용 방법

이 절에서는 도마의 기본적인 사용 방법을 설명한다. 도마를 이용하려면 다음의 파일을 작성한다.

- 엔티티
- Dao 인터페이스
- SQL 템플릿

3.2.1 엔티티

우선 엔티티부터 살펴보자. 여기서는 [예제 3-3]과 같이 엔티티를 작성한다. 도마에서는 클래스 필드에 [표 3-1]의 애너테이션을 지정해 데이터베이스의 테이블과 엔티티를 매핑한다.

예제 3-3 도마 엔티티 예제(User.java)

```java
@Table(name = "users")
@Entity
@Getter
@Setter
public class User extends DomaDtoImpl {

    private static final long serialVersionUID = 4512633005852272922L;

    @OriginalStates // 차분 UPDATE를 위해 정의한다.
    User originalStates;

    @Id //주 키
    @Column(name = "user_id")  // id <-> user_id를 매핑한다.
    @GeneratedValue(strategy = GenerationType.IDENTITY)
    // MySQL의 AUTO_INCREMENT를 이용한다.
    Long id;

    // 해시된 패스워드
    String password;

    // 이름
    String firstName;

    // 성
    String lastName;

    // 메일 주소
    String email;

    // 전화번호
    String tel;

    // 우편번호
    String zip;

    // 주소
    String address;
```

```
    // 첨부 파일 ID
    Long uploadFileId;

    // 첨부 파일
    @Transient // 도마로 영속화하지 않는다(users 테이블에 upload_file 컬럼이 없기 때문).
    UploadFile uploadFile;
}
```

표 3-1 도마의 주요 애너테이션

애너테이션	개요
Table	테이블명을 지정한다.
Entity	엔티티를 나타낸다.
Id	주 키를 나타낸다(복수 지정도 가능).
GeneratedValue	데이터베이스의 번호 지정 기능을 사용한다.
Column	컬럼명의 지정이나 등록 및 갱신 여부를 설정한다.
Transient	비영속화 항목으로 취급함을 나타낸다.
OriginalStates	갱신 처리 시 SET 구문에 차분만 포함한다.

3.2.2 Dao 인터페이스

이어서 Dao 인터페이스를 [예제 3–4]와 같이 작성한다. 도마 2.0에서는 Stream이나 Optinal
을 이용할 수 있으므로 자바 8 이후의 버전을 사용한다면 적극 활용하자. Collector를 인수로
전달하면 그룹화한 결과를 맵 타입으로 받거나 리스트 타입으로 받을 수 있어 유연성이 높아
진다.

예제 3-4 Dao 인터페이스 예제(UserDao.java)

```
@ConfigAutowireable
@Dao
public interface UserDao {

    /**
     * 사용자를 취득한다.
     *
```

```
 * @param criteria
 * @param options
 * @return
 */
@Select(strategy = SelectType.COLLECT)
<R> R selectAll(final UserCriteria criteria, final SelectOptions options, final
Collector<User, ?, R> collector);

/**
 * 사용자를 1건 취득한다.
 *
 * @param id
 * @return
 */
@Select
Optional<User> selectById(Long id);

/**
 * 사용자를 1건 취득한다.
 *
 * @param criteria
 * @return
 */
@Select
Optional<User> select(UserCriteria criteria);

/**
 * 사용자를 등록한다.
 *
 * @param user
 * @return
 */
@Insert
int insert(User user);

/**
 * 사용자를 갱신한다.
 *
 * @param user
 * @return
 */
@Update
int update(User user);
```

```
    /**
     * 사용자를 논리 삭제한다.
     *
     * @param user
     * @return
     */
    @Update(excludeNull = true) // Null 항목은 갱신 대상으로 하지 않는다.
    int delete(User user);

    /**
     * 사용자를 일괄 등록한다.
     *
     * @param users
     * @return
     */
    @BatchInsert
    int[] insert(List<User> users);

    /**
     * 사용자를 일괄 갱신한다.
     *
     * @param users
     * @return
     */
    @BatchUpdate
    int[] update(List<User> users);
}
```

3.2.3 SQL 템플릿

마지막으로 SQL 템플릿을 작성한다. 작성할 때 src/main/resources/META-INF의 아래에
Dao 인터페이스와 같은 패키지로 구성한다. 파일명은 Dao 인터페이스에 정의한 메서드명으로
지정하고 확장자는 sql로 한다. 실행 시 오류가 생기면 오류 내용이 로그로 출력된다.

sample-domain/src/main/resources/META-INF/com/sample/domain/dao/users/User
Dao/ 밑에 select.sql이라는 파일을 만들고, [예제 3-5]의 내용을 작성한다.

/*%if 식 */부터 /*%end*/로 둘러싸인 부분은 메서드의 인수로 전달된 객체를 토대로 식을
평가한다. 이 SQL문은 앞서 언급한 바와 같이 도구에서 그대로 실행할 수 있는 2 way-SQL

로 되어 있다. 자세한 사용법은 도마 2.0 문서[2]를 참조하길 바란다.

예제 3-5 SQL 템플릿(UserDao/select.sql)

```
SELECT
    user_id
    ,first_name
    ,last_name
    ,email
    ,password
    ,tel
    ,zip
    ,address
    ,created_by
    ,created_at
    ,updated_by
    ,updated_at
    ,deleted_by
    ,deleted_at
    ,version
FROM
    users
WHERE
    deleted_at IS NULL
/*%if criteria.id != null */
AND user_id = /* criteria.id */1
/*%end*/
/*%if criteria.email != null */
AND email = /* criteria.email */'aaaa@bbbb.com'
/*%end*/
```

3.3 엔티티 공통 처리

모든 엔티티는 시스템 고유의 시스템 제어 항목(작성자, 작성 일시, 갱신자, 갱신 일시, 삭제자, 삭제 일시)을 사용하여 엔티티의 생명 주기를 알 수 있어야 한다. 여기서는 다수의 엔티티를 사용할 경우, 공통 규칙을 모든 테이블에 적용하는 공통 처리에 대해 설명한다.

---

2 도마 2.0 문서 **URL** *https://doma.readthedocs.io/en/stable/*

모든 엔티티에 공통의 기본 클래스를 준비하고 이 클래스에 **엔티티 리스너**^{entity listener}를 정의해 공통 처리를 실시한다. 그럼 엔티티 기본 클래스, 엔티티 리스너에 대해 알아보자.

3.3.1 엔티티 기본 클래스

[예제 3-6]처럼 엔티티 기본 클래스를 준비하고 공통으로 사용하는 필드를 정의한다. @Entity 애너테이션에 리스너를 지정하면, 갱신·등록·삭제 타이밍에 공통 처리를 실행할 수 있다.

예제 3-6 기본 엔티티 클래스 예제(DomaDtoImpl.java)

```
@SuppressWarnings("serial")
@Entity(listener = DefaultEntityListener.class)
// 자동으로 시스템 제어 항목을 갱신하기 위해 리스너를 지정한다.
@Setter
@Getter
public abstract class DomaDtoImpl implements DomaDto, Serializable {

    // 작성자
    String createdBy;

    // 작성 일시
    LocalDateTime createdAt;

    // 갱신자
    String updatedBy;

    // 갱신 일시
    LocalDateTime updatedAt;

    // 삭제자
    String deletedBy;

    // 삭제 일시
    LocalDateTime deletedAt;

    // 낙관적 배타 제어(optimistic concurrency control)에서 사용할 개정 번호
    @Version
    Integer version;
```

```
    // 작성 · 갱신자로 사용할 값
    @Transient
    String auditUser;

    // 작성 · 갱신일으로 사용할 값
    @Transient
    LocalDateTime auditDateTime;
}
```

3.3.2 엔티티 리스너

[예제 3-7]에서 소개할 엔티티 리스너는 각 타이밍에 시스템 제어 항목값을 설정한다. 공통 처리를 리스너에 옮겨놓으면 업무 로직에서 현재 시간이나 로그인 사용자를 취득하지 않아도 되므로 효율적이다.

예제 3-7 엔티티 리스너(DefaultEntityListener.java)

```
@NoArgsConstructor // 생성자가 필수이기 때문에 선언
@Slf4j
public class DefaultEntityListener<ENTITY> implements EntityListener<ENTITY> {

    @Override
    public void preInsert(ENTITY entity, PreInsertContext<ENTITY> context) {
        // 이중 송신 방지 체크
        val expected = DoubleSubmitCheckTokenHolder.getExpectedToken();
        val actual = DoubleSubmitCheckTokenHolder.getActualToken();

        if (expected != null && actual != null && !Objects.equals(expected, actual)) {
            throw new DoubleSubmitErrorException();
        }

        if (entity instanceof DomaDto) {
            val domaDto = (DomaDto) entity;
            val createdAt = AuditInfoHolder.getAuditDateTime();
            val createdBy = AuditInfoHolder.getAuditUser();

            domaDto.setCreatedAt(createdAt); // 작성일
            domaDto.setCreatedBy(createdBy); // 작성자
        }
    }
```

```
@Override
public void preUpdate(ENTITY entity, PreUpdateContext<ENTITY> context) {

    if (entity instanceof DomaDto) {
        val domaDto = (DomaDto) entity;
        val updatedAt = AuditInfoHolder.getAuditDateTime();
        val updatedBy = AuditInfoHolder.getAuditUser();

        val methodName = context.getMethod().getName();
        if (StringUtils.startsWith("delete", methodName)) {
            domaDto.setDeletedAt(updatedAt); // 삭제일
            domaDto.setDeletedBy(updatedBy); // 삭제자
        } else {
            domaDto.setUpdatedAt(updatedAt); // 갱신일
            domaDto.setUpdatedBy(updatedBy); // 갱신자
        }
    }
}


@Override
public void preDelete(ENTITY entity, PreDeleteContext<ENTITY> context) {

    if (entity instanceof DomaDto) {
        val domaDto = (DomaDto) entity;
        val deletedAt = AuditInfoHolder.getAuditDateTime();
        val deletedBy = AuditInfoHolder.getAuditUser();
        val name = domaDto.getClass().getName();
        val ids = getIds(domaDto);

        // 물리 삭제한 경우 로그를 출력한다.
        log.info("데이터를 물리 삭제하였습니다. entity={}, id={}, deletedBy={},
deletedAt={}", name, ids, deletedBy, deletedAt);
    }
}

/**
 * Id 애너테이션이 부여된 필드의 리스트값을 반환한다.
 *
 * @param dto
 * @return
 */
protected List<Object> getIds(Dto dto) {
    return ReflectionUtils.findWithAnnotation(dto.getClass(), Id.class)
```

```
              .map(f -> ReflectionUtils.getFieldValue(f, dto)).collect(toList());
    }
  }
```

3.4 페이징 처리

웹 애플리케이션이나 배치 처리에서 모든 데이터를 일괄로 처리하지 않고 부분 반복해서 처리할 경우, 데이터 액세스 방법을 생각해봐야 한다.

웹 애플리케이션에서는 대량의 데이터를 화면에 표시하려면 응답이 늦어지므로 **페이징 처리**로 1페이지당 10건 등 건수를 제한해서 화면을 표시하는 경우가 있다. 일괄 처리에서는 대량의 데이터를 추출하여 어떠한 처리를 할 때, 서버의 메모리가 고갈되므로 페이징 처리를 실시한 후 1000건씩 처리하는 경우도 있다. 도마는 페이징 처리를 위해 검색 옵션을 지정하는 기능을 제공하므로 아주 쉽게 페이징 처리할 수 있다.

3.4.1 검색 옵션으로 페이징 처리하기

검색 옵션은 [예제 3-8]처럼 SelectOptions 클래스의 get 메서드를 사용해 인스턴스화하고 offset과 limit을 설정하여 사용한다. Dao 인터페이스의 select 메서드 호출 시 SelectOptions를 전달하면 자동으로 페이징 처리된 SQL문이 발행된다.

예제 3-8 페이징 처리로 검색 결과 얻기

```
val criteria = new UserCriteria();
criteria.setFirstName("John");
SelectOptions options = SelectOptions.get().offset(5).limit(10);
val data = userDao.selectAll(criteria, options, toList());
```

검색 옵션 limit는 한 페이지에 표시할 건수를 지정하면 된다. offset은 현재 표시하고 있는 페이지 번호와 한 페이지에 표시할 건수를 사용하여 계산하므로 [예제 3-9]처럼 공통 처리를 준비하면 더 효율적으로 구현할 수 있다.

예제 3-9 공통 처리로 offset 계산하기(DomaUtils.java)

```java
/**
 * 도마 관련 유틸리티
 */
public class DomaUtils {

    /**
     * SearchOptions를 작성해서 반환한다.
     *
     * @return
     */
    public static SelectOptions createSelectOptions() {
        return SelectOptions.get();
    }

    /**
     * SearchOptions를 작성해서 반환한다.
     *
     * @param pageable
     * @return
     */
    public static SelectOptions createSelectOptions(Pageable pageable) {
        int page = pageable.getPage();
        int perpage = pageable.getPerpage();
        return createSelectOptions(page, perpage);
    }

    /**
     * SearchOptions를 작성해서 반환한다.
     *
     * @param page
     * @param perpage
     * @return
     */
    public static SelectOptions createSelectOptions(int page, int perpage) {
        int offset = (page - 1) * perpage;
        return SelectOptions.get().offset(offset).limit(perpage);
    }
}
```

3.5 배타 제어

동일 데이터를 참조하여 일부 요소를 변경하고 갱신하는 조작은 애플리케이션에서 자주 발생한다. 이 조작을 여러 사람이 동시에 실시하면 일부 요소가 각각 갱신되어 일관성이 없어지므로 이를 방지해야 한다. 웹 애플리케이션을 개발할 때 여러 사람의 동시 조작으로 데이터 불일치 발생을 방지하기 위해 배타 제어를 실시한다.

도마에서는 배타 제어를 실시하는 기능을 제공하므로, 배타 제어 기능을 통합하면 개발을 효율적으로 할 수 있다. 배타 제어에는 **낙관적 배타 제어**와 **비관적 배타 제어**[3] 두 종류가 있으며 각각에 대해 알아보자.

3.5.1 낙관적 배타 제어

낙관적 배타 제어는 데이터 불일치를 보험 차원에서 방지하는 방법이다. 여러 사람이 동일한 데이터를 편집한 경우, 먼저 저장한 쪽의 편집 내용이 나중에 저장한 내용으로 덮어 쓰이는 것을 방지한다.

도마로 낙관적 배타 제어를 하려면 다음 조건을 충족해야 한다.

- 엔티티의 필드에 @Version 애너테이션이 부여되어야 한다.
- Dao 인터페이스에 부여한 ignoreVersion 애너테이션을 true로 하지 않아야 한다.
- 테이블에 숫자 타입의 개정 번호 컬럼이 정의되어야 한다.

예제에서는 앞서 서술한 기본 엔티티 클래스(예제 3-6)에 @Version 애너테이션을 부여한 version 필드를 정의하고, [예제 3-5]와 같이 SELECT 절에 version 컬럼을 포함한다. 그러면 Dao를 통해 취득한 엔티티의 version 필드에 해당하는 레코드의 개정 번호가 설정된다.

데이터를 갱신 처리할 때 데이터를 취득한 시점의 개정 번호를 설정한 엔티티의 메서드 인수로 전달한다. 갱신된 데이터의 건수가 0건이라면 낙관적 배타 오류가 발생하고 1건 이상의 데이터를 갱신한 경우에는 개정 번호 +1이 되는 식으로 동작한다.

데이터 취득 시점의 개정 번호를 보관하는 방법은 여러 가지가 있지만 여기서는 [예제 3-10]

---

3 옮긴이_ 낙관적 동시성 제어(optimistic concurrency control) 혹은 비관적 동시성 제어(pessimistic concurrency control)라고
   도 부른다.

처럼 @SessionAttribute를 이용한다. @SessionAttribute 애너테이션을 부여하면 @ModelAttribute 애너테이션을 부여한 Form 객체와 addAttribute 메서드의 인수로 전달된 객체가 세션에 보관된다.

과정을 정리하면 다음과 같다.

1 Form 객체에 개정 번호 필드를 정의한다.
2 컨트롤러에 @SessionAttribute 애너테이션을 부여한다.
3 편집 화면의 초기 표시 처리에서 개정 번호를 포함한 데이터를 취득하고 Form 객체에 채워 넣는다
4 갱신 처리에서 갱신 대상 데이터를 취득하고, 그 데이터를 Form 객체의 값으로 덮어 쓴다.
5 Dao의 갱신 처리를 호출한다(여기서 배타 제어가 걸린다).
6 불필요하게 된 Form 객체를 세션에서 정리한다.

예제 3-10 SessionAttribute 예제(UserHtmlController.java)

```
/**
 * 사용자 관리
 */
@Controller
@RequestMapping("/users/users")
@SessionAttributes(types = { SearchUserForm.class, UserForm.class })
// 타입이 일치하는 Form 객체를 세션에 보관한다.
@Slf4j
public class UserHtmlController extends AbstractHtmlController {
    (생략)

    /**
     * 편집 화면 초기 표시
     *
     * @param userId
     * @param form
     * @param model
     * @return
     */
    @GetMapping("/edit/{userId}")
    public String editUser(@PathVariable Long userId, @ModelAttribute("userForm")
UserForm form, Model model) {

        // 세션에서 취득할 수 있는 경우 다시 읽어 들이지 않는다.
        if (!hasErrors(model)) {
            // 1건 취득한다.
```

```
        val user = userService.findById(userId);  // 개정 번호를 포함한 데이터 취득

        // 취득한 Dto를 Form에 채워 넣는다.
        modelMapper.map(user, form);
        // @ModelAttribute 애너테이션이 부여된 Form 객체는 자동으로 model에 설정됨
    }

    return "modules/users/users/new";
}

/**
 * 편집 화면 갱신 처리
 *
 * @param form
 * @param br
 * @param userId
 * @param sessionStatus
 * @param attributes
 * @return
 */
@PostMapping("/edit/{userId}")
public String editUser(@Validated @ModelAttribute("userForm") UserForm form,
BindingResult br, @PathVariable Long userId, SessionStatus sessionStatus,
RedirectAttributes attributes) {

    // 입력 체크 오류일 경우 원래 화면으로 돌아간다.
    if (br.hasErrors()) {
        setFlashAttributeErrors(attributes, br);
        return "redirect:/users/users/edit/" + userId;
    }

    // 갱신 대상을 취득한다.
    val user = userService.findById(userId);

    // 입력값을 채워 넣는다.
    modelMapper.map(form, user);
    // 취득한 갱신 대상 데이터를 Form 객체의 값으로 덮어 쓴다(세션에서 인계되므로
개정 번호가 화면 표시의 값이 된다).

    // 갱신한다.
    val updatedUser = userService.update(user);

    // 세션 userForm을 정리한다.
    sessionStatus.setComplete();
```

```
        // 사용하지 않게 된 시점에서 세션에 보관한 객체를 정리한다.
        return "redirect:/users/users/show/" + updatedUser.getId();
    }

    (생략)
}
```

SessionAttribute를 사용한 방법은 세션 정보가 데이터베이스나 캐시 서버에서 관리되거나 세션이 복제되는 경우에만 유효하다. 세션 정보가 인메모리에서 관리되어 복수의 스프링 부트 애플리케이션으로 공유할 수 없는 환경에서는 낙관적 배타 제어에 사용하는 개정 번호를 화면의 hidden 항목으로 심어놓아야 하므로 주의하길 바란다.

Column 세션 정보의 보관 장소

낙관적 배타 제어를 설명하며 **SessionAttribute**를 사용하여 **Form** 객체를 세션 정보에 보관하는 방법을 소개했다. 예제 프로젝트에서는 스프링 세션 모듈을 의존관계에 추가하고 있으므로 스프링 부트에 의한 자동 구성이 이루어진다. 스프링 세션은 보관 장소로 다음과 같은 저장소를 사용해 자동 구성한다.

- JDBC
- Redis
- Hazelcast
- MongoDB

세션 정보의 보관 장소를 변경하려면 설정 파일에 [예제 3-11]을 작성하면 된다. 보관 장소 고유 설정도 필요하다. 예를 들어 **Redis**로 변경하는 경우에는 접속처의 IP 주소도 설정해야 한다.

예제 3-11 세션 정보의 보관 장소를 Redis로 변경하기

```
spring.session.store-type=redis
```

3.5.2 비관적 배타 제어

비관적 배타 제어는 데이터베이스의 행 잠금 기능을 사용한 배타 제어로, 재고 수량처럼 갱신이 동시에 자주 발생하는 데이터의 일관성을 담보하는 방법이다. 도마에서는 비관적 배타 제어를 위한 메커니즘이 준비되어 있으며 페이징 처리의 설명과 마찬가지로 검색 옵션을 사용한다.

[예제 3-12]는 SelectOptions 클래스의 forUpdate 메서드로 비관적 배타 제어를 실시한다. 이 검색 옵션을 Dao 인터페이스의 메서드 호출 시 인수로 전달하면, 행 잠금을 동반하는 SQL문이 발행된다. 사용하는 RDBMS 제품에 따라 잠금 취득을 대기하지 않는 forUpdateNowait 메서드를 이용할 수도 있다.

예제 3-12 행 잠금으로 검색 결과 취득하기

```
val criteria = new UserCriteria();
criteria.setFirstName("John");
SelectOptions options = SelectOptions.get().forUpdate();
val data = userDao.selectAll(criteria, options, toList());
```

비관적 배타 제어를 실시할 때 주의할 점은 검색 결과가 0건이 되는 조건으로 검색하면 행 잠금 대신 테이블 잠금이 발생한다는 점이다. 처리 시간이 오래 걸리는 처리에서 테이블 잠금이 발생하면 처리가 지연되어 전체 시스템이 불안정해질 수도 있으므로 주의하자.

3.6 논리 삭제

논리 삭제는 DB의 레코드를 삭제하는 것이 아니라 삭제 플래그로 레코드의 삭제를 표시하는 방법으로 많은 프로젝트에서 사용한다. 여기서는 도마를 이용해 각 테이블에 논리 삭제를 실시한다.

논리 삭제는 SQL을 통해 레코드를 실제로 삭제하지 않기 때문에 도마의 삭제 기능이 아닌 갱신 기능으로 구현한다. 여기서는 갱신 기능으로 구현하기, 엔티티 리스너로 공통 처리하기, 논리 삭제 레코드 제외하기를 배워본다.

3.6.1 갱신 기능으로 구현하기

도마로 논리 삭제를 실시할 경우 갱신 기능으로 대체한다. [예제 3-13]처럼 @Update 애너테이션을 부여한 메서드를 정의한다. 논리 삭제는 갱신해야 할 컬럼이 논리 삭제 플래그뿐이므로 excludeNull 옵션을 true로 설정한다. 일반적인 갱신과 구별하기 위해 메서드명에 명명 규칙을 마련하고 엔티티 리스너에서 논리 삭제 처리를 공통화한다.

예제 3-13 Dao 논리 삭제에 대응하기(UserDao.java)

```
/**
 * 사용자를 논리 삭제한다.
 *
 * @param user
 * @return
 */
@Update(excludeNull = true) // Null 항목은 갱신 대상으로 하지 않는다.
int delete(User user); // 메서드명의 명명 규칙을 delete 또는 deleteXXX로 한다.
```

3.6.2 엔티티 리스너로 공통 처리하기

엔티티 리스너에서는 [예제 3-14]처럼 메서드명이 논리 삭제의 명명 규칙에 일치하는지 preUpdate에서 체크한다. 논리 삭제로 판별되면 삭제일·삭제자를 설정한다.

예제 3-14 엔티티 리스너에서 논리 삭제 대응하기(DefaultEntityListener.java)

```
public class DefaultEntityListener<ENTITY> implements EntityListener<ENTITY> {
(생략)

@Override
    public void preUpdate(ENTITY entity, PreUpdateContext<ENTITY> context) {

        if (entity instanceof DomaDto) {
            val domaDto = (DomaDto) entity;
            val updatedAt = AuditInfoHolder.getAuditDateTime();
            val updatedBy = AuditInfoHolder.getAuditUser();

            val methodName = context.getMethod().getName();
            if (StringUtils.startsWith("delete", methodName)) {
```

```
                // 여기서는 메서드의 명명 규칙으로 일반적인 갱신과 구별한다.
                domaDto.setDeletedAt(updatedAt); // 삭제일
                domaDto.setDeletedBy(updatedBy); // 삭제자
            } else {
                domaDto.setUpdatedAt(updatedAt); // 갱신일
                domaDto.setUpdatedBy(updatedBy); // 갱신자
            }
        }
    }
    (생략)
}
```

3.6.3 논리 삭제 레코드 제외하기

논리 삭제를 애플리케이션 내에서 통일할 경우, [예제 3-15]와 같이 데이터 취득의 SQL에서
논리 삭제 플래그에 의한 삭제 데이터의 제외가 빠짐없이 이루어져야 한다.

예제 3-15 데이터 취득의 SQL에서 삭제 데이터 제외하기(StaffDao/select.sql)

```
SELECT
  /*%expand*/*
FROM
  staffs
WHERE
  deleted_at IS NULL
```

스프링 부트 공식 레퍼런스

스프링은 공식 레퍼런스를 매우 충실하게 관리한다. 원하는 내용을 찾거나 난관에 봉착했을 때, 제일 먼저 공식 레퍼런스를 참조하자.

URL *https://docs.spring.io/spring-boot/docs/current/reference/htmlsingle/*

『스프링 철저 입문』(위키북스, 2018)

DI/AOP, 데이터 액세스 등 기본부터 스프링 MVC, 보안까지 스프링 프레임워크의 기능과 사용법을 설명하는 책이다.

URL *http://www.yes24.com/Product/Goods/59192207?scode=029*

『스프링4 입문』(한빛미디어, 2017)

URL *http://www.hanbit.co.kr/store/books/look.php?p_code=B9146679987*

『가장 빨리 만나는 스프링 부트』(길벗, 2015)

URL *http://www.yes24.com/Product/Goods/18667034?scode=029*

BLOG.IK.AM

『가장 빨리 만나는 스프링 부트』 저자인 마키 토시아키의 블로그다.

URL *https://blog.ik.am/*

슬라이드 셰어

『가장 빨리 만나는 스프링 부트』 저자의 슬라이드 셰어다.

URL *https://www.slideshare.net/makingx?utm_campaign=profiletracking&utm_medium=sssite&utm_source=ssslideshowpanel*

## CHAPTER 4

보안

이 장에서는 **스프링 시큐리티**^{Spring Security}를 사용한 인증 · 인가, 그와 관련된 문제 해결 방법을 설명한다. 이 책에서는 O/R 매퍼로 도마를 이용하므로 웹 애플리케이션 개발 시 기본적으로 통합해야 하는 보안 대책을 스프링 시큐리티와 결합하는 방법을 중심으로 설명한다.

4.1 스타터

인증 · 인가를 실시하기 위해 [예제 4-1]처럼 스타터를 의존관계에 추가한다. 템플릿 엔진인 타임리프는 스프링 시큐리티와 연관 있는 모듈을 포함한다. 이 모듈을 의존관계에 추가하면 권한의 유무에 의한 표시 전환이 간단해진다.

예제 4-1 스프링 시큐리티 스타터를 의존관계에 추가하기(build.gradle)

```
compile "org.springframework.boot:spring-boot-starter-security"

// 타임리프와 스프링 시큐리티 연계하기
compile "org.thymeleaf.extras:thymeleaf-extras-springsecurity5"
```

4.2 인증

웹 애플리케이션에서 이용자가 누군지 특정하는 것은 매우 중요하다. EC 사이트(전자상거래 사이트)는 물론 사내 시스템에서도 이용자를 특정하는 것이 필요하다.

스프링은 인증·인가를 실현하는 고기능의 보안 프레임워크인 스프링 시큐리티를 제공한다. 스프링 부트에서는 자동 구성으로 스프링 시큐리티 설정을 쉽게 할 수 있다. 자동 구성에 의해 설정된 디폴트 동작을 스프링 시큐리티에 알맞은 방법으로 커스터마이즈하면 데이터베이스를 이용한 사용자 인증이나 애플리게이션에 맞춘 로그인 기능을 구현할 수 있다. 여기서는 인증 설정, 인증 정보의 취득, 로그인 기능으로 나눠 설명한다.

4.2.1 인증 설정

spring-boot-starter-security를 의존관계에 추가하면 모든 엔드포인트에 대해서 베이식basic 인증이 걸린다. 이는 자동 구성에 의한 디폴트 동작이지만 실제 웹 애플리케이션을 개발할 때는 커스터마이즈해야 한다. 커스터마이즈하는 방법은 여러 가지가 있지만 여기서는 [예제 4-2]처럼 WebSecurityConfigurerAdapter를 상속하여 동작을 재정의한다.

[예제 4-2]에서 ❶~❼을 설정한다.

❶ 정적 콘텐츠의 액세스는 인증을 걸지 않는다.

❷ UserDetailService 인터페이스를 구현한 독자적인 인증 문자열(realm)을 사용한다.

❸ 인증을 걸지 않는 엔드포인트를 명확히 지정하고 그 외에는 인증을 건다.

❹ 세션 시간이 초과했을 때 메시지를 표시하는 AuthenticationEntryPoint를 직접 구현하고 사용하도록 설정한다.

❺ 웹 폼 인증의 파라미터명이나 화면 전환할 곳의 URL을 설정한다.

❻ 로그아웃했을 때 쿠키를 삭제하도록 설정한다.

❼ 자동 로그인을 위해 RememberMe 설정을 한다.

```java
@Configuration
public class BaseSecurityConfig extends WebSecurityConfigurerAdapter {
    (생략)

    @Autowired
    UserDetailsService userDetailsService;

    private static final String REMEMBER_ME_KEY = "sampleRememberMeKey";
    (생략)

    @Override
    public void configure(WebSecurity web) throws Exception {
        web.ignoring().antMatchers(WEBJARS_URL, STATIC_RESOURCES_URL);  // ❶
    }

    @Override
    protected void configure(AuthenticationManagerBuilder auth) throws Exception {
        auth.userDetailsService(userDetailsService)  // ❷
                .passwordEncoder(passwordEncoder());
    }

    @Override
    protected void configure(HttpSecurity http) throws Exception {
        (생략)


        String[] permittedUrls = { LOGIN_TIMEOUT_URL, FORBIDDEN_URL, ERROR_URL,
NOTFOUND_URL, RESET_PASSWORD_URL, CHANGE_PASSWORD_URL };

        http.authorizeRequests()
                .antMatchers(permittedUrls).permitAll()  // ❸
                .anyRequest().authenticated() // ❸
                .and()
                .exceptionHandling()
                .authenticationEntryPoint(authenticationEntryPoint()) // ❹
                .accessDeniedHandler(accessDeniedHandler());  // ❹

        http.formLogin()  // ❺
                // 로그인 화면의 URL
                .loginPage(LOGIN_URL)
                // 인가를 처리하는 URL
                .loginProcessingUrl(LOGIN_PROCESSING_URL)
```

```java
                // 로그인 성공 시 전이할 곳
                .successForwardUrl(LOGIN_SUCCESS_URL)
                // 로그인 실패 시 전이할 곳
                .failureUrl(LOGIN_FAILURE_URL)
                // 로그인 ID의 파라미터명
                .usernameParameter("loginId")
                // 패스워드의 파라미터명
                .passwordParameter("password").permitAll();

        // 로그아웃 설정
        http.logout()   // ❻
                .logoutRequestMatcher(new AntPathRequestMatcher(LOGOUT_URL))
                // 쿠키를 파기한다.
                .deleteCookies("SESSION", "JSESSIONID", rememberMeCookieName)
                // 로그아웃 화면의 URL
                .logoutUrl(LOGOUT_URL)
                // 로그아웃 후 전이할 곳
                .logoutSuccessUrl(LOGOUT_SUCCESS_URL)
                // ajax인 경우는 HTTP 스테이터스를 반환한다.
                .defaultLogoutSuccessHandlerFor(new HttpStatusReturningLogoutSuccessHan
dler(), RequestUtils::isAjaxRequest)
                // 세션을 파기한다.
                .invalidateHttpSession(true).permitAll();

        // RememberMe ❼
        http.rememberMe().key(REMEMBER_ME_KEY) // 고정이라면 뭐라도 좋다(디폴트는 자동
생성되기 때문에 실행할 때마다 변한다).
                .rememberMeServices(multiDeviceRememberMeServices());
    }

    @Bean
    public AccessDeniedHandler accessDeniedHandler() {
        return new DefaultAccessDeniedHandler();
    }

    @Bean
    public AuthenticationEntryPoint authenticationEntryPoint() {
        return new DefaultAuthenticationEntryPoint(LOGIN_URL, LOGIN_TIMEOUT_URL);
    }
}
```

4.2.2 인증 정보 취득

스프링 시큐리티에는 사용자 정보를 취득하는 인터페이스로 UserDetailsService가 정의되어 있다. 예제 프로젝트에서는 사용자 정보가 데이터베이스에 저장되도록 설계했다. [예제 4-3]과 같이 도마를 사용하여 입력된 메일 주소를 login_id로 취급해 사용자 정보를 취득하는 인증 문자열을 구현한다.

예제 4-3 인증 문자열(StaffDaoRealm.java)

```java
/**
 * 관리측 인증, 인가
 */
@Component
@Slf4j
public class StaffDaoRealm extends BaseRealm {

    @Autowired
    StaffDao staffDao;

    @Autowired
    StaffRoleDao staffRoleDao;

    @Override
    protected UserDetails getLoginUser(String email) {
        Staff staff = null;
        List<GrantedAuthority> authorityList = null;

        try {
            // login_id를 메일 주소로 사용한다.
            val criteria = new StaffCriteria();
            criteria.setEmail(email);

            // 담당자를 취득하여 세션에 보관한다.
            staff = staffDao.select(criteria)
                    .orElseThrow(() -> new UsernameNotFoundException("no staff found
[id=" + email + "]"));

            // 담당자 권한을 취득한다.
            List<StaffRole> staffRoles = staffRoleDao.selectByStaffId(staff.getId(),
toList());

            // 역할 키에 접두사를 붙여서 정리한다.
```

```
            Set<String> roleKeys = staffRoles.stream().map(StaffRole::getRoleKey).
collect(toSet());

            // 권한 키를 정리한다.
            Set<String> permissionKeys = staffRoles.stream().map(StaffRole::getPermissi
onKey).collect(toSet());

            // 역할과 권한을 모두 GrantedAuthority로 건넨다.
            Set<String> authorities = new HashSet<>();
            authorities.addAll(roleKeys);
            authorities.addAll(permissionKeys);
            authorityList = AuthorityUtils.createAuthorityList(authorities.toArray(new
String[0]));

            return new LoginStaff(staff, authorityList);

        } catch (Exception e) {
            if (!(e instanceof UsernameNotFoundException)) {
                // 입력이 틀린 것 이외의 예외는 로그 출력한다.
                log.error("failed to getLoginUser. ", e);
                throw e;
            }

            // 0건 예외가 건네진 경우 아무것도 하지 않는다.
            // 그 외의 예외는 인증 오류의 예외에 포함한다.
            throw new UsernameNotFoundException("could not select staff.", e);
        }
    }
}
```

4.2.3 로그인 기능

로그인 기능의 컨트롤러 구현은 [예제 4-4]와 같다. 디폴트로 내장된 로그인 화면을 표시할 수
도 있지만 대부분 화면 변경이 필요하기 때문에 타임리프 템플릿으로 로그인 화면을 표시하도
록 구현하고, 그 이후의 처리는 스프링 시큐리티와 연계한다. 주의점은 POST 메서드를 사용
하여 loginProcessingUrl에 설정한 파라미터명으로 값을 스프링 시큐리티에 전달해야 한
다. 스프링 시큐리티 5에서는 loginProcessingUrl로 포워드forward가 허용되지 않기 때문에
spring.security.filter.dispatcher-types=forward, async, error, request를 설정

할 필요가 있다.

로그인 처리에 성공하면 [예제 4-2]에서 설정한 successForwardUrl의 엔드포인트인 login
Success 메서드로 포워드된다. 이 엔드포인트는 POST 메서드를 처리해야 한다. 이 엔드포인
트에서는 로그인 후의 표시 화면으로 리디렉션한다. 로그아웃 처리도 동일하게 POST 메서드를
처리해야 한다. 이러한 POST 메서드의 요청은 나중에 언급할 CSRF 방지 필터가 걸리므로 주
의하길 바란다.

예제 4-4 로그인 컨트롤러(LoginHtmlController.java)

```java
/**
 * 관리측 로그인
 */
@Controller
public class LoginHtmlController extends AbstractHtmlController {

    /**
     * 초기 표시
     *
     * @param form
     * @param model
     * @return
     */
    @GetMapping("/login")
    public String index(@ModelAttribute LoginForm form, Model model) {
        return "modules/login/login";
    }

    /**
     * 입력 체크
     *
     * @param form
     * @param br
     * @return
     */
    @PostMapping("/login")
    public String index(@Validated @ModelAttribute LoginForm form, BindingResult br) {
        // 입력 체크 오류가 있는 경우 원래 화면으로 되돌아간다.
        if (br.hasErrors()) {
            return "modules/login/login";
        }
```

```java
        // 입력 체크를 통과한 경우 스프링 시큐리티의 인증 처리로 포워드한다.
        // POST 메서드여야 하므로 포워드를 사용한다.
        return "forward:" + LOGIN_PROCESSING_URL;
    }

    /**
     * 로그인 성공
     *
     * @param form
     * @param attributes
     * @return
     */
    @PostMapping("/authenticate")
    public String loginSuccess(@ModelAttribute LoginForm form, RedirectAttributes
attributes) {
        // 스프링 시큐리티에 의한 인증 처리가 성공하면
        // 설정한 URL로 포워드되므로 POST 메서드로 처리한다.
        attributes.addFlashAttribute(GLOBAL_MESSAGE, getMessage("login.success"));
        return "redirect:/";
    }

    /**
     * 로그인 실패
     *
     * @param form
     * @param model
     * @return
     */
    @GetMapping("/loginFailure")
    public String loginFailure(@ModelAttribute LoginForm form, Model model) {
        model.addAttribute(GLOBAL_MESSAGE, getMessage("login.failed"));
        return "modules/login/login";
    }

    /**
     * 타임아웃했을 때
     *
     * @param form
     * @param model
     * @return
     */
    @GetMapping("/loginTimeout")
    public String loginTimeout(@ModelAttribute LoginForm form, Model model) {
        // 독자적으로 구현한 AuthenticationEntryPoint에서 세션 타임아웃이라고
```

```
            // 판별되었을 경우 이 메서드에서 처리한다.
            model.addAttribute(GLOBAL_MESSAGE, getMessage("login.timeout"));
            return "modules/login/login";
    }

    /**
     * 로그아웃
     *
     * @return
     */
    @GetMapping("/loginSuccess")
    public String logout(@ModelAttribute LoginForm form, RedirectAttributes attributes)
    {
        // 로그아웃 처리가 성공하면 이 메서드에서 처리한다.
        attributes.addFlashAttribute(GLOBAL_MESSAGE, getMessage("logout.success"));
        return "redirect:/login";
    }
}
```

4.3 RememberMe

웹 서비스의 로그인 화면에 '로그인 상태 유지'라는 체크박스가 있는 경우가 있다. 이 체크박스에 체크하고 로그인하면 일정 기간은 세션 시간이 초과해도 자동 로그인되어 매번 로그인 화면에서 암호를 입력하지 않아도 된다.

스프링 시큐리티에는 자동 로그인 기능을 쉽게 구현하는 RememberMe 서비스가 있다. 이 서비스와 더불어 최근 로그인한 정보를 화면에 표시하는 것도 고려해보자.

예제 프로젝트는 디폴트로 제공하는 PersistentTokenBasedRememberMeServices를 약간 수정해 접속을 요청한 곳의 IP 주소와 UserAgent를 데이터베이스에 기록한다. 그 데이터를 이용하여 최근 로그인한 정보를 보관하는 방법을 알아보자.

4.3.1 로그인 기록 영속화

데이터베이스에 토큰을 기록하는 경우 JdbcTokenRepositoryImpl을 RememberMeService 의 TokenRepository로 설정하고 setCreateTableOnStartup 메서드에서 true를 지정해 테이블을 자동으로 작성한다. 여기서는 IP 주소 컬럼을 추가하므로 [예제 4-5]의 DDL문을 수 동으로 실행한다.

예제 4-5 RememberMe 토큰으로 영속화하는 로그인 기록 테이블 작성(R__1_create_tables.sql)

```
CREATE TABLE IF NOT EXISTS persistent_logins(
  username VARCHAR(64) NOT NULL COMMENT '로그인ID'
  , ip_address VARCHAR(64) NOT NULL COMMENT 'IP주소'
  , user_agent VARCHAR(200) NOT NULL COMMENT 'UserAgent'
  , series VARCHAR(64) COMMENT '직렬토큰'
  , token VARCHAR(64) NOT NULL COMMENT '토큰'
  , last_used DATETIME NOT NULL COMMENT '최종사용일'
  , PRIMARY KEY (series)
  , KEY idx_persistent_logins(username, ip_address, user_agent)
  , KEY idx_persistent_logins_01(last_used)
) COMMENT='로그인기록';
```

MultiDeviceTokenRepository는 JdbcTokenRepositoryImpl을 참고하여 IP 주소 등 추가 한 컬럼에 대응하는 저장소 클래스다. 마찬가지로 MultiDeviceRememberMeServices는 Per sistentTokenBasedRememberMeServices에 UserAgent를 추가하여 단말별 로그인 기록을 별도로 관리하는 클래스다. [예제 4-6]처럼 빈으로 정의하고, RememberMeService를 설정해 구현한다. MultiDeviceTokenRepository, MultiDeviceRememberMeServices의 소스 코 드는 예제 프로젝트를 참조하길 바란다.

예제 4-6 RememberMe 설정(BaseSecurityConfig.java)

```
@Configuration
public class BaseSecurityConfig extends WebSecurityConfigurerAdapter {
  (생략)

  @Override
  protected void configure(HttpSecurity http) throws Exception {
    (생략)

    // RememberMe 설정
```

```
    http.rememberMe().key(REMEMBER_ME_KEY)
    // 고정이라면 뭐라도 좋다(디폴트는 자동 생성되기 때문에 실행할 때마다 변한다).
        .rememberMeServices(multiDeviceRememberMeServices());
}

@Bean
public MultiDeviceTokenRepository multiDeviceTokenRepository() {
    val tokenRepository = new MultiDeviceTokenRepository();
    tokenRepository.setDataSource(dataSource);
    return tokenRepository;
}

@Bean
public MultiDeviceRememberMeServices multiDeviceRememberMeServices() {
    val rememberMeService = new  MultiDeviceRememberMeServices(REMEMBER_ME_KEY,
userDetailsService(), multiDeviceTokenRepository());
    rememberMeService.setParameter("rememberMe");

    // 로그인 처리 시 여기서 지정한 파라미터의 값이 true인 경우 토큰이 보관된다.
    rememberMeService.setCookieName(rememberMeCookieName);
    rememberMeService.setUseSecureCookie(secureCookie);
    // 프로덕션 환경에서 쿠키의 secure 속성을 true로 설정한다.
    rememberMeService.setTokenValiditySeconds(tokenValiditySeconds);
    return rememberMeService;
  }
}
```

위 설정을 실시한 다음 RememberMeService에 설정한 파라미터명으로 체크박스를 배치하면
자동 로그인 기능이 활성화된다.

Column 로그인 기록 청소하는 방법

로그인 기록은 UserAgent가 다르면 별도의 레코드로 기록되기 때문에 쓰레기 레코드가 쌓일 수 있
다. 여기서는 설명을 생략하지만, 예제 프로젝트에는 정기적으로 로그인 기록을 청소하는 방법인
PurgePersistentLoginTask.java가 포함되어 있으므로 참고하길 바란다.

4.4 인가

관리 기능을 갖춘 웹 애플리케이션에서는 로그인 사용자별로 권한을 부여하여 특정 사용자만 조작하도록 제어하는 경우가 많다. 이러한 액세스 제어를 실시할 경우 다음 요구 사항을 충족하면 범용으로 사용할 수 있어 편리하다.

- 시스템을 이용하는 사용자는 여러 역할을 가진다.
- 특정 리소스의 조작을 식별하는 단위로 권한을 정의한다.
- 역할은 여러 권한을 가진다.
- 시스템 가동 중에 역할이 가지는 권한과 대상 리소스를 변경할 수 있다.

스프링 시큐리티를 사용한 인가 구현 방법은 애너테이션을 사용하는 방법과 JavaConfig에서 URL 베이스의 조건식을 정의하는 방법이 있다. 이 방법은 시스템이 실행 중일 때 새로운 역할에 권한을 추가하거나 설정하기가 까다롭다.

예제 프로젝트는 인증을 처리하면서 데이터베이스에서 역할 권한 정보를 취득해 컨트롤러의 메서드 레벨 인가를 제어한다. 권한 교체는 DB에서 설정한다. 이 설정은 예제 프로젝트의 구현 화면을 통해서도 가능하므로 화면 상에서 설정할 수 있다. 이 구조를 사용하면 허가 제어가 가능해 다양하게 활용할 수 있다. 허가 제어를 구성하기 위해 권한 관리에 필요한 테이블 작성, 담당자 마스터의 데이터 로드, 권한과 메서드 관련 설정, 인가 제어의 인터셉터 순으로 설명한다.

4.4.1 권한 관리에 필요한 테이블 작성하기

여기서는 인가를 실행하는 담당자 마스터 구현 방법을 설명한다. 우선 [예제 4-7]의 DDL문으로 테이블을 작성한다. 권한, 역할, 역할과 권한의 관계성 지정, 담당자 역할, 담당자(사용자)가 그 대상 테이블이다.

예제 4-7 권한 제어의 DDL문(R__1_create_tables.sql)

```
CREATE TABLE IF NOT EXISTS permissions(
  permission_id INT(11) unsigned NOT NULL AUTO_INCREMENT COMMENT '권한ID'
  , category_key VARCHAR(50) NOT NULL COMMENT '권한카테고리키'
  , permission_key VARCHAR(100) NOT NULL COMMENT '권한키'
```

```
    , permission_name VARCHAR(50) NOT NULL COMMENT '권한명'
    , created_by VARCHAR(50) NOT NULL COMMENT '등록자'
    , created_at DATETIME NOT NULL COMMENT '등록일시'
    , updated_by VARCHAR(50) DEFAULT NULL COMMENT '갱신자'
    , updated_at DATETIME DEFAULT NULL COMMENT '갱신일시'
    , deleted_by VARCHAR(50) DEFAULT NULL COMMENT '삭제자'
    , deleted_at DATETIME DEFAULT NULL COMMENT '삭제일시'
    , version INT(11) unsigned NOT NULL DEFAULT 1 COMMENT '개정번호'
    , PRIMARY KEY (permission_id)
    , KEY idx_permissions (permission_key, deleted_at)
) COMMENT='권한';

CREATE TABLE IF NOT EXISTS roles(
    role_id INT(11) unsigned NOT NULL AUTO_INCREMENT COMMENT '역할ID'
    , role_key VARCHAR(100) NOT NULL COMMENT '역할키'
    , role_name VARCHAR(100) NOT NULL COMMENT '역할명'
    , created_by VARCHAR(50) NOT NULL COMMENT '등록자'
    , created_at DATETIME NOT NULL COMMENT '등록일시'
    , updated_by VARCHAR(50) DEFAULT NULL COMMENT '갱신자'
    , updated_at DATETIME DEFAULT NULL COMMENT '갱신일시'
    , deleted_by VARCHAR(50) DEFAULT NULL COMMENT '삭제자'
    , deleted_at DATETIME DEFAULT NULL COMMENT '삭제일시'
    , version INT(11) unsigned NOT NULL DEFAULT 1 COMMENT '개정번호'
    , PRIMARY KEY (role_id)
    , KEY idx_roles (role_key, deleted_at)
) COMMENT='역할';

CREATE TABLE IF NOT EXISTS role_permissions(
    role_permission_id INT(11) unsigned NOT NULL AUTO_INCREMENT COMMENT '역할권한관계ID'
    , role_key VARCHAR(100) NOT NULL COMMENT '역할키'
    , permission_id INT(11) NOT NULL COMMENT '권한ID'
    , created_by VARCHAR(50) NOT NULL COMMENT '등록자'
    , created_at DATETIME NOT NULL COMMENT '등록일시'
    , updated_by VARCHAR(50) DEFAULT NULL COMMENT '갱신자'
    , updated_at DATETIME DEFAULT NULL COMMENT '갱신일시'
    , deleted_by VARCHAR(50) DEFAULT NULL COMMENT '삭제자'
    , deleted_at DATETIME DEFAULT NULL COMMENT '삭제일시'
    , version INT(11) unsigned NOT NULL DEFAULT 1 COMMENT '개정번호'
    , PRIMARY KEY (role_permission_id)
    , KEY idx_role_permissions (role_key, deleted_at)
) COMMENT='역할권한관계';

CREATE TABLE IF NOT EXISTS staff_roles(
    staff_role_id INT(11) unsigned NOT NULL AUTO_INCREMENT COMMENT '담당자역할ID'
```

```
    , staff_id INT(11) unsigned NOT NULL COMMENT '담당자ID'
    , role_key VARCHAR(100) NOT NULL COMMENT '역할키'
    , created_by VARCHAR(50) NOT NULL COMMENT '등록자'
    , created_at DATETIME NOT NULL COMMENT '등록일시'
    , updated_by VARCHAR(50) DEFAULT NULL COMMENT '갱신자'
    , updated_at DATETIME DEFAULT NULL COMMENT '갱신일시'
    , deleted_by VARCHAR(50) DEFAULT NULL COMMENT '삭제자'
    , deleted_at DATETIME DEFAULT NULL COMMENT '삭제일시'
    , version INT(11) unsigned NOT NULL DEFAULT 1 COMMENT '개정번호'
    , PRIMARY KEY (staff_role_id)
    , KEY idx_staff_roles (staff_id, role key, deleted_at)
) COMMENT='담당자역할';

CREATE TABLE IF NOT EXISTS staffs(
    staff_id INT(11) unsigned NOT NULL AUTO_INCREMENT COMMENT '담당자ID'
    , first_name VARCHAR(40) NOT NULL COMMENT '이름'
    , last_name VARCHAR(40) NOT NULL COMMENT '성'
    , email VARCHAR(100) DEFAULT NULL COMMENT '메일주소'
    , password VARCHAR(100) DEFAULT NULL COMMENT '패스워드'
    , tel VARCHAR(20) DEFAULT NULL COMMENT '전화번호'
    , password_reset_token VARCHAR(50) DEFAULT NULL COMMENT '패스워드리셋토큰'
    , token_expires_at DATETIME DEFAULT NULL COMMENT '토근실효일'
    , created_by VARCHAR(50) NOT NULL COMMENT '등록자'
    , created_at DATETIME NOT NULL COMMENT '등록일시'
    , updated_by VARCHAR(50) DEFAULT NULL COMMENT '갱신자'
    , updated_at DATETIME DEFAULT NULL COMMENT '갱신일시'
    , deleted_by VARCHAR(50) DEFAULT NULL COMMENT '삭제자'
    , deleted_at DATETIME DEFAULT NULL COMMENT '삭제일시'
    , version INT(11) unsigned NOT NULL DEFAULT 1 COMMENT '개정번호'
    , PRIMARY KEY (staff_id)
    , KEY idx_staffs (email, deleted_at)
) COMMENT='담당자';
```

4.4.2 권한 관리 데이터 로드하기

계속해서 [예제 4-8]과 같이 초기 레코드를 투입한다. 권한 테이블은 **SpEL**^{Spring Expression Language}을 사용하기 때문에 메서드와 권한의 관계성을 유연하게 부여한다.

예제 4-8 역할 권한 제어의 초기 데이터 투입 SQL(R__4_insert_role.sql)

```sql
INSERT INTO roles (role_key, role_name, created_by, created_at, version) VALUES
('system_admin', '시스템관리자', 'none', NOW(), 1);

INSERT INTO permissions (category_key, permission_key, permission_name, created_by,
created_at, version) VALUES
('*', '.*', '모든조작', 'none', NOW(), 1),
('staff', '^Staff\\.(find|show|download)Staff$', '담당자검색', 'none', NOW(), 1),
('staff', '^Staff\\.(new|edit)Staff$', '담당자등록・편집', 'none', NOW(), 1);

INSERT INTO role_permissions (role_key, permission_id, created_by, created_at, version)
VALUES
('system_admin', (SELECT permission_id FROM permissions WHERE permission_key = '.*'),
'none', NOW(), 1);

INSERT INTO staffs(first_name, last_name, email, password, tel, created_by, created_at)
VALUES ('john', 'doe', 'test@sample.com', '$2a$06$hY5MzfruCds1t5uFLzrlBuw3HcrEGeysr9xJE
4Cml5xEOVf425pmK', '09011112222', 'none', NOW());

INSERT INTO staff_roles (staff_id, role_key, created_by, created_at, version) VALUES
((SELECT staff_id FROM staffs WHERE email = 'test@sample.com' AND deleted_at IS NULL),
'system_admin', 'none', NOW(), 1);
```

4.4.3 권한과 메서드 관계 부여

권한과 메서드의 관계 부여 방법은 프로젝트마다 바뀌는 것을 고려하여 [예제 4-9]처럼 미리 PermissionKeyResolver 인터페이스를 정의하고 요구 사항에 맞게 구현한다. 예제 프로젝트는 컨트롤러의 클래스명과 메서드명을 연결한 문자열을 통해 권한을 식별하고, DefaultPermissionKeyResolver를 구현해 권한 키를 해결한다. 기능에 따라서는 인가 제어가 불필요한 것도 고려해야 하는데, 여기서는 Authorizable 인터페이스 메서드로 판정한다.

예제 4-9 권한 및 메서드의 관계 부여 방법(DefaultPermissionKeyResolver.java)

```java
/**
 * 컨트롤러의 메서드명으로 권한 키를 해결한다.
 */
public class DefaultPermissionKeyResolver implements PermissionKeyResolver {
```

```java
    private static final String TYPE_NAME_REPLACEMENT = "HtmlController";

    @Override
    public String resolve(Object handler) {
        String permissionKey = null;

        if (handler instanceof HandlerMethod) {
            val handlerMethod = (HandlerMethod) handler;
            val bean = handlerMethod.getBean();

            if (bean instanceof Authorizable) {
                val typeName = handlerMethod.getBeanType().getSimpleName();
                val typeNamePrefix = StringUtils.remove(typeName, TYPE_NAME_
REPLACEMENT);
                val methodName = handlerMethod.getMethod().getName();

                // 인가 제어가 불필요한 기능은 권한 키를 해결하지 않는다.
                if (((Authorizable) bean).authorityRequired()) {
                    permissionKey = String.format("%s.%s", typeNamePrefix, methodName);
                }
            }
        }

        return permissionKey;
    }
}
```

4.4.4 인가를 제어하는 인터셉터

인가를 제어하는 인터셉터는 [예제 4-10]처럼 구현한다. 컨트롤러의 메서드를 요청마다 가로채서 SpEL을 평가한다. 평가는 [예제 4-11]의 WebSecurityUtils에서 구현한다. 권한이 없는 경우 AccessDeniedException을 발생하여 예외 핸들러에서 권한이 부족하다는 메시지를 표시한다.

예제 4-10 역할 권한 제어 인터셉터(AuthorizationInterceptor.java)

```java
public class AuthorizationInterceptor extends BaseHandlerInterceptor {

    @Autowired
    PermissionKeyResolver permissionKeyResolver;
```

```
    @Override
    public boolean preHandle(HttpServletRequest request, HttpServletResponse response,
Object handler) throws Exception {
        // 컨트롤러 동작 전
        if (isRestController(handler)) {
            // API의 경우 스킵한다.
            return true;
        }

        val permissionKey = permissionKeyResolver.resolve(handler);

        // 권한 키를 SpEL로 평가한다.
        if (permissionKey != null && !WebSecurityUtils.hasAuthority(permissionKey)) {
            String loginId = WebSecurityUtils.getLoginId();
            throw new AccessDeniedException(
                    "permission denied. [loginId=" + loginId + ", permissionKey=" +
permissionKey + "]");
        }

        return true;
    }
}
```

실행 권한 보유 여부를 체크하는 기능은 다양하게 활용할 수 있도록 [예제 4-11]처럼 유틸리티로 분리한다.

예제 4-11 권한 체크 유틸리티(WebSecurityUtils.java)

```
public class WebSecurityUtils {

    private static final SpelParserConfiguration config = new
SpelParserConfiguration(true, true);

    private static final SpelExpressionParser parser = new
SpelExpressionParser(config);

    /**
     * 인증 정보를 취득한다.
     *
     * @return
     */
    @SuppressWarnings("unchecked")
    public static <T> T getPrincipal() {
```

```java
        val auth = SecurityContextHolder.getContext().getAuthentication();
        return (T) auth.getPrincipal();
    }

    /**
     * 인수로 지정한 권한을 갖고 있는지 없는지를 나타내는 값을 반환한다.
     *
     * @param a
     * @return
     */
    public static boolean hasAuthority(final String a) {
        val auth = SecurityContextHolder.getContext().getAuthentication();
        val authorities = auth.getAuthorities();

        boolean isAllowed = false;
        for (GrantedAuthority ga : authorities) {
            val authority = ga.getAuthority();
            val expressionString = String.format("'%s' matches '%s'", a, authority);
            val expression = parser.parseExpression(expressionString);

            isAllowed = expression.getValue(Boolean.class);
            if (isAllowed) {
                break;
            }
        }

        return isAllowed;
    }

    /**
     * 로그인 ID을 취득한다.
     *
     * @return
     */
    public static String getLoginId() {
        String loginId = null;
        val principal = WebSecurityUtils.getPrincipal();

        if (principal instanceof UserDetails) {
            loginId = ((UserDetails) principal).getUsername();
        }

        return loginId;
    }
}
```

4.5 CSRF 대책

스프링 시큐리티는 **CSRF**^{cross-site request forgery} **대책**(사이트 간 요청 위조 방지) 기능을 제공한다. 토큰을 사용하는 구조로 토큰을 세션별로 발행해 화면에 포함하고, 서버에 송신된 토큰이 세션에 저장된 토큰과 일치하는지 체크한다.

spring-boot-starter-security를 의존관계에 추가한 경우 디폴트로 CSRF 대책이 활성화되는데, 토큰을 세션에 보관하는 경우에는 세션 타임아웃을 고려해야 한다. 여기서는 세션 타임아웃이 발생해도 CSRF 대책으로 사용되는 토큰으로 쿠키를 사용해 대응한다.

4.5.1 CSRF 대책 확장

[예제 4-12]처럼 csrfTokenRepository에 CookieCsrfTokenRepository를 지정하여 쿠키를 사용해 CSRF 대책을 실시한다.

예제 4-12 CSRF 대책 설정(BaseSecurityConfig.java)

```java
@Configuration
public class BaseSecurityConfig extends WebSecurityConfigurerAdapter {
  (생략)

  @Override
  protected void configure(HttpSecurity http) throws Exception {
    // 쿠키에 CSRF 토큰을 보관한다.
    http.csrf()
        .csrfTokenRepository(new CookieCsrfTokenRepository());
    (생략)
  }

  (생략)
}
```

위 설정으로 화면을 표시하면 [예제 4-13]처럼 hidden 항목인 csrf가 생성된다.

예제 4-13 hidden 항목 출력

```html
<form action="/login" method="post">
  <input type="hidden" name="_csrf" value="99b23217-408e-4ffc-939c-9dcd1e8878da">
```

hidden 항목과 동일한 값의 XSRF-TOKEN이라는 쿠키가 설정된 것을 확인할 수 있다.

4.6 이중 송신 방지

이중 송신 방지는 메일 송신을 동반하는 처리나 구매 처리가 실수로 두 번 실시되는 것을 막는 기능이다. 이중 송신을 방지하는 일반적인 체크 방법은 다음과 같으며 하나를 선택해 구현한다.

- 자바스크립트로 버튼을 연타하지 못하도록 한다. → 실수로 두 번 누른 경우 요청이 두 번 전송되지 않도록 한다.
- PRG 패턴을 적용한다. → 브라우저의 [뒤로] 버튼을 눌렀을 때 폼을 재송신하는 것을 방지한다.
- 토큰을 사용한 송신 완료 체크를 한다. → 서버 측에 보관하고 있는 토큰을 비교하여 처리의 재실행을 방지한다.

여기서는 토큰을 사용한 이중 송신 방지에 대해 설명한다. 토큰을 사용한 이중 송신 방지는 이중 송신 방지 토큰을 생성하고 RequestDataValueProcessor를 이용해 화면에 토큰을 심어둔다. 그다음 송신된 이중 송신 방지 토큰을 체크한다. 토큰 관리, RequestDataValueProcessor의 변경, 이중 송신 방지 토큰 생성, 이중 송신 방지 토큰 체크 순으로 설명한다.

4.6.1 토큰 관리

먼저 [예제 4-14]처럼 토큰을 관리하는 클래스를 구현한다. 임의의 문자열을 생성할 때는 UUID가 자주 사용되는데, 여기서는 생산 비용이 낮은 xorshift 난수 생성기를 이용한다. 화면에서 토큰을 추출하는 메서드, 토큰을 저장하는 메서드를 구현한다.

예제 4-14 토큰 관리를 담당하는 클래스(DoubleSubmitCheckToken.java)

```
public class DoubleSubmitCheckToken {

    public static final String DOUBLE_SUBMIT_CHECK_PARAMETER = "_double";

    private static final String DOUBLE_SUBMIT_CHECK_CONTEXT = DoubleSubmitCheckToken.
class.getName() + ".CONTEXT";
```

```java
// 난수 생성기
private static final XORShiftRandom random = new XORShiftRandom();

/**
 * 화면에서 건네진 토큰을 반환한다.
 *
 * @param request
 * @return actual token
 */
public static String getActualToken(HttpServletRequest request) {
    return request.getParameter(DOUBLE_SUBMIT_CHECK_PARAMETER);
}

/**
 * 세션에 보관된 토큰을 반환한다.
 *
 * @param request
 * @return expected token
 */
@SuppressWarnings("unchecked")
public static String getExpectedToken(HttpServletRequest request) {
    String token = null;
    val key = request.getRequestURI();

    Object mutex = SessionUtils.getMutex(request);
    if (mutex != null) {
        synchronized (mutex) {
            token = getToken(request, key);
        }
    }

    return token;
}

/**
 * 세션에 토큰을 설정한다.
 *
 * @param request
 * @return token
 */
@SuppressWarnings("unchecked")
public static String renewToken(HttpServletRequest request) {
    val key = request.getRequestURI();
    val token = generateToken();
```

```java
        Object mutex = SessionUtils.getMutex(request);
        if (mutex != null) {
            synchronized (mutex) {
                setToken(request, key, token);
            }
        }

        return token;
    }

    /**
     * 토큰을 생성한다.
     *
     * @return token
     */
    public static String generateToken() {
        return String.valueOf(random.nextInt(Integer.MAX_VALUE));
    }

    /**
     * 세션에 보관된 LRUMap을 추출한다. 존재하지 않는 경우 작성해 반환한다.
     *
     * @param request
     * @return
     */
    protected static LRUMap getLRUMap(HttpServletRequest request) {
        LRUMap map = SessionUtils.getAttribute(request, DOUBLE_SUBMIT_CHECK_CONTEXT);

        if (map == null) {
            map = new LRUMap(10);
        }

        return map;
    }

    /**
     * 토큰을 취득한다.
     *
     * @param request
     * @param key
     * @return
     */
    protected static String getToken(HttpServletRequest request, String key) {
        LRUMap map = getLRUMap(request);
```

```
            val token = (String) map.get(key);
            return token;
        }

        /**
         * 토큰을 보관한다.
         *
         * @param request
         * @param key
         * @param token
         */
        protected static void setToken(HttpServletRequest request, String key, String
    token) {
            LRUMap map = getLRUMap(request);
            map.put(key, token);
            SessionUtils.setAttribute(request, DOUBLE_SUBMIT_CHECK_CONTEXT, map);
        }
    }
```

4.6.2 RequestDataValueProcessor 변경하기

RequestDataValueProcessor로 화면에 토큰을 자동으로 심어둔다. 하지만 스프링 MVC 애플리케이션에서 RequestDataValueProcessor가 하나만 존재해야 한다는 제약이 있다. 스프링 시큐리티는 자동 구성으로 CsrfRequestDataValueProcessor를 작성하여 빈을 등록하므로 새로 RequestDataValueProcessor를 추가하려면 구현을 고려해야 하므로 주의하길 바란다.

스프링 시큐리티의 CsrfRequestDataValueProcessor와 새로 작성할 RequestDataValueProcessor가 공존하려면 [예제 4-15]처럼 RequestDataValueProcessor의 빈을 덮어쓴다.

예제 4-15 RequestDataValueProcessor를 변경하는 자동 구성(RequestDataValueProcessorAutoConfiguration.java)

```
/**
 * CsrfRequestDataValueProcessor와 RequestDataValueProcessor가 공존하기 위한 설정
 * META-INF/spring.factories에 이 클래스명을 작성한다.
 */
```

```
@Configuration
@AutoConfigureAfter(SecurityAutoConfiguration.class)
public class RequestDataValueProcessorAutoConfiguration {

    // requestDataValueProcessor라는 명칭이여야 한다.
    @Bean
    public RequestDataValueProcessor requestDataValueProcessor() {
        // 이중 송신 방지를 위한 토큰을 자동으로 심는다.
        return new DoubleSubmitCheckingRequestDataValueProcessor();
    }
}
```

다음으로 [예제 4-16]처럼 hidden 항목을 공통으로 설정하기 위해 RequestData
ValueProcessor를 구현한다. 고려해야 할 것은 CsrfRequestDataValueProcessor의 처리
를 실시한 다음, getExtraHiddenFields 메서드의 반환값인 맵 변수에 이중 송신 방지의 토
큰을 추가한다는 점이다. 이렇게 구현하면 CsrfRequestDataValueProcessor 기능과 공존
할 수 있다.

예제 4-16 RequestDataValueProcessor 예제(DoubleSubmitCheckingRequestDataValueProcessor.java)

```
/**
 * 이중 송신 방지 체크를 위한 토큰을 심는다.
 */
public class DoubleSubmitCheckingRequestDataValueProcessor implements
RequestDataValueProcessor {

    private static final CsrfRequestDataValueProcessor PROCESSOR = new CsrfRequestDataV
alueProcessor();

    private static final ThreadLocal<String> ACTION_HOLDER = new ThreadLocal<>();

    @Override
    public String processAction(HttpServletRequest request, String action, String
httpMethod) {
        ACTION_HOLDER.set(action);
        return PROCESSOR.processAction(request, action, httpMethod);
    }

    @Override
    public String processFormFieldValue(HttpServletRequest request, String name, String
value, String type) {
```

```
            return PROCESSOR.processFormFieldValue(request, name, value, type);
        }

        @Override
        public Map<String, String> getExtraHiddenFields(HttpServletRequest request) {
            val map = PROCESSOR.getExtraHiddenFields(request);

            if (!map.isEmpty()) {
                val action = ACTION_HOLDER.get();
                String token = DoubleSubmitCheckToken.getExpectedToken(request, action);

                if (token == null) {
                    token = DoubleSubmitCheckToken.renewToken(request, action);
                }

                map.put(DoubleSubmitCheckToken.DOUBLE_SUBMIT_CHECK_PARAMETER, token);
                ACTION_HOLDER.remove();
            }

            return map;
        }

        @Override
        public String processUrl(HttpServletRequest request, String url) {
            return PROCESSOR.processUrl(request, url);
        }
    }
}
```

4.6.3 이중 송신 방지 토큰의 생명 주기를 관리하는 인터셉터

이중 송신 방지 토큰의 이용을 위해 [예제 4-17]의 인터셉터를 구현하여 다음 두 가지를 처리한다.

1 컨트롤러 처리 동작 전에 이중 송신 방지 토큰을 스레드 로컬에 설정한다.
2 컨트롤러 처리가 정상적으로 완료될 때 송신된 토큰이 스레드 로컬에 설정한 토큰과 일치한 경우 재발행한다.

스레드 로컬은 com.sample.domain.dao.DoubleSubmitCheckTokenHolder에서 관리한다.
자세한 내용은 예제 프로젝트를 참조하기 바란다.

예제 4-17 이중 송신 방지 토큰을 생성하는 인터셉터(SetDoubleSubmitCheckTokenInterceptor.java)

```
/**
 * 이중 송신 방지 체크를 위한 토큰을 세션에 설정한다.
 */
@Slf4j
public class SetDoubleSubmitCheckTokenInterceptor extends BaseHandlerInterceptor {

    @Override
    public boolean preHandle(HttpServletRequest request, HttpServletResponse response,
Object handler) throws Exception {
        // 컨트롤러 동작 전
        val expected = DoubleSubmitCheckToken.getExpectedToken(request);
        val actual = DoubleSubmitCheckToken.getActualToken(request);
        DoubleSubmitCheckTokenHolder.set(expected, actual);
        return true;
    }

    @Override
    public void postHandle(HttpServletRequest request, HttpServletResponse response,
Object handler, ModelAndView modelAndView) throws Exception {
        // 컨트롤러 동작 후
        if (StringUtils.equalsIgnoreCase(request.getMethod(), "POST")) {
            // POST 되었을 때 토큰이 일치한다면 새로운 토큰을 발생한다.
            val expected = DoubleSubmitCheckToken.getExpectedToken(request);
            val actual = DoubleSubmitCheckToken.getActualToken(request);

            if (expected != null && actual != null && Objects.equals(expected, actual)) {
                DoubleSubmitCheckToken.renewToken(request);
            }
        }
    }
    (생략)
}
```

4.6.4 이중 송신 방지 토큰 체크

이중 송신 체크는 등록 처리에서 대응하면 좋기 때문에 [예제 4-18]의 엔티티 리스너에서 실시한다. 갱신 처리가 이중 송신된 경우 개정 번호에 의해 낙관적 배타 제어가 걸리므로 여기서는 이중 송신 체크 대상에서 제외한다. 이중 송신이 이루어진 경우 마지막으로 생성된 토큰보다 이전에 생성된 토큰이 전송되므로 레코드를 INSERT하기 직전 체크에서 토큰이 일치하지 않으면 이중 송신이 이루어진 것으로 간주한다.

예제 4-18 이중 송신 체크 실시(DefaultEntityListener.java)

```java
public class DefaultEntityListener<ENTITY> implements
EntityListener<ENTITY> {

    @Override
    public void preInsert(ENTITY entity, PreInsertContext<ENTITY> context) {
        // 이중 송신 방지 체크
        val expected = DoubleSubmitCheckTokenHolder.getExpectedToken();
        val actual = DoubleSubmitCheckTokenHolder.getActualToken();

        if (expected != null && actual != null && !Objects.equals(expected, actual)) {
            throw new DoubleSubmitErrorException();
        }

        (생략)
    }
    (생략)
}
```

## CHAPTER 5

화면 개발

이 장에서는 웹 애플리케이션 개발에서 중요한 부분인 화면 개발에 대해 설명한다.

5.1 타임리프

예전에는 JSP가 스프링 MVC의 유일한 **뷰**view였다. 뷰는 결국 사용자에게 HTML로 표시되므로 XHTML이나 HTML5로 관리할 수 있어야 편리하다. 또한 스프링 MVC를 이용한 화면 개발에서는 모델과 뷰를 분할하기 때문에 뷰 템플릿을 사용하여 개발하는 것이 좋다. 여기서는 뷰 템플릿의 선택과 이용 시 포인트에 대해 설명한다.

이 책에서는 스프링이 추천[1]하는 뷰 템플릿인 타임리프에 초점을 맞춰 설명한다. 타임리프의 장점은 다음과 같다.

- 스프링에서 권장한다.
- HTML5를 준수한다.
- 디자이너와 분업이 가능하다.
- 브라우저에서 직접 참조할 수 있다.

---

1 스프링 뷰 기술 **URL** *https://docs.spring.io/spring/docs/current/spring-framework-reference/web.html#mvc-view*

5.1.1 스프링 부트에서 타임리프 이용하기

스프링 부트 프로젝트에는 스타터가 준비되어 있기 때문에[2] [예제 5-1]처럼 의존관계에 spring-boot-starter-thymeleaf를 지정한다. 애플리케이션 설정(application.(properties ¦ yml))과 템플릿 파일의 위치는 [예제 5-2], [그림 5-1]과 같다.

예제 5-1 타임리프 이용(build.gradle)

```
dependencies {
    // spring-boot-starter-thymeleaf를 지정한다.
    compile 'org.springframework.boot:spring-boot-slarter-thymeleaf'
}
```

예제 5-2 타임리프 이용(application.yml)

```
spring:
  thymeleaf:
    # 타임리프의 3.x부터는 HTML5 모드를 추천하지 않으므로 HTML 모드로 지정
    mode: HTML
```

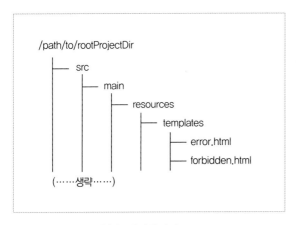

그림 5-1 타임리프 이용(템플릿 파일 경로)

---

2 spring-boot-starter-thymeleaf **URL** *https://github.com/spring-projects/spring-boot/tree/master/spring-boot-project/spring-boot-starters/spring-boot-starter-thymeleaf*

5.2 폼 바인딩

스프링 MVC를 이용한 화면 개발에서는 입력 폼을 사용한 개발을 빼놓을 수 없다. 여기서는 입력 폼을 사용해 개발할 때의 핵심 내용을 설명한다.

스프링에서 화면 개발은 입력 필드를 하나씩 요청 파라미터에 매핑해 구현한다. 하지만 이 방법은 소스 코드의 가독성과 유지보수성을 떨어뜨린다. 타임리프와 스프링을 통합하기 위해 HTML 폼과 폼 객체를 상호 연관 짓는 기능을 지원하며 폼의 메서드도 필드처럼 사용할 수 있다.

5.2.1 폼 바인딩 구현

[예제 5-3]과 [예제 5-4]는 폼 메서드를 적절히 활용하여 신규 작성 화면과 편집 화면의 템플릿 공통화를 구현한다. 참고로 [예제 5-3]의 **@NotEmpty**는 하이버네이트 검증기[3]의 애너테이션으로, 이를 통해 입력 체크를 실시한다.

예제 5-3 폼 바인딩 구현(Form 객체)

```
public class StaffForm {
@NotEmpty  // 하이버네이트 검증기에 의한 체크
    String firstName;

    @NotEmpty
    String lastName;

    @NotEmpty
    String password;

    /**
    * 기존 레코드가 없는 데이터인지 확인해 신규 작성 또는 갱신으로 판정
    *
    * @return
    */
    public boolean isNew() {
      return getId() == null;
    }
```

----

3 하이버네이트 검증기 **URL** *http://hibernate.org/validator/*

(생략)

[예제 5-4]와 같이 HTML 폼과 폼 객체의 상호 연관 설정을 구현한다.

- th:object="${폼 변수명}"으로 Form 객체를 HTML 폼에 바인딩
- th:field로 입력 항목과 Form 객체의 속성을 상호 연관 설정

예제 5-4 Form 바인딩 구현(staffs/new.html)

```html
<!-- ### th:object="${staffForm}"으로 Form 객체를 HTML 폼에 바인딩 -->
<form th:object="${staffForm}" th:action="${action}" id="form1"
    th:with="action=${staffForm.isNew()} ? @{/system/staffs/new} : @{/system/staffs/
edit/{id}(id=*{id})}"
    class="form-horizontal" enctype="multipart/form-data" method="post">
  <div class="box-body">
    <label class="col-sm-2 control-label" th:text="이름">Label</label>
    <div class="col-sm-10">
      <!-- ### th:field로 입력 항목과 Form 객체의 속성을 상호 연관 설정-->
      <!-- ### *으로 staffForm.을 생략 -->
      <input class="form-control" type="text" th:type="text" th:field="*{firstName}" />
    </div>
    <label class="col-sm-2 control-label" th:text="성">Label</label>
    <div class="col-sm-10">
      <input class="form-control" type="text" th:type="text" th:field="*{lastName}" />
    </div>
    <label class="col-sm-2 control-label" th:text="패스워드">Label</label>
    <div class="col-sm-10">
      <input class="form-control" type="text" th:type="text" th:field="*{password}" />
    </div>
  </div>
  <!-- ### 바인딩한 Form 객체의 메서드를 이용하여 신규 작성 또는 갱신으로 판정 -->
  <div class="box-footer">
    <button class="btn btn-default bg-purple" type="submit" th:with="text=${staffForm.
isNew()} ? '등록' : '보관'" th:text="${text}">
      Add Staff
    </button>
  </div>
</form>
```

5.3 전처리

애플리케이션에서 취급하는 데이터는 특정한 변환 처리를 해야하는 경우가 많다. 타임리프에서는 전처리를 지원하며 전처리는 해당 값을 나중에 동적으로 바꾸고 싶은 경우에 유효하다.[4]

데이터베이스 같은 데이터 저장소에서 가져온 데이터를 화면에 표시할 때, 변환 요구 사항이 있는 경우 특별하게 고려해야 할 사항이 없다면 컨트롤러에 변환 처리를 기재한다. 이 방법은 요구 사항을 충족할 수는 있어도 코드의 보수성이 나빠진다. 자바스크립트로도 동일한 대응이 가능하기 때문에 프로젝트에서 정책을 정의해 전처리를 이용하는 것이 바람직하다.

5.3.1 전처리 구현

여기서는 번역 API를 사용해 다국어 대응을 하는 예제를 살펴본다.

  1 모델의 값을 템플릿에 설정한다.

  2 언어별로 정적 메서드를 준비하고 취득한 값을 아마존 번역[5]을 이용해 번역한다.

예제 5-5 전처리 구현(Messages_fr.properties)

```
### 언어별로 정적 메서드를 준비한다(프랑스어).
article.text=@myapp.translator.Translator@translateToFrench({0})
```

예제 5-6 전처리 구현(Messages_en.properties)

```
### 언어별로 정적 메서드를 준비한다(영어).
article.text=@myapp.translator.Translator@translateToEnglish({0})
```

예제 5-7 전처리 구현(뷰 템플릿)

```
<!-- ### 전처리를 활성화하려면, 2중의 언더스코어로 둘러싼다(__${expression}__).-->
<p th:text="${__#{article.text('textVar')}__}">Some text here...</p>
```

---

4 타임리프-4.12 전처리 **URL** *https://www.thymeleaf.org/doc/tutorials/2.1/usingthymeleaf.html#preprocessing*
5 아마존 번역 **URL** *https://aws.amazon.com/ko/translate/*

프랑스어일 경우 결과는 [예제 5-8]과 같다.

예제 5-8 전처리 구현

```
<p th:text="${@myapp.translator.Translator@translateToFrench(textVar)}">
Some text here...</p>
```

5.4 템플릿 공유

프로젝트 개발에서는 문제가 될 것 같은 부분을 공통화해 소스 코드의 품질을 향상시킨다. 본질적으로 동일한 요소에 중복된 코드를 기재하면 운용 단계에서 변경해야 할 부분이 많아진다.

재사용 기술은 소프트웨어의 생산 기술에서 핵심 요소 기술이기 때문에 프런트 웹 개발 현장에서 **웹 컴포넌트**web component를 사용하거나, 재사용이 가능한 컴포넌트를 정의하는 라이브러리를 사용한 개발이 유행하고 있다. 여기서는 타임리프에서의 공통화 지원 기능인 템플릿 부품화, 템플릿 공통화에 대해 설명한다.

5.4.1 템플릿 부품화

여기서는 템플릿 엔진을 이용할 때 중요한 기능인 템플릿의 부품화에 대해 설명한다. 타임리프는 **프래그먼트**fragment로 부품화를 지원한다. 재사용 가능한 장소나 통일하고 싶은 부분을 부품화해 품질을 균일하게 유지한다.

부품화는 템플릿에 `layout:fragment`를 지정해 구현하며 `th:include` 또는 `th:replace`를 이용한다. 참고로 `th:include`와 `th:replace`의 차이는 타임리프의 튜토리얼[6]을 참조하길 바란다.

앞서 다루었던 전처리처럼 문제가 될 가능성이 높은 부분을 부품화하면 문제 발생을 사전에 억제할 수 있으므로 공통화할 수 있는 부분은 적극적으로 공통화해야 한다.

---

6 타임리프 `th:include`와 `th:replace`의 차이점 URL *https://www.thymeleaf.org/doc/tutorials/2.1/usingthymeleaf. html#difference-between-thinclude-and-threplace*

예제 5-9 템플릿 부품화 구현(inputField.html)

```html
<th:block th:fragment="input (type, label, name)">
<!-- ### 화면 표시에 필요한 레이블이나 검증을 포함하면 단순한 InputField라도 작성량이
많아진다. -->
  <div th:with="valid=${!#fields.hasErrors(name)}" th:class="${'form-group' + (valid ?
'' : ' has-error')}" class="form-group">
    <label class="col-sm-2 control-label" th:text="${label}">Label</label>
    <div class="col-sm-10">
      <!-- ### 전처리 등 문제가 될 가능성이 높은 부분을 부품화하여 문제를 미연에 방
지한다. -->
      <input class="form-control" type="text" th:type="${type}"
        th:field="*{__${name}__}" />
      <span th:if="${valid}" class="err" th:errors="*{__${name}__}">Error</span>
    </div>
  </div>
</th:block>
```

예제 5-10 템플릿 부품화 구현(textarea.html)

```html
<th:block th:fragment="textarea (label, name, rows)">
  <div th:with="valid=${!#fields.hasErrors(name)}" th:class="${'form-group' + (valid ?
'' : ' has-error')}" class="form-group">
    <label class="col-sm-2 control-label" th:text="${label}">Label</label>
    <div class="col-sm-10">
      <textarea class="form-control" th:field="*{__${name}__}" rows="3"
th:rows="${rows}"></textarea>
      <span th:if="${!valid}" class="help-block" th:errors="*{__${name}__}">Error</
span>
    </div>
  </div>
</th:block>
```

[예제 5-11]처럼 부품화하면 사용자의 폼 가독성도 향상된다.

예제 5-11 템플릿 부품화 구현(부품 사용)

```html
<input th:replace="~{fragments/inputField :: input ('text', '타이틀','subject')}" />
<input th:replace="~{fragments/textarea :: textarea ('본문','templateBody', 12)}" />
```

Column th:include와 th:replace의 차이

th:include는 태그의 내용만 포함하지만 th:replace는 실제로 태그를 대체한다. 실제 동작은 [예제 5-14]와 같다.

예제 5-12 프래그먼트 정의

```
<footer th:fragment="copy">
  &copy; Socym Co,.Ltd. All rights reserved.
</footer>
```

예제 5-13 th:include와 th:replace의 이용

```
<div th:include="footer :: copy"></div>
<div th:replace="footer :: copy"></div>
```

예제 5-14 th:include와 th:replace를 이용한 결과

```
<div>
  &copy; Socym Co,.Ltd. All rights reserved.
</div>
<footer>
  &copy; Socym Co,.Ltd. All rights reserved.
</footer>
```

5.4.2 템플릿 공통화

다음으로 템플릿의 공통화에 대해 설명한다. 타임리프에서는 레이아웃 기능으로 템플릿의 공통화를 지원한다. 이 기능으로 베이스가 되는 HTML의 레이아웃이나 자바스크립트와 CSS의 인클루드include를 일괄 관리할 수 있다. 템플릿을 공통화하면 소스 코드의 유지보수성과 품질을 더 향상시킬 수 있으므로 적극적으로 도입하는 게 좋다.

스프링 부트 2에서는 템플릿의 공통화 기능을 이용하기 위해 [예제 5-15]의 의존관계에 thymeleaf-layout-dialect를 추가하고 [예제 5-16]처럼 JavaConfig에 설정을 추가한다.

예제 5-15 디자인 공통화: thymeleaf-layout-dialect 버전 지정(build.gradle)

```
compile("nz.net.ultraq.thymeleaf:thymeleaf-layout-dialect:2.3.0") {
  exclude group: "org.codehaus.groovy", module: "groovy"
}
```

예제 5-16 템플릿의 공통화 기능 사용(JavaConfig)

```
@Configuration
public class WebConfig implements WebMvcConfigurer {
  @Bean
  public LayoutDialect layoutDialect() {
    return new LayoutDialect();
  }
}
```

[예제 5-17]처럼 레이아웃을 구현한다.

- 레이아웃 기능을 이용하기 위해 xmlns:layout="http://www.ultraq.net.nz/thymeleaf/layout"
  을 지정한다.

- layout:fragment="임의의 문자열"로 각 페이지에서 교체할 영역을 지정한다.

예제 5-17 디자인 공통화: 레이아웃의 공통화 구현(layout.html)

```
<!DOCTYPE html>
<!-- ### 레이아웃 기능을 이용하기 위해 xmlns:layout="http://www.ultraq.net.nz/
thymeleaf/layout"을 추가한다. -->
<html xmlns:th="http://www.thymeleaf.org"
      xmlns:layout="http://www.ultraq.net.nz/thymeleaf/layout">
    <head>
        <meta http-equiv="Content-Type" content="text/html; charset=UTF-8">
        <meta charset="utf-8">
        <meta content="width=device-width, initial-scale=1, maximum-scale=1, user-
scalable=no" name="viewport">
        <meta http-equiv="X-UA-Compatible" content="IE=edge">
        <link rel="shortcut icon" type="image/x-icon" th:href="@{/static/images/
favicon.png}" />
        <title layout:title-pattern="$CONTENT_TITLE ¦ $LAYOUT_TITLE">Sample</title>

        <!-- ### 공통으로 이용할 CSS/자바스크립트의 로딩을 일괄로 관리한다. -->
        <link rel="stylesheet" href="https://maxcdn.bootstrapcdn.com/bootstrap/3.3.7/
```

```
                css/bootstrap.min.css"
                    th:href="@{/webjars/bootstrap/css/bootstrap.min.css}" type="text/css" />

        (생략)

        <script type="text/javascript" src="https://code.jquery.com/jquery-1.12.4.min.
js"></script>
    </head>
    <body class="skin-purple">
      <div class="wrapper">
        <div class="content-wrapper">
          <!-- ### ↓↓↓ 여기서부터 개별 화면에서 교체할 영역 -->
          <section layout:fragment="content" class="content">
              개별 화면에서 설정할 부분
          </section>
          <!-- ### ↑↑↑ 여기까지 개별 화면에서 교체할 영역 -->
        </div>
        <footer class="main-footer">
          <div class="pull-right hidden-xs">Version 1.0</div>
          <strong>Copyright &copy; 2015</strong>, All rights reserved.
        </footer>
        </div>
      </body>
</html>
```

[예제 5-18]처럼 레이아웃 정의를 이용한다.

- 레이아웃 기능을 이용하기 위해 xmlns:layout="http://www.ultraq.net.nz/thymeleaf/layout"
  을 지정한다.

- layout:decorate에 사용할 템플릿 파일을 지정한다.

- layout:fragment="임의의 문자열"로 각 페이지에서 교체할 영역을 지정한다.

예제 5-18 디자인 공통화: 레이아웃의 공통화 구현(logout.html)

```
<!-- ### 레이아웃 기능을 이용하기 위해 xmlns:layout="http://www.ultraq.net.nz/
thymeleaf/layout"을 추가한다. -->
<!-- ### layout:decorate에 레이아웃 파일을 지정한다. -->
<html xmlns:th="http://www.thymeleaf.org"
      xmlns:layout="http://www.ultraq.net.nz/thymeleaf/layout"
      xmlns:sec="http://www.thymeleaf.org/extras/spring-security"
      layout:decorate="~{layouts/layout}">
    <head>
```

```
            <title>로그아웃</title>
        </head>
        <body>
            <!-- ### ↓↓↓ 여기서부터 개별 화면에서 정의한 내용으로 교체된다.-->
            <div layout:fragment="content">
                <h2>로그아웃하였습니다.</h2>
            </div>
            <!-- ### ↑↑↑ 여기까지 개별 화면에서 정의한 내용으로 교체된다. -->
        </body>
    </html>
```

공유 레이아웃과 개별 레이아웃으로 타이틀이나 자바스크립트의 인클루드를 병합할 수 있다.
타이틀을 병합하고 싶지 않다면 [예제 5-19]와 [예제 5-20]처럼 일반적인 **title** 태그만 지정
한다.

예제 5-19 디자인 공통화: 타이틀 교체(공통 레이아웃)

```
<title>Sample</title>
```

예제 5-20 디자인 공통화: 타이틀 교체(개별 레이아웃)

```
<!-- ### title 태그만 지정하는 경우는 개별 레이아웃의 title로 덮어 쓴다. -->
<!-- ### 화면에 표시되는 타이틀은 로그아웃된다. -->
<title>로그아웃</title>
```

타이틀을 합성하는 경우 [예제 5-21]과 [예제 5-22]처럼 **title-pattern**을 지정해 병합할
패턴을 정의한다.

예제 5-21 디자인 공통화: 타이틀 병합(공통 레이아웃)

```
<!-- ### title-pattern을 지정하여 title을 병합한다. -->
<!-- ### $CONTENT_TITLE은 개별 타이틀, $LAYOUT_TITLE은 레이아웃 타이틀 -->
<title layout:title-pattern="$CONTENT_TITLE ¦ $LAYOUT_TITLE">Sample</title>
```

예제 5-22 디자인 공통화: 타이틀 병합(개별 레이아웃)

```
<!-- ### 화면 표시되는 타이틀은 '관리쪽 로그인 ¦ 로그아웃'이 된다 -->
<title>로그아웃</title>
```

참고로 자바스크립트와 CSS는 레이아웃과 개별 레이아웃으로 인클루드한 파일이 병합되어 최종 출력된다.

5.5 타임리프의 다른 기능

여기서는 타임리프의 다른 기능을 소개한다.

5.5.1 이스케이프 처리되지 않은 텍스트

타임리프에서는 **사이트 간 스크립팅**^{cross-site scripting}(XSS)의 대책으로 텍스트를 디폴트인 th:text 속성으로 **이스케이프** 처리해 세션 하이재킹 등 악의적인 공격을 방어한다. 그러나 표시 항목에 HTML 태그가 포함된 HTML 메일 템플릿을 관리하는 기능이 존재하는 경우에는 명시적으로 텍스트를 이스케이프 처리 없이 표시해야 한다.

[예제 5-23], [예제 5-24], [예제 5-25]는 메시지를 표시하는 동작이다.

예제 5-23 메시지 내용

```
home.welcome=Welcome to our <b>fantastic</b> grocery store!
```

텍스트 표시에서 디폴트 속성 th:text를 지정했을 경우의 동작은 <b> 태그가 이스케이프되어 브라우저에 표시된다.

예제 5-24 템플릿 구현(th:text 속성)

```
<!-- ### 텍스트 표시에서 디폴트 속성의 th:text를 지정 -->
<p th:text="#{home.welcome}">Welcome to our grocery store!</p>
```

예제 5-25 HTML 출력 후(th:text 속성)

```
<!-- ### 브라우저에는 이스케이프 처리되어 표시된다. -->
<p>Welcome to our &lt;b&gt;fantastic&lt;/b&gt; grocery store!</p>
```

이스케이프 처리 없이 표시하는 속성인 th:utext를 지정했을 경우의 동작은 [예제 5-26], [예제 5-27]과 같이 <b> 태그가 이스케이프 처리 없이 해석되어 브라우저에서의 문자 장식이 가능해진다.

예제 5-26 이스케이프 처리하지 않는 템플릿의 구현(th:utext 속성)

```
<!-- ### 이스케이프 처리 없이 표시하는 속성(th:utext)을 지정 -->
<p th:utext="#{home.welcome}">Welcome to our grocery store!</p>
```

예제 5-27 HTML 출력 후(th:utext 속성)

```
<!-- ### 브라우저에 그대로 표시되기 때문에 문자 장식이 가능해진다. -->
<p>Welcome to our <b>fantastic</b> grocery store!</p>
```

단, 이 th:utext 속성을 이용하는 경우에는 XSS에 취약하지 않도록 주의가 필요하다.

5.5.2 날짜 조작 확장 라이브러리

타임리프는 Date/Time API(JSR-310)를 디폴트로 지원하지 않기 때문에 확장 라이브러리를 이용한다. 참고로 스프링 부트 2는 확장 라이브러리인 **thymeleaf-extras-java8time**이 타임리프 스타터의 의존관계[7]에 포함되어 있어 추가로 설정할 필요가 없다.

Date/Time API는 확장 라이브러리의 **Temporals** 객체를 사용한다. 제공되는 메서드의 자세한 내용은 **org.thymeleaf.extras.java8time.expression.Temporals**의 구현을 참조하길 바란다.

예제 5-28 템플릿 구현(Date/Time API)

```
<!-- ### Temporals 객체를 이용하여 포맷 -->
<input class="form-control" type="text" name="holidayDate" th:value="${(value != null)
? #temporals.format(value, 'yyyy/MM/dd') : ''}" />
```

---

7 spring-boot-starter-thymeleaf **URL** *http://mvnrepository.com/artifact/org.springframework.boot/spring-boot-starter-thymeleaf/2.0.6.RELEASE*

예제 5-29 HTML 출력 후(Date/Time API)

```
<input class="form-control" type="text" name="holidayDate" value="2017/01/01">
```

타임리프는 각종 확장 기능[8]을 지원한다. 이 책에서 소개하지 않은 확장 기능은 API 사양을 참조하길 바란다.

5.6 정적 콘텐츠 관리하기

BtoC 애플리케이션을 구축할 때, UI/UX의 기능 향상을 위해 클라이언트 측 라이브러리를 활용한다. 단, 자바스크립트와 CSS를 제대로 관리하지 않으면 다음과 같은 문제가 발생한다.

- 자바스크립트와 CSS의 버전 관리가 제대로 되지 않아 릴리스할 때 브라우저 캐시가 이전 버전을 제공해버렸다.
- 자바스크립트와 CSS 라이브러리의 구성 관리가 제대로 되지 않은 상황에서 외부 라이브러리를 안이하게 이용한 나머지 장애가 발생했다.

이 절에서는 스프링 부트를 이용한 웹 애플리케이션의 정적 콘텐츠(HTML, 자바스크립트, CSS, 이미지 등)에 대해 배치 장소와 캐시 제어, 액세스 제어, 클라이언트 라이브러리 구성 관리 방법을 설명한다.

5.6.1 정적 콘텐츠의 배치 장소

스프링 부트는 스프링 MVC의 자동 구성에 다음 네 가지 경로가 설정되어 있어 정적 콘텐츠를 이 경로에 배치할 수 있다.

- /resources/
- /static/
- /public/
- /META-INF/resources/

---

8 타임리프 확장(메이븐 저장소) `URL` *https://mvnrepository.com/artifact/org.thymeleaf.extras*

예제 5-30 정적 콘텐츠 경로(스프링 부트 디폴트)

```
private static final String[] CLASSPATH_RESOURCE_LOCATIONS = {"classpath:/META-INF/
resources/", "classpath:/resources/","classpath:/static/", "classpath:/public/" };
```

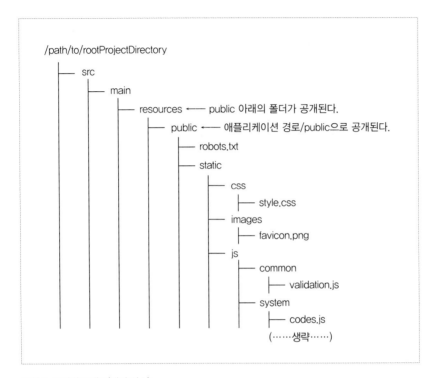

그림 5-2 정적 콘텐츠(배치 장소)

디폴트 경로는 [예제 5-31]과 같이 WebMvcConfigurer의 addResourceHandlers 메서드를 오버라이드함으로써 경로를 변경할 수 있다.

예제 5-31 정적 콘텐츠의 경로 정의

```
@Configuration
public class WebConfig extends WebMvcConfigurer {
  @Override
  public void addResourceHandlers(ResourceHandlerRegistry registry) {
    // files/** 요청을 webapp/resources 또는 클래스 경로의 other-resources 폴더에
    // 보관되어 있는 파일로 매핑한다.
```

```
    registry
      .addResourceHandler("/resources/**")
      .addResourceLocations("/resources/","classpath:/other-resources/");
    }
  }
```

정적 콘텐츠를 로컬 파일 시스템에 매핑할 경우는 [예제 5-32]와 같이 설정한다.

예제 5-32 정적 콘텐츠 경로를 로컬 파일 시스템에 매핑

```
@Configuration
public class WebConfig extends WebMvcConfigurer {
  @Override
  public void addResourceHandlers(ResourceHandlerRegistry registry) {
    // files/** 요청을 로컬 파일 시스템의 /opt/files/에 매핑
    registry
      .addResourceHandler("/files/**")
      .addResourceLocations("file:/opt/files/");
  }
}
```

5.6.2 캐시 제어

다음으로 정적 콘텐츠의 캐시 제어에 대해 살펴보자. 캐시하는 시간은 `application.` `(properties | yml)`이나 `ResourceHandlerRegistry`의 오버라이드로 조정한다.

예제 5-33 정적 콘텐츠의 캐시 유효 설정(application.yml)

```
### 24시간 캐시되도록 설정
spring.resources.cache.period=86400
```

정적 콘텐츠를 수정한 경우 캐시를 비활성화해야 한다. [예제 5-34]의 설정을 추가하면 [예제 5-35]처럼 정적 콘텐츠의 내용에서 MD5 해시값을 계산한 값이 파일명에 부여된다. 따라서 콘텐츠가 수정되면 캐시가 비활성화된다.

예제 5-34 정적 콘텐츠의 캐시 비활성화 설정(application.yml)

```
spring.resources.chain.strategy.content.enabled=true
spring.resources.chain.strategy.content.paths=/**
```

예제 5-35 HTML 출력 후(캐시 비활성화 제어)

```
### 정적 콘텐츠의 내용에 의해 MD5 해시가 계산된다.
<link rel="stylesheet" href="/admin/static/css/style-c3b230f11071fdd1d85ceffa2bec7ff0.
css" type="text/css">
```

버전 관리 전략도 지원한다. 자바스크립트의 버전만 관리하고 싶은 경우에는 [예제 5-36]과 같이 설정한다. 참고로 적절한 정책이 없는 상태에서 버전 관리 전략을 채택하면 사고의 원인이 되기 때문에 버전 관리 전략을 채택할 때는 신중해야 한다.

예제 5-36 정적 콘텐츠 버전 관리 전략(application.yml)

```
spring.resources.chain.strategy.content.enabled=true
spring.resources.chain.strategy.content.paths=/**
spring.resources.chain.strategy.fixed.enabled=true
spring.resources.chain.strategy.fixed.paths=/js/lib/
spring.resources.chain.strategy.fixed.version=v2
```

예제 5-37 HTML 출력 후(버전 관리 전략)

```
### /js/lib/ 이외의 경로는 MD5 해시가 부여된다.
<link rel="stylesheet" href="/admin/static/css/style-c3b230f11071fdd1d85ceffa2bec7ff0.
css" type="text/css">
### /js/lib/는 고정 경로가 된다.
<script type="text/javascript" src="/admin/lib/js/v2/admin.min.js">
</script>
```

5.6.3 액세스 제어

파비콘favicon 등의 이미지 파일이나 클라이언트 라이브러리는 미인증, 인증에 관계없이 액세스가 가능해야 한다. '4.2 인증'에서 설명했지만, 여기서는 정적 파일을 제어하는 방법을 자세히 설명한다.

스프링 부트는 스프링 시큐리티의 자동 구성에 [예제 5-38]이 설정되어 있으며, 디폴트로 다음 다섯 개의 경로에서 퍼블릭public 액세스할 수 있다. 그러나 검색 엔진 최적화search engine optimization (SEO)에 필요한 robots.txt나 sitemap.xml은 포함되지 않기 때문에 이 파일을 퍼블릭 액세스 가능하게 하려면 [예제 5-39]와 같이 JavaConfig에서 설정을 넘어 써야 한다.

- /css/
- /js/
- /images/
- /webjars/
- favicon.ico

예제 5-38 퍼블릭 액세스 가능한 파일 경로(스프링 부트 디폴트)

```
private static List<String> DEFAULT_IGNORED = Arrays.asList("/css/**", "/js/**", "/
images/**", "/webjars/**", "/**/favicon.ico");
```

예제 5-39 퍼블릭 액세스 가능한 파일 경로로 덮어 쓰기(JavaConfig)

```
@Configuration
public class WebConfig extends WebSecurityConfigurerAdapter {
  @Override
  public void configure(WebSecurity security) throws Exception {
    // 정적 파일로의 액세스는 인증을 걸 수 없다.
    security.ignoring()
      .antMatchers("/static/**");
  }
}
```

5.6.4 클라이언트 라이브러리의 구성 관리

서버 입장 엔지니어 중심의 팀 구성이라면 프런트 라이브러리의 관리를 누락하는 경우가 있다. 여기서는 WebJars[9]를 사용하여 클라이언트 라이브러리를 관리하는 방법을 소개한다.

WebJars는 의존관계를 추가하고 JavaConfig를 구현해 사용한다.

예제 5-40 WebJars의 이용(build.gradle)

```
dependencies {
  // webjars를 의존관계에 추가한다.
  compile "org.webjars:webjars-locator-core"
}
```

예제 5-41 WebJars의 이용(JavaConfig)

```
// ResourceHandlerRegistry를 Override하여, WebJars를 활성화한다.
@Configuration
public class WebConfig implements WebMvcConfigurer {
  @Override
  public void addResourceHandlers(ResourceHandlerRegistry registry) {
    // webjars를 ResourceHandler에 등록한다.
    registry.addResourceHandler("/webjars/**")
      // JAR의 내용을 리소스 로케이션으로 한다.
      .addResourceLocations("classpath:/META-INF/resources/webjars/")
      // webjars-locator를 사용하기 위해 리소스 체인 안의 캐시를 비활성화한다.
      .resourceChain(false);
  }
}
```

위 설정을 하면 **부트스트랩**Bootstrap과 제이쿼리 버전도 메이븐이나 그레이들로 일괄 관리할 수 있다. 또한 타임리프에 버전을 지정하지 않고도 include 경로가 생성되기 때문에 라이브러리의 버전업 대응도 원활하게 진행할 수 있다.

예제 5-42 클라이언트 라이브러리의 구성 관리(build.gradle)

```
dependencies {
    // 클라이언트 라이브러리도 메이븐/그레이들로 일괄 관리가 가능하다.
```

----

9 WebJars `URL` *https://www.webjars.org/*

```
    compile "org.webjars:webjars-locator-core"
    compile "org.webjars:bootstrap:3.3.7"
    compile "org.webjars:jquery:2.2.4"
    compile "org.webjars:jquery-validation:1.17.0"

    (생략)
}
```

[예제 5-43]은 타임리프에서 클라이언트 라이브러리를 사용하는 방법이다.

예제 5-43 클라이언트 라이브러리의 구성 관리(타임리프)

```
<!-- ### th:href에는 버전 지정이 불필요 -->
<!-- ### HTML을 브라우저에서 직접 참조한다고 가정해 href에 CDN 경로를 지정한다. -->
<link rel="stylesheet" href="https://maxcdn.bootstrapcdn.com/bootstrap/3.3.7/css/
bootstrap.min.css"
th:href="@{/webjars/bootstrap/css/bootstrap.min.css}" type="text/css"/>
```

예제 5-44 HTML 출력 후(클라이언트 라이브러리의 구성 관리)

```
<link rel="stylesheet" href="/admin/webjars/bootstrap/3.3.7/css/bootstrap.min.css"
type="text/css">
```

| Column | 웹 프런트 개발에서 라이브러리 관리하기 |

여기서는 WebJars를 이용한 클라이언트 라이브러리 관리 방법을 타임리프 중심으로 소개했다. 스프링 부트에서 작성한 API와 자바스크립트를 이용한 SPA 구성의 경우, 웹 프런트 기술을 중심으로 한 클라이언트 라이브러리의 구성 관리가 필요하다.
웹 프런트 개발에서는 엔피엠npm[10]과 얀yarn[11], 바우어Bower[12]와 같은 패키지 관리자를 사용해 관련 라이브러리를 관리한다. 일반적으로는 웹팩webpack을 이용하여 웹 프런트 소재(자바스크립트, CSS, PNG)를 일괄로 관리한다.

----

10 엔피엠 URL *https://www.npmjs.com/*
11 얀 URL *https://yarnpkg.com/lang/en/*
12 바우어 URL *https://bower.io/*

## CHAPTER 6

API 개발

API를 공개하려는 금융기관의 움직임이 가속화되듯이 비즈니스 영역에서도 API 키워드가 자주 등장한다. 시스템 개발에서도 신속하게 기능을 출시하기 위해서는 API 연계가 필수적이며 API 연계의 중요성이 나날이 높아지고 있다. 이 장에서는 API 연계에 대해 설명한다.

6.1 스프링 부트를 이용한 API 개발

MSAmicro service architecture 개발이나 **SPA**single page application 개발에서 API 연계는 필수다. 소매 업계에서는 옴니 채널(사용자가 채널의 차이를 의식하지 않고 서비스를 이용하거나 제품을 구입할 수 있는 것)이라는 단어가 생겨났다. 채널의 차이를 의식하지 않으려면 백엔드 서비스를 API화하고 PC/스마트폰/기타 서비스 등 여러 채널에서 투명하게 사용할 수 있어야 한다.

여기서는 스프링 부트를 이용한 API 개발에 대해 설명한다. API는 @RestController로 구현한다. 사용자 정보 취득 요청에 JSON을 반환하는 API를 예로 들어 설명한다.

6.1.1 API 사양

여기서는 다음 두 가지 API를 만들어본다.

1 사용자 목록 취득 API
2 사용자 생성 API

사용자 목록 취득 API

이름이나 전화번호, 주소 등의 정보를 검색 폼으로부터 받아들이는 API다. API 사양의 자세한 내용은 [그림 6-1]과 [그림 6-2]를 참조하길 바란다. 참고로 API 사양은 스웨거^{swagger}('6.3.1 스웨거'에서 자세히 설명한다)로 작성한다.

그림 6-1 사용자 취득 API 요청 사양

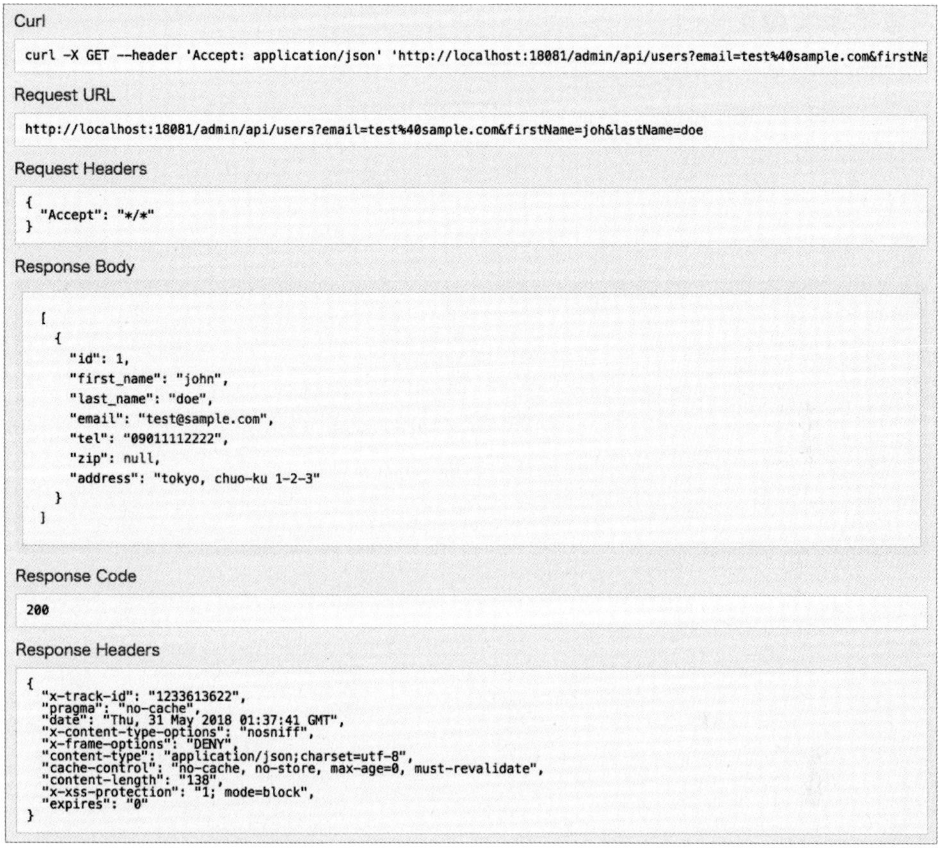

Curl

```
curl -X GET --header 'Accept: application/json' 'http://localhost:18081/admin/api/users?email=test%40sample.com&firstNa
```

Request URL

```
http://localhost:18081/admin/api/users?email=test%40sample.com&firstName=joh&lastName=doe
```

Request Headers

```
{
  "Accept": "*/*"
}
```

Response Body

```
[
  {
    "id": 1,
    "first_name": "john",
    "last_name": "doe",
    "email": "test@sample.com",
    "tel": "09011112222",
    "zip": null,
    "address": "tokyo, chuo-ku 1-2-3"
  }
]
```

Response Code

```
200
```

Response Headers

```
{
  "x-track-id": "1233613622",
  "pragma": "no-cache"
  "date": "Thu, 31 May 2018 01:37:41 GMT",
  "x-content-type-options": "nosniff",
  "x-frame-options": "DENY",
  "content-type": "application/json;charset=utf-8",
  "cache-control": "no-cache, no-store, max-age=0, must-revalidate",
  "content-length": "138",
  "x-xss-protection": "1; mode=block",
  "expires": "0"
}
```

그림 6-2 사용자 취득 API 응답 사양

사용자 생성 API

HTTP의 요청 본체(Body)에서 사용자 정보를 받아 사용자를 생성하는 API다. API 사양의 자세한 내용은 [그림 6-3]과 [그림 6-4]를 참조하길 바란다.

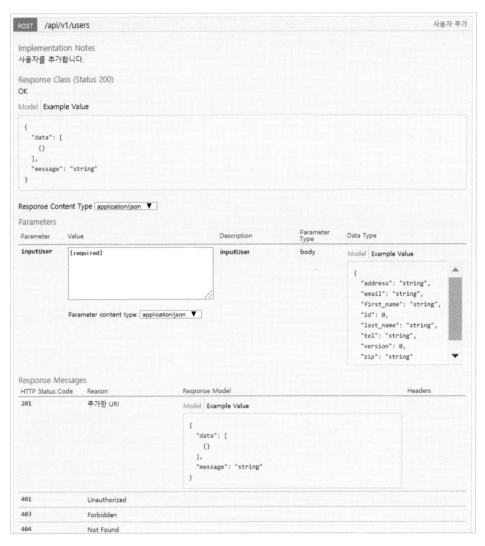

그림 6-3 사용자 생성 API 요청 사양

```
Curl

curl -X POST --header 'Content-Type: application/json' --header 'Accept: application/json' -d '{ \
   "address": "address", \
   "email": "string%40gmail.com", \
   "firstName": "string", \
   "lastName": "string", \
   "zip": "string" \
 }' 'http://localhost:18081/admin/api/users'
```

Request URL

```
http://localhost:18081/admin/api/users
```

Request Headers

```
{
   "Accept": "*/*"
}
```

Response Body

```
null
```

Response Code

```
201
```

Response Headers

```
{
   "x-track-id": "1884635365",
   "pragma": "no-cache",
   "date": "Thu, 31 May 2018 03:19:47 GMT",
   "x-content-type-options": "nosniff",
   "x-frame-options": "DENY",
   "content-type": "application/json;charset=utf-8",
   "location": "http://localhost:18081/admin/system/staffs/show/7",
   "cache-control": "no-cache, no-store, max-age=0, must-revalidate",
   "content-length": "4",
   "x-xss-protection": "1; mode=block",
   "expires": "0"
}
```

그림 6-4 사용자 생성 API 응답 사양

6.1.2 리소스 구현

먼저 API에서 취급하는 리소스(정보)를 나타내는 클래스를 만든다. 사용자 정보 API를 이용하는 쿼리용 리소스 클래스를 [예제 6-1]과 같이 구현한다.

예제 6-1 사용자 목록 취득용 리소스 클래스

```java
public class UserQuery implements Serializable {
   private static final long serialVersionUID = 7593564324192730932L;
   String email;
   String firstName;
   String lastName;
   String tel;
   String zip;
   String address;
}
```

사용자 생성 API에서 사용하는 리소스 클래스는 [예제 6-2]와 같이 구현한다.

예제 6-2 사용자 생성용 리소스 클래스

```
@Setter
@Getter
public class UserResource implements Serializable {
    private static final long serialVersionUID = 4512633005852272922L;

    @JsonIgnore
    String password;

    @JsonProperty("firstName")
    String firstName;

    @JsonProperty("lastName")
    String lastName;

    @Email
    String email;

    @Digits(fraction = 0, integer = 10)
    String tel;

    @NotEmpty
    String zip;

    @NotEmpty
    String address;
}
```

6.1.3 컨트롤러 구현

리소스 클래스를 만들었다면 컨트롤러를 구현한다. API를 작성할 경우 @RestController 애너테이션을 지정하여 [예제 6-3]과 같이 작성한다.

예제 6-3 사용자 API 클래스 만들기

```
@RestController
// 화면에서 이용하는 @Controller 대신에 @RestController를 지정
```

```java
@RequestMapping(path = "/api/users", produces = MediaType.APPLICATION_JSON_VALUE)
// 요청 경로나 MediaType을 지정
public class SampleUserRestController {

  @Autowired
  UserService userService; // 이용할 서비스 클래스를 주입한다.

  @Autowired
  ModelMapper modelMapper;
}
```

먼저 사용자 목록 취득 API를 [예제 6-4]와 같이 구현한다.

예제 6-4 사용자 목록 취득 API의 구현

```java
@GetMapping // HTTP 메서드에 대응하는 애너테이션을 지정
public List<User> index(UserQuery query) {
  // 입력값으로부터 DTO를 작성한다.
  val where = modelMapper.map(query, User.class);
  return userService.find(where); // 검색 조건에서 사용자 목록을 취득한다.
}
```

그다음 사용자 생성 API를 [예제 6-5]와 같이 구현한다.

예제 6-5 사용자 생성 API의 구현

```java
@PostMapping // HTTP 메서드에 대응하는 애너테이션을 지정
public ResponseEntity<Void> create(@Validated @RequestBody UserResource userResource,
Errors errors) {
  // 입력 오류가 있는 경우
  if (errors.hasErrors()) {
    throw new ValidationErrorException(errors);
  }
  // 입력값으로부터 도메인 객체를 작성한다.
  val inputUser = modelMapper.map(userResource, User.class);

  // 예제 구현이므로 직접 기재
  // 1건 추가하기
  User user = userService.create(inputUser);
  String resourceUrl = "http://localhost:18081/admin/system/staffs/show/" + user.
getId();
  return ResponseEntity.created(URI.create(resourceUrl)).build();
}
```

6.1.4 오류 핸들링 구현

API 오류를 **횡단 관심사**^{cross-cutting concern}로 처리하는 방법을 소개한다. 먼저 @RestController
Advice 애너테이션을 지정해 [예제 6-6]과 같이 작성한다.

예제 6-6 API의 오류 핸들러 클래스 작성

```
@RestControllerAdvice(annotations = RestController.class) // HTML 컨트롤러의 예외 제외
public class ApiExceptionHandler extends ResponseEntityExceptionHandler {
}
```

그다음 개별적으로 오류 핸들링을 구현한다. 프로젝트에서 개별적인 커스텀 오류 클래스를 핸
들링하기 위해 [예제 6-7]과 같이 구현한다.

예제 6-7 업무용 사용자 지정 오류 핸들링(대상 데이터 없음)(ApiExceptionHandler.java)

```
(생략)
@ExceptionHandler(NoDataFoundException.class)
public ResponseEntity<Object> handleNoDataFoundException(Exception ex, WebRequest
request) {
  val headers = new HttpHeaders();
  val status = HttpStatus.OK;

  String parameterDump = this.dumpParameterMap(request.getParameterMap());
  log.info("no data found. dump: {}", parameterDump);
  // 원인 특정을 위해 요청 파라미터를 로그 출력한다.
  val message = MessageUtils.getMessage(NO_DATA_FOUND_ERROR, null, "no data found",
request.getLocale());
  val errorResource = new ErrorResourceImpl();
  errorResource.setRequestId(String.valueOf(MDC.get("X-Track-Id")));
  // 필요에 따라 MDC에서 오류를 특정할 수 있는 정보를 취득한다.
  errorResource.setMessage(message);
  errorResource.setFieldErrors(new ArrayList<>());

  return new ResponseEntity<>(errorResource, headers, status);
}
(생략)
```

입력 항목이 검증 오류인 경우 항목과 오류 내용을 클라이언트 측에 반환한다. 검증 오류 핸들
링은 [예제 6-8]과 같이 구현한다.

예제 6-8 검증 오류 핸들링(ApiExceptionHandler.java)

(생략)

```java
@ExceptionHandler(ValidationErrorException.class)
public ResponseEntity<Object>
    handleValidationErrorException(Exception ex, WebRequest request) {
  val headers = new HttpHeaders();
  val status = HttpStatus.BAD_REQUEST;
  val fieldErrorContexts = new ArrayList<FieldErrorResource>();
  // 검증 오류의 항목을 반환값(리소스)에 설정
  if (ex instanceof ValidationErrorException) {
    val vee = (ValidationErrorException) ex;
    vee.getErrors().ifPresent(errors -> {
      val fieldErrors = errors.getFieldErrors();
      if (fieldErrors != null) {
        fieldErrors.forEach(fieldError -> {
          val fieldErrorResource = new FieldErrorResource();
          fieldErrorResource.setFieldName(fieldError.getField());
          fieldErrorResource.setErrorType(fieldError.getCode());
          fieldErrorResource.setErrorMessage(fieldError.getDefaultMessage());
          fieldErrorContexts.add(fieldErrorResource);
        });
      }
    });
  }
  val locale = request.getLocale();
  val message = MessageUtils.getMessage(VALIDATION_ERROR, null, "validation error",
locale);
  val errorContext = new ErrorResourceImpl();
  // 오류용 리소스 클래스를 별도로 작성한다.
  errorContext.setMessage(message);
  errorContext.setFieldErrors(fieldErrorContexts);
  errorContext.setErrorCode(VALIDATION_ERROR);
  return new ResponseEntity<>(errorContext, headers, status);
}
```

(생략)

참고로 [예제 6-8]에서 입력 오류가 발생한 경우 [예제 6-9]처럼 응답한다.

```
$ http POST localhost:18081/admin/api/users password=$2a$06$hY5MzfruCds1t5uFLzrlBuw3Hcr
EGeysr9xJE4Cml5xEOVf425pmK first_name=john last_name=doe4 email=test4@sample.com}
HTTP/1.1 400 Bad Request
Cache-Control: no-cache, no-store, max-age=0, must-revalidate
Content-Length: 304
Content-Type: application/json;charset=utf-8
Date: Wed, 16 May 2018 11:07:43 GMT
Expires: 0
Pragma: no-cache
X-Content-Type-Options: nosniff
X-Frame-Options: DENY
X-Track-Id: 1183428399
X-XSS-Protection: 1; mode=block
{
  "data": null,
  "field_errors": [
    {
      "error_message": "{0} 에 값을 입력해주세요.",
      "error_type": "NotEmpty",
      "field_name": "zip"
    },
    {
      "error_message": "{0} 에 값을 입력해주세요.",
      "error_type": "NotEmpty",
      "field_name": "address"
    }
  ],
  "message": "입력 오류가 있습니다.",
  "request_id": null
}
```

6.2 스프링 부트를 이용한 API 연계

이 장과 '6.1 스프링 부트를 이용한 API 개발'의 서두에서도 언급했듯이 시스템 개발에서 민첩성을 추구하려면 API 연계를 빠뜨릴 수 없다. 여기서는 스프링 부트를 이용한 API 연계를 설명하기 위해 6.1절에서 만든 API에 접속하는 예제를 이용한다.

6.2.1 RestTemplate

스프링은 RestTemplate[1]이라는 REST 클라이언트를 제공한다. RestTemplate을 사용하면 자바 객체와 응답 본체(JSON)의 변환도 쉽게 구현할 수 있다.

6.2.2 사용자 목록 취득 API에 연계하기

사용자 목록 취득 API에 연계하는 구현은 [예제 6-10]과 같다.

예제 6-10 사용자 목록 취득 API 연계

```
// 쿼리 스트링을 포함한 URI를 생성한다.
UriComponentsBuilder builder = UriComponentsBuilder
  .fromUriString("http://localhost:18081/admin/api/users")
  .queryParam("firstName", "joh")
  .queryParam("address", "tokyo");
RestTemplate restTemplate = new RestTemplate();
// 반환값에 따라 getForObject로 구분해서 사용한다.
ResponseEntity<User[]> responseEntity = restTemplate.getForEntity(builder.
toUriString(), User[].class);
for (User user :responseEntity.getBody()) {
  System.out.println(user.getEmail());
}
```

6.2.3 사용자 생성 API에 연계하기

다음으로 사용자 생성 API에 연계하기 위해 [예제 6-11]을 실시한다. 등록할 리소스 객체를 생성하고 postForLocation을 호출한다. 참고로 반환값에 따라 postForObject, postForEntity로 구분해서 사용한다.

예제 6-11 사용자 생성 API 연계

```
User userData = new User();
userData.setFirstName("john");
```

----

1 RestTemplate 모듈 **URL** https://docs.spring.io/autorepo/docs/spring-android/1.0.x/reference/html/rest-template.html

```
userData.setLastName("doe");
userData.setEmail("test4@sample.com");
userData.setZip("1060041");
userData.setAddress("tokyo, chuo-ku 1-2-3");

RestTemplate restTemplate = new RestTemplate();
URI response = restTemplate.postForLocation("http://localhost:18081/admin/api/users",
userData);
System.out.println(response);
```

6.3 API 개발 효율 극대화

API 개발에서 클라이언트를 위해 구현하려면 클라이언트에서 **모의 객체**mock object를 준비해야 한다. API 정의를 엑셀과 같은 문서로 관리하고, 그 문서를 이용해 클라이언트에서 모의 객체를 준비하면, 해당 사양을 서로 다르게 인식하는 일이 발생하기 쉽다. 또한 API의 사양 변경 시, 이를 연계하는 오버헤드overhead도 커진다.

여기서는 개발의 필수 요소인 API 연계를 보다 원활하게 추진하도록 스웨거[2]를 사용하여 API를 관리해 API 개발의 효율성을 높인다.

6.3.1 스웨거

스웨거는 OpenAPI[3] 사양을 기반으로 한 API 개발 도구 프레임워크이며, API의 생명 주기 전반에 걸쳐 설계에서 문서 관리, 테스트, 배포까지 가능하다.

다음 네 가지는 스웨거의 주요 장점이다.

----

2 스웨거 URL https://swagger.io/
3 OpenAPI URL https://www.openapis.org/

172 배워서 바로 쓰는 스프링 부트 2

1 OpenAPI 준수

2 YAML을 사용한 선언적 기법

3 코드 자동 생성

4 충실한 에코 시스템(**스웨거허브**SwaggerHub)

OpenAPI 준수

마이크로소프트, 구글 등 거대 IT 기업을 포함하는 **OAI**OpenAPI Initiative (RESTful API 인터페이스 작성을 위한 표준 포맷을 추진하는 단체)는 리눅스 재단의 협력하에 결성되었다. OAI에서 API 기술을 표준화하기 위해 스웨거를 사용한다. OAI는 스웨거를 기반으로 표준화를 충실히 진행하고 있으며 AWS의 아마존 API Gateway(API 관리 서비스)에서도 스웨거를 지원[4]하는 등 스웨거는 사실상 API 관리의 표준이라 불릴 정도로 보급되고 있다.

YAML을 사용한 선언적 기법

스웨거는 API 정의를 YAML(JSON)에 의해 선언적으로 작성한다. 정의한 YAML에서 스웨거 UI 도구를 사용하면 HTML 기반의 정의서나 모의 객체를 만들 수 있다. 스웨거 UI를 이용하여 API를 공개하면 클라이언트 쪽은 동작 가능한 사양의 API를 참조해 API 연계에 의한 커뮤니케이션 비용을 줄일 수 있다.

스웨거 UI에 의한 API 정의

[그림 6-5]처럼 HTTP 메서드에 대응한 엔드포인트의 목록, 데이터 모델을 확인할 수 있다.

---

4 스웨거에 대한 API Gateway 확장 URL *https://docs.aws.amazon.com/ko_kr/apigateway/latest/developerguide/ api-gateway-swagger-extensions.html*

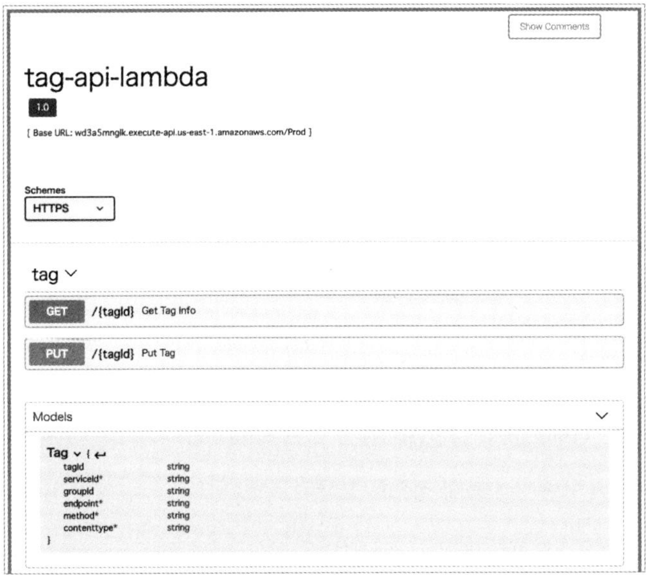

그림 6-5 스웨거 UI에 의한 전체 API의 정의

스웨거 UI의 HTTP 메서드에 대응하는 개별 엔드포인트 정의

[그림 6-6]과 같이 요청 파라미터의 상세 정보, 콘텐츠 타입, API 반환값을 확인할 수 있다.

그림 6-6 스웨거 UI에 의한 API 개별 정의

스웨거 UI를 이용한 API의 호출

API를 호출할 때 curl 명령이나 엔드포인트 URL, 실제로 반환된 HTTP 상태와 Response body를 확인할 수 있다.

그림 6-7 스웨거 UI에 의한 API 실행

코드 자동 생성

스웨거에는 공개된 API 사양을 바탕으로 코드를 자동으로 생성하는 **스웨거 코드젠**Swagger Codegen 이라는 스웨거 UI가 있다. 스웨거 코드젠은 OpenAPI 사양에서 **스텁**stub 서버와 API 클라이언트의 접속 코드를 생성하여 빌드 프로세스를 단순화해 팀의 개발 효율을 높인다.

스텁 서버 생성 예

다음은 Node.js 서버를 만드는 방법에 대한 설명이다. 스웨거 코드젠을 홈브루^Homebrew로 설치해도 실행 가능하지만 **도커**^Docker가 스웨거 코드젠 실행을 지원(도커허브^DockerHub에 공개)하기 때문에 도커에서 실행하는 예를 소개한다.[5]

[예제 6-12]와 같은 명령을 실행하면 `http://localhost:8080/docs`에 스웨거 UI가 공개된다.

예제 6-12 스웨거 코드젠을 이용한 스텁 서버 실행

```
### Node.js의 스텁 서버 코드를 ./out/node에 작성
# -i로 참조할 API 사양을 지정
# -l로 언어를 지정
# -o로 출력할 곳을 지정, Docker Volume를 사용하여 현 디렉터리를 마운트
$ docker run --rm -v $(pwd):/local swaggerapi/swagger-codegen-cli
generate -i http://petstore.swagger.io/v2/swagger.json -l nodejs-server
-o /local/out/node
[main] INFO io.swagger.parser.Swagger20Parser - reading from http://petstore.swagger.
io/v2/swagger.json

(생략)

[main] INFO io.swagger.codegen.AbstractGenerator - writing
file /local/out/node/.swagger-codegen/VERSION
### 출력 디렉터리로 이동
$ cd out/node/
### 아래와 같은 구성으로 스텁 서버 코드가 생성된다.
```

---

5 옮긴이_ Node.js의 스텁 서버를 실행하는 또 다른 방법은 **스웨거 에디터**(Swagger Editor)를 이용해 Node.js의 스텁 서버 소스를 받아 실행하는 방법이다. 로컬에 스웨거 에디터를 설치하는 명령어는 다음과 같다.

- 도커를 이용해 스웨거 에디터의 환경을 받는다.

  ```
  $ docker pull swaggerapi/swagger-editor
  ```

- 도커로 로컬에 스웨거 에디터의 환경을 실행한다(포트는 80).

  ```
  $ docker run -d -p 80:8080 swaggerapi/swagger-editor
  ```

브라우저를 이용해 localhost로 접속하면 스웨거 에디터가 표시된다. 여기서 [Generate Server]-[nodejs-server]를 선택하면 node.js의 서버 소스를 다운로드할 수 있다.

```
$ pwd;find . | sort | sed '1d;s/^\.//;s/\/\([^/]*\)$/|--\1/;s/\/[^/|]*/| /g'
/path/to/directory/out/node
|--.swagger-codegen
|--.swagger-codegen-ignore
| |--VERSION
|--README.md
|--api
| |--swagger.yaml
|--controllers
| |--Pet.js
| |--Store.js
| |--User.js
|--index.js
|--package.json
|--service
| |--PetService.js
| |--StoreService.js
| |--UserService.js
|--utils
| |--writer.js
### Node.js 컨테이너를 대화 모드로 실행(현 디렉터리 마운트/8080 포트 바인딩)
$ docker run -ti -v $(pwd):/local -p 8080:8080 node:alpine /bin/ash
### 마운트한 local 디렉터리로 이동
/ # cd local/
### 패키지 인스톨
/local # npm install
npm notice created a lockfile as package-lock.json. You should commit this file.
added 143 packages in 10.203s
### 서버 스타트
/local # node index.js
Your server is listening on port 8080 (http://localhost:8080)
Swagger-ui is available on http://localhost:8080/docs
```

예제 6-13 curl로 스텁 서버 호출

```
### 서버 프로세스 확인
# 8080 포트로 스텁 서버의 프로세스가 실행된다.
$ docker ps
CONTAINER ID      IMAGE         COMMAND        CREATED
STATUS            PORTS         NAMES          552c009708a4
node:alpine       "/bin/ash"    2 minutes ago
Up 2 minutes      0.0.0.0:8080->8080/tcp       tender_nightingale
### 모의 객체 API 호출
$ curl 'http://localhost:8080/v2/pet/12'
{
  "photoUrls": [
    "photoUrls",
    "photoUrls"
  ],
  "name": "doggie",
  "id": 0,
  "category": {
  "name": "name",
    "id": 6
  },
  "tags": [
    {
      "name": "name",
      "id": 1
    },
    {
      "name": "name",
      "id": 1
    }
  ],
  "status": "available"
}
```

API 클라이언트 접속 코드 생성 예

자바 클라이언트 접속 코드를 작성하는 방법에 대해 설명한다. [예제 6-14]와 같이 클라이언트 접속 코드의 생성도 스텁 서버 생성과 동일한 순서로 실행한다.

예제 6-14 스웨거 코드젠을 이용한 클라이언트 접속 코드 생성

```
### 자바 클라이언트 접속 코드를 ./out/java에 작성
# -i로 참조할 API 사양을 지정
# -l로 언어를 지정
# -o로 출력할 곳을 지정, Docker Volume을 사용하여 현 디렉터리를 마운트
$ docker run --rm -v $(pwd):/local swaggerapi/swagger-codegen-cli
generate -i http://petstore.swagger.io/v2/swagger.json -l
java -o /local/out/java
[main] INFO io.swagger.parser.Swagger20Parser - reading from http://petstore.swagger.
io/v2/swagger.json

(생략)

[main] INFO io.swagger.codegen.AbstractGenerator - writing file /local/out/java/.
swagger-codegen/VERSION
### 출력 디렉터리로 이동하고 실행 권한을 부여
$ cd out/java/ && chmod 755 -R ./
### 아래와 같은 구성으로 클라이언트 코드가 생성된다.
$ pwd;find . | sort | sed '1d;s/^\.//;s/\/\([^/]*\)$/|--\1/;s/\/[^/|]*/| /g'
/path/to/directory/out/java
|--build.gradle

(생략)
```

```
¦--src
¦ ¦--main
¦ ¦ ¦--AndroidManifest.xml
¦ ¦ ¦--java
¦ ¦ ¦ ¦--io
¦ ¦ ¦ ¦ ¦--swagger
¦ ¦ ¦ ¦ ¦ ¦--client
¦ ¦ ¦ ¦ ¦ ¦ ¦--api
¦ ¦ ¦ ¦ ¦ ¦ ¦--ApiCallback.java
¦ ¦ ¦ ¦ ¦ ¦ ¦--ApiClient.java
¦--Authentication.java
¦ ¦ ¦ ¦ ¦ ¦ ¦ ¦--HttpBasicAuth.java
¦ ¦ ¦ ¦ ¦ ¦ ¦ ¦--OAuthFlow.java
¦ ¦ ¦ ¦ ¦ ¦ ¦ ¦--OAuth.java
¦ ¦ ¦ ¦ ¦ ¦ ¦--Configuration.java
¦ ¦ ¦ ¦ ¦ ¦ ¦--GzipRequestInterceptor.java
¦ ¦ ¦ ¦ ¦ ¦ ¦--JSON.java
¦ ¦ ¦ ¦ ¦ ¦ ¦--model
¦ ¦ ¦ ¦ ¦ ¦ ¦ ¦--Category.java
¦ ¦ ¦ ¦ ¦ ¦ ¦ ¦--ModelApiResponse.java
¦ ¦ ¦ ¦ ¦ ¦ ¦ ¦--Order.java
¦ ¦ ¦ ¦ ¦ ¦ ¦ ¦--Pet.java
¦ ¦ ¦ ¦ ¦ ¦ ¦ ¦--Tag.java
¦ ¦ ¦ ¦ ¦ ¦ ¦ ¦--User.java
¦ ¦ ¦ ¦ ¦ ¦ ¦--Pair.java
¦ ¦ ¦ ¦ ¦ ¦ ¦--ProgressRequestBody.java
¦ ¦ ¦ ¦ ¦ ¦ ¦--ProgressResponseBody.java
¦ ¦ ¦ ¦ ¦ ¦ ¦--StringUtil.java
¦ ¦--test
¦ ¦ ¦--java
¦ ¦ ¦ ¦--io
¦ ¦ ¦ ¦ ¦--swagger
¦ ¦ ¦ ¦ ¦ ¦--client
¦ ¦ ¦ ¦ ¦ ¦ ¦--api
¦ ¦ ¦ ¦ ¦ ¦ ¦ ¦--PetApiTest.java
```

```
¦ ¦ ¦ ¦ ¦ ¦ ¦ ¦--StoreApiTest.java
¦ ¦ ¦ ¦ ¦ ¦ ¦ ¦--UserApiTest.java
¦--.swagger-codegen
¦--.swagger-codegen-ignore
¦ ¦--VERSION
¦--.travis.yml
```

클라이언트 코드의 접속처는 API 정의에 의해 설정되어 있다.

```
# ApiClient.java를 grep
$ grep http://petstore.swagger.io/v2 src/main/java/io/swagger/client/ApiClient.java
  private String basePath = "http://petstore.swagger.io/v2";
    * @param basePath Base path of the URL (e.g http://petstore.swagger.io/v2
```

test도 모두 패스한다.

```
$ ./gradlew clean test
:clean
:compileJava
warning: [options] bootstrap class path not set in conjunction with -source 1.7
1 warning
:processResources UP-TO-DATE
:classes
:compileTestJava
warning: [options] bootstrap class path not set in conjunction with -source 1.7
Note: /tmp/out/java/src/test/java/io/swagger/client/api/PetApiTest.java
uses or overrides a deprecated API.
Note: Recompile with -Xlint:deprecation for details.
1 warning
:processTestResources UP-TO-DATE
:testClasses
:test

BUILD SUCCESSFUL

Total time: 22.315 secs
```

충실한 에코 시스템

스웨거 코드젠을 사용하여 스텁 서버를 실행하고 개발 팀에서 공유하는 방법도 나쁘지는 않지만, 호스트 환경을 관리하거나 API 사양을 변경할 때마다 코드를 재생성하고 재실행해야 한다.

스웨거는 충실한 에코 시스템인 스웨거허브로 API 관리 플랫폼을 제공한다. 스웨거허브[6]는 스웨거를 사용한 모의 객체 서버나 테스트 환경 등 API를 관리하는 서비스를 함께 제공하기 때문에 API의 관리 공수를 낮출 수 있다. 스웨거허브는 API 문서의 편집/보기, 모의 객체 서버 실행, 스웨거 코드젠의 기능(클라이언트의 접속 코드 생성) 등을 브라우저 기반으로 제공한다.

스웨거허브에서 API 공개

API 공개 방법은 신규 작성 및 정의 파일의 임포트를 지원한다.

API 신규 작성

템플릿에서 API를 새로 만든 후 필요한 부분을 편집하면 신규 작성 시의 공수를 줄일 수 있다. 디폴트로 모의 객체 서버 제공도 자동 활성화된다.

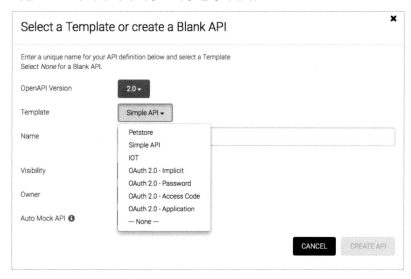

그림 6-8 스웨거허브에서 API 신규 작성

---

6 스웨거허브 **URL** *https://swaggerhub.com/*

정의 파일 임포트

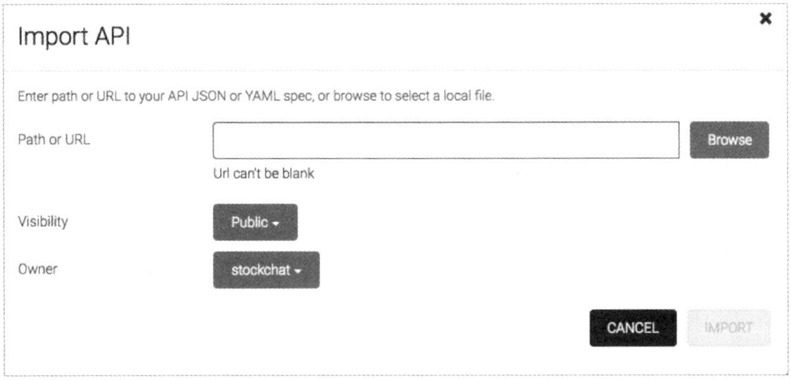

그림 6-9 스웨거허브에서 API 임포트

API 표시 화면

왼쪽에는 편집기, 오른쪽에는 정의 내용(스웨거 UI)으로 분할되어 있으며, 편집한 내용을 미리 볼 수 있다.

그림 6-10 스웨거허브의 API 표시 화면

API 사양 문서(YAML)나 클라이언트 접속 코드 작성을 브라우저 기반으로 지원한다.

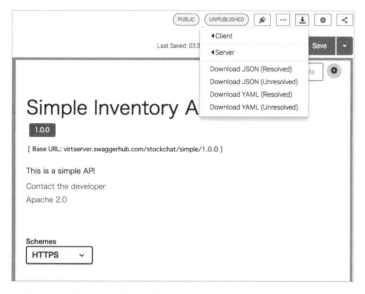

그림 6-11 스웨거허브의 다운로드 기능

스웨거허브의 요금제

5명이 한 팀으로 100개의 API를 관리하는 서비스는 한 달에 75달러(연간 계약, 2018/10/18 시점)[7]로 사용할 수 있다. SSO$^{single\ sign\ on}$ 기능을 제공하는 기업용 서비스도 있다. API 관리가 필요하다면 도입을 검토해보자.

----

7 스웨거허브 요금제 URL *https://swaggerhub.com/pricing/*

	Free	Team	Enterprise
Basic API Design & Documentation • Swagger/OpenAPI Editor • Hosted API Documentation • API Mocking	✔	✔	✔
Collaboration • Privacy & Access Control • Team Management • Issue Tracking		✔	✔
Integrations • Source Control Sync • Deployment to API Management Platforms • Webhooks		✔	✔
Style Guide Enforcement • Style Validator • Unlimited Domains			✔
Custom Features • Custom Integrations for (On-Premise Only) • Custom Server Code/SDK templates (On-Premise Only)			✔
On-Premise Installation • Available at additional cost • AMI or VM options • SSO support with SAML & LDAP			✔

그림 6-12 스웨거허브의 요금제

6.3.2 스프링폭스

앞서 스웨거가 API를 관리하는 것이 사실상 표준이 되고 있다는 점과 스웨거를 사용하는 이유에 대해 설명했다. 여기서는 스프링에서 스웨거를 사용하는 방법을 설명한다.

스프링에서는 **스프링폭스**SpringFox[8]를 이용하면 API 문서를 자동으로 생성한다. 스프링폭스는 스웨거 UI도 지원하므로 API를 이용하면 팀 개발을 원활하게 진행할 수 있다.

---

8   스프링폭스 URL http://springfox.github.io/springfox/

다음 순서대로 스프링폭스 이용 방법을 설명한다.

1 의존관계 설정

2 공통 설정 커스터마이즈(JavaConfig)

3 개별 엔드포인트 커스터마이즈

4 정적 문서 생성

1. 의존관계 설정

[예제 6-15]처럼 스프링폭스의 라이브러리를 그레이들의 의존관계에 추가한다.

예제 6-15 스프링폭스 이용(build.gradle)

```
// API 문서 자동 생성을 이용하기 위해 추가하는 라이브러리
compile "io.springfox:springfox-swagger2:2.6.0"
// 스웨거 UI를 이용하기 위해 추가하는 라이브러리
compile "io.springfox:springfox-swagger-ui:2.6.0"
```

2. 공통 설정 커스터마이즈(JavaConfig)

[예제 6-16]처럼 JavaConfig에 @EnableSwagger2 애너테이션을 추가하여 스웨거를 활성화한다.

예제 6-16 스프링폭스 활성화(JavaConfig)

```
@Configuration
@EnableSwagger2 // 스웨거를 활성화한다.
public class ApplicationConfig extends BaseApplicationConfig {
```

위 설정 후, 애플리케이션을 다시 시작하면 스웨거 UI가 활성화되어 모든 컨트롤러의 액세스가 스웨거 UI에 반영된다. {애플리케이션 루트}/swagger-ui.html이 스웨거 UI의 디폴트 경로이다. 의존관계의 추가와 JavaConfig의 조정만으로 소스 코드에서 스웨거 UI로의 API 사양을 자동으로 반영할 수 있다.

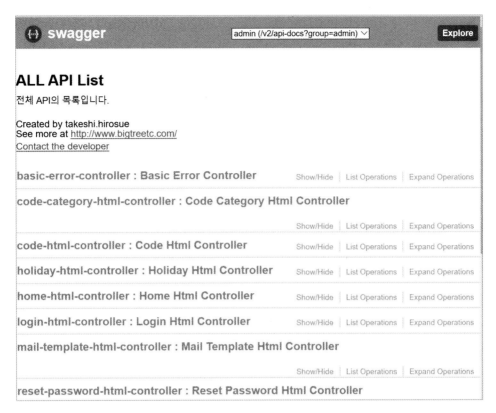

그림 6-13 스프링폭스을 이용한 스웨거 UI의 표시

스웨거 UI에서 작성된 목록은 화면 표시용 컨트롤러를 디폴트로 포함한다. [예제 6-17]처럼 JavaConfig를 설정하면 REST API와 모든 컨트롤러의 정의를 그룹화한다. 참고로 요청 경로, HTTP 메서드 등에 따라 임의의 그룹을 만들 수 있다. 자세한 설정은 스프링폭스의 공식 문서[9] 를 참조하길 바란다.

예제 6-17 API의 그룹화(JavaConfig)

```
@Configuration
@EnableSwagger2 // 스웨거를 활성화한다.
public class ApplicationConfig extends BaseApplicationConfig {
  @Bean
  public Docket api() {
```

9　스프링폭스 공식 문서　URL *https://springfox.github.io/springfox/docs/current/*

```java
    return new Docket(DocumentationType.SWAGGER_2)
        .groupName("api")
        .select()
        // HTTP 메서드에서의 필터링도 가능
        .apis(RequestHandlerSelectors.withMethodAnnotation(GetMapping.class))
        // api를 포함하는 경로를 API 그룹으로 설정
        .paths(PathSelectors.regex("/api.*"))
        .build()
        .apiInfo(apiinfo());
}

@Bean
public Docket admin() {
    return new Docket(DocumentationType.SWAGGER_2)
        .groupName("admin")
        .select()
        .apis(RequestHandlerSelectors.any()) // all
        .paths(PathSelectors.any()) // all
        .build()
        .apiInfo(admininfo());
}

private ApiInfo apiinfo() {
    return new ApiInfoBuilder()
        .title("REST API List")
        .description("REST API의 목록입니다.")
        .version("1.0")
        .contact(new Contact("takeshi.hirosue","http://www.bigtreetc.com/","takeshi.
hirosue@bigtreetc.com"))
        .build();
}

private ApiInfo admininfo() {
    return new ApiInfoBuilder()
        .title("ALL API List")
        .description("전체 API의 목록입니다.")
        .version("1.0")
        .contact(new Contact("takeshi.hirosue","http://www.bigtreetc.com/","takeshi.
hirosue@bigtreetc.com"))
        .build();
    }
}
```

설정 후 스웨거 UI의 표시는 [그림 6-14]처럼 목록이 그룹으로 나눠진다.

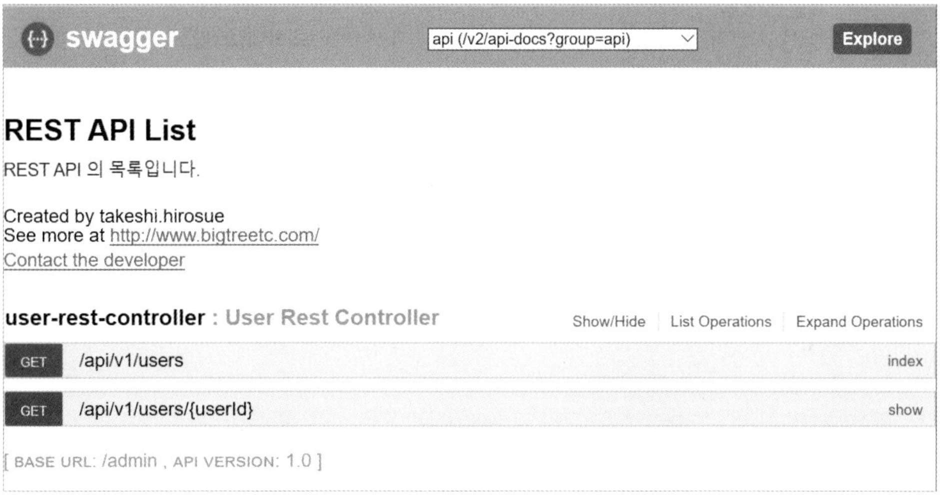

그림 6-14 스웨거 UI의 표시(API 그룹)

3. 개별 엔드포인트 커스터마이즈

디폴트 설정도 스웨거의 API 정의를 준수하므로 API 사양을 명확히 표현할 수 있다. 그러나 메서드명, 필드명으로부터 각 항목이 디폴트로 자동 생성되기 때문에 각 항목의 의미 이해가 어려울 수 있다.

여기서는 개별 엔드포인트 설정을 애너테이션으로 커스터마이즈해서 API 사양을 보다 이해하기 쉽도록 설정한다. 개별 엔드포인트의 커스터마이즈는 사용자 ID를 기반으로 사용자 정보를 취득하는 [예제 6-18]의 API를 사용한다.

예제 6-18 커스터마이즈 이전의 API

```
/**
 * 사용자를 취득한다.
 *
 * @param userId
 * @return
 */
@GetMapping(value = "/{userId}")
```

```
public User show(@PathVariable Integer userId) {
  return userService.findById(ID.of(userId));
}
```

예제 6-19 커스터마이즈 이전의 사용자 엔티티

```
@Entity
@Getter // 롬복
@Setter // 롬복
public class User {

  private static final long serialVersionUID = 4512633005852272922L;

  @Id
  @Column(name = "user_id")
  @GeneratedValue(strategy = GenerationType.IDENTITY)
  ID<User> id;

  String firstName;

  String lastName;

  @Email
  String email;

  @Digits(fraction = 0, integer = 10)
  String tel;

  @NotEmpty
  String zip;

  @NotEmpty
  String address;
}
```

디폴트 표시는 메서드명, 엔티티 필드명을 그대로 사용하여 목록을 출력한다. [그림 6-15]처럼 디폴트로도 정보량이 상당히 많다.

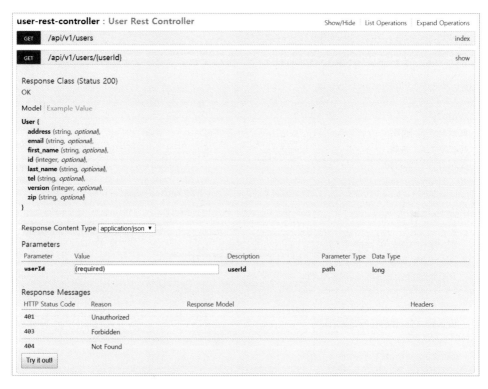

그림 6-15 스웨거 UI의 디폴트 표시(사용자 취득)

[예제 6-20]이나 [예제 6-21]처럼 애너테이션을 부여해 Controller와 Response를 커스터
마이즈한다. 자세한 설정은 스프링폭스 공식 문서나 애너테이션 구현을 참조하길 바란다.

예제 6-20 커스터마이즈된 API

```
/**
 * 사용자를 취득한다.
 *
 * @param userId
 * @return
 */
@ApiOperation(value = "사용자 정보 취득", notes = "사용자를 취득합니다.",httpMethod =
"GET", consumes = "application/json", response= User.class)
@ApiResponses(value = {@ApiResponse(code = 200, message = "지정된 사용자 정보",
response =User.class)})
@GetMapping(value = "/{userId}")
public User show(@PathVariable Integer userId) {
```

```
        return userService.findById(ID.of(userId));
    }
```

```java
@Entity
@Getter // 롬복
@Setter // 롬복
public class User {

    private static final long serialVersionUID = 4512633005852272922L;

    @Id
    @Column(name = "user_id")
    @GeneratedValue(strategy = GenerationType.IDENTITY)
    ID<User> id;

    @ApiModelProperty(value = "이름")
    private String firstName;

    @ApiModelProperty(value = "성")
    String lastName;

    @ApiModelProperty(value = "메일주소")
    @Email
    String email;

    @ApiModelProperty(value = "전화번호", allowableValues = "range[0, 10]")
    @Digits(fraction = 0, integer = 10)
    String tel;

    @ApiModelProperty(value = "우편번호")
    @NotEmpty
    String zip;

    @ApiModelProperty(value = "주소")
    @NotEmpty
    String address;
}
```

애너테이션으로 커스터마이즈하면 [그림 6-16]과 같이 사양이 상세해진다. 특히 MaxLength
처럼 API 제약에 관한 부분은 작성하는 것이 좋다.

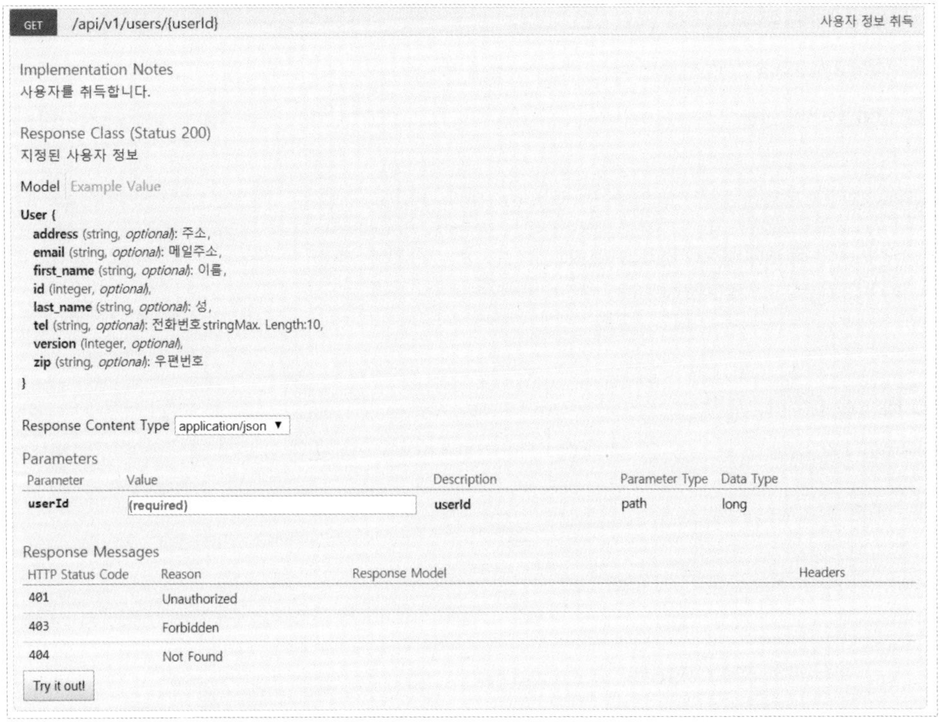

그림 6-16 커스터마이즈된 스웨거 UI의 표시(사용자 취득)

4. 정적 문서 생성

스웨거 UI를 동적으로 생성하면 API 연계 개발의 효율성을 높이기 때문에 개발 단계에서 도입하는 것이 효과적이다. 그러나 실제 서비스 가동 후, 위에서 설명한 절차대로 배치하면 스웨거 UI가 모두 외부에 공개되기 때문에 외부 공개 제어가 필요하다.

여기서는 다른 접근 방법으로 스웨거의 API 정의에서 정적 문서인 아스키독^AsciiDoc 또는 HTML을 생성하는 방법을 소개한다. 생성하는 문서는 일반적인 HTML이기 때문에 오프라인에서의 확인이나 배치 장소의 제어가 용이하다.

다음 순서대로 정적 문서를 생성하는 방법을 설명한다.

1 의존관계 설정
2 테스트 클래스 추가
3 HTML 변환

1. 의존관계 설정

Swagger2Markup[10] 라이브러리는 스웨거에서 아스키독으로의 변환을 지원한다. Swagger2
Markup을 스프링용으로 커스터마이즈한 springfox-staticdocs를 의존관계에 추가한다.

예제 6-22 정적 문서 생성 라이브러리 추가(build.gradle)

```
// test 스코프에서 springfox-staticdocs를 의존관계에 추가
testCompile "io.springfox:springfox-staticdocs:2.6.0"
```

2. 테스트 클래스 추가

[예제 6-23]의 테스트 코드를 작성해 CI 사이클에 포함하면 정적 문서인 아스키독이 자동으로
생성된다.

예제 6-23 테스트 클래스(정적 문서 생성)

```
@SpringBootTest
class MakeAPIDocTest extends Specification {

  @Autowired
  WebApplicationContext wac

  @Shared
  MockMvc mvc

  def setup() {
    mvc = webAppContextSetup(wac).build()
  }

  def "테스트에서 API 문서 생성"() {
    expect:
    mvc.perform(get("/v2/api-docs?group=api") // REST API의 문서 생성
        .accept(MediaType.APPLICATION_JSON))
        .andDo(Swagger2MarkupResultHandler
          .outputDirectory("build/asciidoc/snippets").build()) // 출력 디렉터리 설정
        .andExpect(status().isOk())
  }
}
```

---

10 Swagger2Markup **URL** *https://github.com/Swagger2Markup/swagger2markup/*

3. HTML 변환

HTML로의 변환은 **아스키닥터**^{Asciidoctor}[11]를 이용한다. 아스키닥터에 그레이들 플러그인[12]이 있으므로, 이를 이용해 HTML을 출력한다. `build.gralde`에 [예제 6-24]를 작성하여 아스키닥터를 이용한다.

예제 **6-24** 아스키닥터 그레이들 플러그인 이용하기(build.gradle)

```
buildscript {
  repositories {
    jcenter()
  }

  dependencies {
    classpath 'org.asciidoctor:asciidoctor-gradle-plugin:1.5.7'
  }
}

apply plugin: 'org.asciidoctor.convert'

asciidoctor {
  dependsOn test
  sources {
    include 'index.adoc'
  }
  attributes = [
    doctype: 'book',
    toc: 'left',
    toclevels: '3',
    numbered: '',
    sectlinks: '',
    sectanchors: '',
    hardbreaks: '',
    generated: file("${buildDir}/asciidoc/generated"),
      snippets: file("${buildDir}/asciidoc/snippets") // 테스트 코드의 출력 경로와 맞춘다.
  ]
}

(생략)
```

---

11 아스키닥터 **URL** *https://github.com/asciidoctor/asciidoctor/*
12 아스키닥터 그레이들 플러그인 **URL** *https://asciidoctor.org/docs/asciidoctor-gradle-plugin/*

참고로 Swagger2Markup에서 생성된 문서는 **스니펫**(조각 파일)[13]이 되기 때문에 스니펫을 정리한 베이스 파일을 [예제 6-25]처럼 작성한다. 베이스 파일은 `src/docs/asciidoc` 아래에 작성한다.

예제 6-25 Swagger2Markup의 베이스 파일

```
// ### src/docs/asciidoc/ 아래에 작성
// ### 아스키닥터 그레이들 플러그인의 sources에 인클루드할 베이스 파일명 기재
include::{snippets}/overview.adoc[]
include::{snippcts}/paths.adoc[]
include::{snippets}/definitions.adoc[]
```

그레이들 작업을 실행한 후에 [그림 6-17]의 HTML 포맷으로 출력된다.

§ 2.2. 사용자 정보 취득

`GET /api/v1/users/{userId}`

2.2.1. Description
사용자를 취득합니다.

2.2.2. Parameters

Type	Name	Description	Required	Schema	Default
PathParameter	userId	userId	true	integer (int64)	

2.2.3. Responses

HTTP Code	Description	Schema
200	지정된 사용자 정보	User
401	Unauthorized	No Content
403	Forbidden	No Content
404	Not Found	No Content

2.2.4. Consumes
- application/json

2.2.5. Produces
- application/json

그림 6-17 HTML 문서(사용자 취득)

---
13 옮긴이_ 스니펫(snippet)이란 재사용 가능한 소스 코드, 기계어, 텍스트의 작은 부분을 일컫는 프로그래밍 용어다.

6.3.3 스프링 REST Docs

스프링에서 문서 생성을 자동화하려면 스프링 REST Docs[14]를 사용한다. 스프링 REST Docs에는 다음과 같은 특징이 있다. 스프링 REST Docs는 행위 주도 개발behavior driven development(BDD)을 채택하며 테스트를 통해 사양서를 작성한다. 만약 테스트가 요구 사양에 가까운 형태로 구성된 팀이 스프링 REST Docs를 사용하면, 문서화를 더 효율적으로 할 수 있다.

- 스프링 MVC 테스트를 통과하지 못한 문서는 생성되지 않기 때문에 '확실히 동작하는 사양서'로 신뢰할 수 있다.
- 아스키닥터를 이용해 간단하게 표기할 수 있다.

여기서는 다음 순서대로 스프링 REST Docs의 이용 방법을 설명한다.

1 의존관계 설정
2 템플릿 생성
3 테스트 코드 생성

1. 의존관계 설정

스프링 REST Docs에 필요한 라이브러리를 메이븐/그레이들의 의존관계에 추가한다.

예제 6-26 스프링 REST Docs 이용(build.gradle)

```
buildscript {

(생략)

  dependencies {
    // 아스키닥터 플러그인 추가
    classpath "org.asciidoctor:asciidoctor-gradle-plugin:1.5.7"
  }
}

apply plugin: "org.asciidoctor.convert" // 스프링 REST Docs를 위한 코드

// restdocs의 버전과 문서(스니펫 파일)의 출력 디렉터리 설정
```

---

14 스프링 REST Docs **URL** *https://projects.spring.io/spring-restdocs/*

```
ext['spring-restdocs.version'] = "2.0.2.RELEASE"
ext['snippetsDir'] = file('${buildDir}/generated-snippets')

dependencies {
  // 스프링 REST Docs
  asciidoctor "org.springframework.restdocs:spring-restdocs-asciidoctor:${project.
ext['spring-restdocs.version']}"
    testCompile "org.springframework.restdocs:spring-restdocs-mockmvc"

(생략)

test {
  outputs.dir snippetsDir
}

asciidoctor {
  dependsOn test
  inputs.dir snippetsDir
}

(생략)
```

2. 템플릿 생성

스프링 REST Docs에서 작성된 아스키독[15] 파일은 여러 스니펫 파일이 되므로 이러한 파일을
정리할 베이스 파일이 필요하다.

참고로 다음 여섯 가지 스니펫 파일이 디폴트로 생성된다.

- **curl에 의한 요청 예제 파일**: `<output-directory>/index/curl-request.adoc`
- **HTTP 요청 예제 파일**: `<output-directory>/index/http-request.adoc`
- **HTTP 응답 예제 파일**: `<output -directory>/index/http-response.adoc`
- **HTTPie[16]에 의한 요청 예제 파일**: `<output-directory>/index/httpie-request.adoc`
- **HTTP 요청 본체 예제 파일**: `<output-directory>/index/request-body.adoc`
- **HTTP 응답 본체 예제 파일**: `<output-directory>/index/response-body.adoc`

---

15 아스키독 **URL** *http://asciidoc.org/*
16 HTTPie **URL** *https://httpie.org/*

예제 6-27 API 문서 템플릿 예: 사용자 API(user.adoc)

```
== API Guide

User API

=== About API

API 개요

.요청 예 (curl)
include::{snippets}/user/curl-request.adoc[]

.요청 예 (HTTPie)
include::{snippets}/user/httpie-request.adoc[]

.요청 헤더 예
include::{snippets}/user/request-headers.adoc[]

.응답 헤더 예
include::{snippets}/user/response-headers.adoc[]

.요청 파라미터 예
include::{snippets}/user/path-parameters.adoc[]

.요청 예
include::{snippets}/user/http-request.adoc[]

.응답 예
include::{snippets}/user/http-response.adoc[]
```

[예제 6-27]은 베이스가 되는 파일은 아스키독의 기준에 맞춰 작성하고, 필요한 스니펫을 인클루드하는 형태이다. 템플릿 파일로 출력되는 HTML 파일의 디폴트 배치 장소는 사용하는 빌드 도구에 따라 달라진다.

표 6-1 빌드 도구별 디폴트 배치 장소

빌드 도구	템플릿 파일	작성된 HTML
메이븐	src/main/asciidoc/*.adoc	target/generated-docs/*.html
그레이들	src/docs/asciidoc/*.adoc	build/asciidoc/html5/*.html

3. 테스트 코드 생성

[예제 6-28]의 API 테스트 코드로 테스트 코드를 설명한다.

예제 6-28 사용자 취득 API

```
@RestController
@RequestMapping(path = "/api/v1/users", produces = MediaType.APPLICATION_JSON_VALUE)
public class UserRestController {

  @Autowired
  UserService userService;

  /**
   * 사용자를 취득한다.
   *
   * @param userId
   * @return
   */
  @GetMapping(value = "/{userId}")
  public Resource show(@PathVariable Integer userId) {
    // 1건 취득한다.
    User user = userService.findById(ID.of(userId));

    Resource resource = resourceFactory.create();
    resource.setData(Arrays.asList(user));
    resource.setMessage(getMessage(MESSAGE_SUCCESS));

    return resource;
  }

(생략)
```

JUnit4에서 테스트 코드는 [예제 6-29]와 같다.

```
@RunWith(SpringRunner.class)
@SpringBootTest
public class SampleTest {

  private MockMvc mvc;

  @Rule
  public JUnitRestDocumentation restDocumentation
    = new JUnitRestDocumentation("build/generated-snippets");

  @Autowired
  private WebApplicationContext context;

  @Before
  public void setup() {
    mvc =
      webAppContextSetup(context)
        .apply(documentationConfiguration(restDocumentation))
        .apply(springSecurity())
        .alwaysDo(document("user",
        pathParameters(
          parameterWithName("userId").description("사용자ID")
        )
        /*
        // 쿼리 스트링의 경우 requestParameters를 이용
        requestParameters (
        parameterWithName ("userId") .description ("사용자ID")
        )
        */
        ,requestHeaders(
          headerWithName("Authorization").description("Basic인증")),
          responseHeaders(
            headerWithName("X-Track-Id").description("요청추적ID"))
        ))
        .build();
  }

  @Test
  public void test() throws Exception {
    mvc.perform(
      get("/api/v1/users/{userId}","1")
        .with(httpBasic("test@sample.com","passw0rd"))
```

```
    )
    .andExpect(status().is(200))
    .andExpect(jsonPath("$.data[0].email").value("test@sample.com"))
    .andExpect(jsonPath("$.message").value("정상종료"))
    .andDo(document("user"));
  }
}
```

스프링 REST Docs는 스폭('7.3.1 스폭'에서 자세히 설명함)도 지원한다. 스폭에서의 테스트
는 [예제 6-30]과 같다.

예제 6-30 사용자 취득 API 테스트(스폭)

```
@SpringBootTest
class UserRestControllerTest extends Specification {

  @Rule
  public JUnitRestDocumentation restDocumentation
    = new JUnitRestDocumentation("build/generated-snippets")

  @Autowired
  WebApplicationContext wac

  @Shared
  MockMvc mvc

  def setup() {
    mvc =
      webAppContextSetup(wac)
        .apply(springSecurity())
        .apply(documentationConfiguration(restDocumentation))
        .alwaysDo(document("user",
          pathParameters(
            parameterWithName("userId").description("사용자ID")
          ),
          requestHeaders(
            headerWithName("Authorization").description("Basic인증")),
            responseHeaders(
              headerWithName("X-Track-Id").description("요청추적ID"))
            ))
        .build()
  }
```

```
def "요청한 사용자가 존재하는 경우, 사용자를 취득해 정상 종료한다."() {
  given:
    Assert.notNull(userService.findById(new ID(1)))

  when:
    ResultActions actions =
      mvc.perform(
        get("/api/v1/users/{userId}","1")
          .with(httpBasic("test@sample.com","passw0rd"))
      )

  then:
    actions
      .andExpect(status().is(200))
      .andExpect(jsonPath("\$.data[0].email").value("test@sample.com"))
      .andExpect(jsonPath("\$.message").value("정상종료"))
      .andDo(document("user"))
  }
}
```

테스트 생성 후, 그레이들에 정의된 작업 ./gradlew asciidoctor를 실행하면 [그림 6-18]
과 같은 HTML이 생성된다.

예제 6-31 HTML 출력 위치

```
$ ll /path/to/directory/build/asciidoc/html5/user.html
-rw-r--r-- 1 hirosue staff 34185 3 8 19:43 /path/to/directory/
build/asciidoc/html5/user.html
```

1. API Guide

User API

1.1. About API

API 개요

요청 예 (curl)

```
$ curl 'http://localhost:8080/api/v1/users/1' -i -u 'test@sample.com:passw0rd' -X GET
```

요청 예 (HTTPie)

```
$ http --auth 'test@sample.com:passw0rd' GET 'http://localhost:8080/api/v1/users/1'
```

Table1. 요청 헤더 예

Name	Description
Authorization	Basic인증

Table2. 응답 헤더 예

Name	Description
X-Track-Id	요청추적ID

Table3. /api/v1/users/{userId}

Name	Description
userId	사용자ID

요청 예

```
GET /api/v1/users/1 HTTP/1.1
Authorization: Basic dGVzdEBzYW1wbGUuY29tOnBhc3N3MHJk
Host: localhost:8080
```

응답 예

```
HTTP/1.1 200 OK
X-Track-Id: 1845620452
Content-Type: application/json;charset=UTF-8
X-Content-Type-Options: nosniff
X-XSS-Protection: 1; mode=block
Cache-Control: no-cache, no-store, max-age=0, must-revalidate
Pragma: no-cache
Expires: 0
X-Frame-Options: DENY
Content-Length: 184
```

```
{"data":[{"version":1,"id":1,"first_name":"john","last_name":"doe","email":"test@sample.com","tel":"090111122
```

Last updated 2020-02-24 17:56:20 JST

그림 6-18 HTML 문서(사용자 취득)

## CHAPTER 7

팀 개발

시스템을 개발할 때, 모든 작업을 혼자서 다 할 수는 없다. 최근 시스템 개발에서 자주 쓰이는 개발 방법인 **MSA**^{microservice architecture} **개발**은 기능별로 분할해 개발하는 방법이다. 실제로 피자 두 판의 법칙[1]에 따라 5~8명으로 이뤄진 팀 개발이 더 좋은 성과를 내기도 한다. 이처럼 시스템을 효율적으로 개발하려면 팀 개발을 원활히 진행해야 한다.

7장에서는 효율적으로 팀 개발을 하는 방법을 설명한다.

7.1 인프라 구성 관리

로컬 PC, 검증 환경, 프로덕션 환경(온프레미스^{on-premise} 또는 클라우드) 등, 프로그램은 다양한 환경에서 동작한다. 이 절에서는 개발한 애플리케이션이 특정 환경에 의존하지 않는 방법을 소개한다.

기존의 시스템 개발에서는 엑셀로 작성된 절차에 따라 반나절에서 이틀에 걸쳐 개발 환경을 구축하는 과정이 당연했다. 그러나 최근에는 **IaC**^{infrastructure as code}나 **도커** 등의 컨테이너 기술이 널리 보급되어, 이전 방식이 비효율적인 방법이 되었다.

이 절에서는 컨테이너 기술인 도커를 이용해 개발 환경을 구축하는 방법을 설명한다. 이 방법

---

1 피자 두 판의 법칙 **URL** *https://www.huffingtonpost.kr/2017/06/07/story_n_16980540.html*

을 사용하면, 개발 멤버가 새롭게 참여해도 원활하게 대응할 수 있다.

7.1.1 도커

'내 로컬 환경에서는 문제가 발생하지 않습니다!'

수락 테스트[2] 실시 시 개발자에게 버그가 있다고 전달하면, 위와 같은 대답이 종종 되돌아오는 경우가 있다. 수첩에 따로 적어둔 로컬 개발 환경이나 검증 환경에 따라 구축하다 보면, 이른바 '장인의 레시피' 같은 특수한 작업이 영향을 끼쳐 환경 차이에 의한 문제가 발생하기 쉽다.

컨테이너 기술인 도커를 사용해 환경 구축 절차를 코드화하고, 깃허브에 커밋해 **변경 불가능한 인프라**immutable infrastructure 상태로 유지하면 위와 같은 문제를 해결할 수 있다.

다음은 도커를 이용한 개발 환경 구축의 주요 이점이다. 이에 대해 자세히 알아보자.

- 인프라 구축 단계에서 코딩하기(**도커파일**Dockerfile)
- 환경 의존성에 의한 문제 배제하기
- 간단한 폐기

Column 클라우드 기반의 통합 개발 환경

최근 몇 년간 브라우저만으로 코드를 작성해 실행하고, 디버깅하는 IDE 이용이 활발하다. 브라우저 기반의 통합 개발 환경 서비스 중 **AWS Cloud9**이 가장 유명하다. AWS Cloud9을 이용하면 성능이 떨어지는 저성능 단말기(iPad 등)에서도 언제 어디서나 개발할 수 있다.

인프라 구축 단계에서 코딩하기(도커파일)

개발에 관련된 모든 문서는 구성 관리의 대상이어야 한다. 팀 개발에서 많은 애플리케이션 프로그램은 항상 구성 관리의 대상이 되지만, 간혹 설계 문서나 인프라 구축 절차는 구성 관리의 대상에서 제외되는 경우가 있다.

인프라 구축 절차의 코드인 도커파일을 SCM에 커밋하면 사용하는 배포판과 설정 파일의 상태

---

2 옮긴이_ 수락 테스트란 개발된 애플리케이션 또는 시스템을 고객 측에서 제대로 만들어졌는지 검증하는 테스트다. 참고로 수락 테스트를 통과해야 실제 납품이 완료된다.

가 코드로 명확해지기 때문에 인프라에서 구성 관리와 관련된 문제를 억제할 수 있다.

도커에서 MySQL 관리는 [예제 7-1], [예제 7-2]처럼 구현한다. 참고로 [예제 7-2]는 [예제 7-1]에서 FROM으로 지정한 베이스 이미지의 도커파일이다.

예제 7-1 도커파일(MySQL 구축)

```
### 도커허브(도커 컨테이너의 공유 서비스)에서 MySQL 5.7의 이미지 취득
# mysql:5.7의 도커파일을 참조하면 배포판이 debian인 것을 확인할 수 있다.
FROM mysql:5.7

### 한국 시간으로 조정
RUN /bin/cp -f /etc/localtime /etc/localtime.org
RUN /bin/cp -f /usr/share/zoneinfo/Asia/Seoul /etc/localtime

### MySQL 설정 커스터마이즈
COPY ./my.cnf /etc/mysql/conf.d/

### 로그 디렉터리 생성
RUN mkdir -p /var/log/mysql
RUN chown mysql.mysql /var/log/mysql
```

예제 7-2 도커파일(mysql:5.7)

```
FROM debian:jessie

# add our user and group first to make sure their IDs get assigned
consistently, regardless of whatever dependencies get added
RUN groupadd -r mysql && useradd -r -g mysql mysql

# add gosu for easy step-down from root
ENV GOSU_VERSION 1.7

(생략)
```

환경 의존성에 의한 문제 배제하기

위에서 서술한 것처럼 인프라 구축 절차를 코드화하면, 팀 구성원의 로컬 개발 환경, 검증 환경, 프로덕션 환경의 애플리케이션 실행 환경을 균일하게 구성할 수 있다. 하지만 환경 수, 즉 팀 멤버가 증가할 때마다 사고 대응 비용이 멤버 수와 비례해서 증가하기 때문에 환경 의존성에 의한 문제가 발생한다. 환경 의존성에 의해 사고가 발생하면 1건당 응답 시간이 단순한 프로그램 버그의 응답 시간에 비해 길기 때문에 환경 의존성으로 인한 문제를 배제해야만 효율적으로 개발할 수 있다.

간단한 폐기

도커 컨테이너로 개발할 때는 **애플리케이션의 12가지 요소**The Tweleve-Factor App[3]를 적용해야 한다. 컨테이너는 기존의 OS 가상화 기술보다 실행이 빠르고 제거도 용이하며, 동작하는 개발 도구도 가리지 않는다. 이 혜택은 매우 커서, 컨테이너를 이용한 인프라 구축 테스트를 진행할 때 신중하지 않아도 되고, 문제가 있으면 환경 전체를 즉시 폐기할 수도 있다. 또한 호스트의 개발 도구 구성을 간단하게 유지하며, 설치도 쉬워 회사의 고사양 데스크톱으로 집중해서 개발하고, 빈 시간에는 맥북으로 개발하는 등 개발 스타일을 자유롭게 선택할 수 있다.

[예제 7-3]은 **미들웨어**middleware 설치 방법이다.

예제 7-3 도커를 사용한 미들웨어 설치

```
### 도커허브에서 오라클 12의 이미지를 취득하여 1521 포트로 실행
$ docker run --name=oracle12 -d -p 8080:8080 -p 1521:1521 sath89/oracle-12c
046965c349e47ca58e458674c276ceac5a165c9a4470843aef43cbb313f2732d
### 도커 프로세스 확인
# →오라클과 MySQL이 실행된다.
$ docker ps
CONTAINER ID            IMAGE                   COMMAND
CREATED                 STATUS                  PORTS
NAMES
046965c349e4            sath89/oracle-12c       "/entrypoint.sh "
6 seconds ago           Up 5 seconds            0.0.0.0:1521->1521/tcp,
0.0.0.0:8080->8080/tcp  oracle12
ecaae44e26aa            docker_mysql            "docker-entrypoint.s…"
41 hours ago Up         41 hours                0.0.0.0:3306->3306/tcp
docker_mysql_1
### 오라클 컨테이너에서 오라클의 각종 설정을 확인한다.
$ docker exec -ti oracle12 /bin/bash
root@046965c349e4:/#

(생략)
```

---

3 애플리케이션의 12가지 요소 URL *https://12factor.net/ko/*

```
### 컨테이너로부터 exit
root@046965c349e4:/# exit
exit

### 설정을 확인한 오라클 컨테이너를 정지한다.
# →설정을 확인하여 개발에 필요한 정보는 도커파일에 반영하여 저장소에 push한 후
팀 구성원에게 공유한다.
$ docker kill oracle12
oracle12
### 설정을 확인한 오라클 컨테이너를 삭제한다.
$ docker rm oracle12
oracle12
### 재실행한다.
$ docker run --name=oracle12 -d -p 8080:8080 -p 1521:1521 sath89/oracle-12c
6fa347df12fdd2335c02a886b585eaab377396b27918527890796396420b1417
```

> **Column**　애플리케이션의 12가지 요소
>
> 컨테이너 개발이 활발해지면서 클라우드 애플리케이션 개발의 모범 사례 중 하나로 애플리케이션의 12가지
> 요소를 예로 드는 경우가 많다.
> 애플리케이션의 12가지 요소는 헤로쿠^{Heroku}[4]의 플랫폼 개발 지식을 적용한 것으로, 코드 기반, 의존관계, 프
> 로세스, 동시성, 간단한 폐기, 개발, 프로덕션 환경의 일치 등 12가지 요소로 구성된다. 애플리케이션에 12가
> 지 요소를 적용하면 컨테이너 기반 개발에 적용할 수 있어 온프레미스, 클라우드(AWS, 애저^{Azure}, GCP) 등의
> 실행 환경에 관계없이 애플리케이션을 배포할 수 있다.

보충 설명–윈도우 환경에서 도커 이용하기

윈도우 10 프로에서 하이퍼^{Hyper}–V 기능을 켜면 도커를 사용할 수 있다. 여기서는 윈도우 10
프로 이외에서 도커를 활용하는 방법을 소개한다. 개발 환경 구축과 공유를 쉽게 하는 도구인
베이그런트^{Vagrant}[5]와 가상화 소프트웨어인 **버추얼박스**^{VirtualBox}[6]를 이용하여 도커 환경을 구축한다.
이후의 설명은 **베이그런트 클라우드**^{Vagrant Cloud}[7]에 계정이 등록되어 있고, 베이그런트와 버추얼박

4　헤로쿠 　URL *https://www.heroku.com/*
5　베이그런트 　URL *https://www.vagrantup.com/*
6　버추얼박스 　URL *https://www.virtualbox.org/*
7　베이그런트 클라우드 　URL *https://app.vagrantup.com/boxes/search/*

스가 설치되어 있는 것을 전제로 진행한다. 도커 설치[8]는 공식 사이트의 설명을 따라 하면 된다.

예제 7-4 가상 머신(우분투)의 도커 설치 절차

```
### 베이그런트 클라우드(가상화 이미지 공유 서비스)에 로그인
$ vagrant login
### 베이그런트 클라우드에 공개된 우분투(ubuntu/trusty64)의 공식 이미지를 지정하여
가상 머신 설정 파일을 초기화
$ vagrant init ubuntu/trusty64
### 가상 머신 실행
$ vagrant up --provider virtualbox
### 가상 머신에 접속
$ vagrant ssh
### ↓↓↓ 여기서부터의 작업은 가상 머신에서 진행함
### package manager의 업데이트와 도커에 필요한 라이브러리 설치
vagrant $ sudo apt-get update
vagrant $ sudo apt-get install \
    linux-image-extra-$(uname -r) \
    linux-image-extra-virtual
### package manager의 재업데이트와 도커에 필요한 라이브러리 설치
vagrant $ sudo apt-get update
vagrant $ sudo apt-get install \
    apt-transport-https \
    ca-certificates \
    curl \
    software-properties-common
### 도커의 Offical Key 추가
vagrant $ curl -fsSL https://download.docker.com/linux/ubuntu/gpg ¦ sudo apt-key add -
vagrant $ sudo apt-key fingerprint 0EBFCD88
### package manager에 도커의 저장소 추가
vagrant $ sudo add-apt-repository \
    "deb [arch=amd64] https://download.docker.com/linux/ubuntu \
    $(lsb_release -cs) \
    stable"
### 도커 커뮤니티 에디션 설치
vagrant $ sudo apt-get update && sudo apt-get install docker-ce
### 도커 실행 확인
vagrant $ sudo docker run hello-world
### 도커 프로세스 확인
vagrant $ sudo docker ps -al
```

----

8 우분투(Ubuntu)에 도커 설치하기 **URL** *https://docs.docker.com/install/linux/docker-ce/ubuntu/*

```
CONTAINER ID          IMAGE           COMMAND         CREATED
STATUS                PORTS           NAMES
ddb62586545a          hello-world     "/hello"          7 minutes ago
Exited (0) 7 minutes ago              silly_ptolemy
### 가상 머신에서 exit
vagrant $ exit
```

[예제 7-5]와 [예제 7-6]은 베이그런트에서 자주 사용하는 설정이다.

예제 7-5 Vagrantfile(베이그런트 설정 파일) 설정하기(작업 공간 마운트)

```
### 윈도우 환경의 작업 디렉터리를 가상 머신에 마운트
# → 작업 공간을 마운트하면 개발 효율이 좋아진다.
    config.vm.synced_folder "../workspace", "/workspace"
```

예제 7-6 Vagrantfile 설정하기(포트 바인딩)

```
### 가상 머신의 포트 8080을 호스트 환경의 8080에 바인딩한다.
# → 도커에서 이용하는 서비스 포트는 호스트 환경에 바인딩한다.
    config.vm.network "forwarded_port", guest: 8080, host: 8080
```

Column 도커를 이용한 프로덕션 환경 배포

도커는 등장 후 얼마되지 않아 빠르게 개발 환경에 도입되었다. 하지만 엔터프라이즈 개발 프로덕션 환경에 도커가 이용되기에는 시간이 좀 걸렸다. 여러 대의 클러스터 상에서 각 컨테이너를 관리하는 것이 곤란했기 때문이다. 그러나 **쿠버네티스**Kubernetes[9](컨테이너 작업을 자동화하는 오픈 소스)나 아마존 EC2 컨테이너 서비스 같은 컨테이너 관리 서비스의 편리성이 높아지면서 2016년 이후 급격하게(2017년에 전년 대비 400% 이상의 성장률/2017년에는 수억 컨테이너[10]) 프로덕션 환경 적용 사례가 증가했다. AWS는 2017년에 서버나 클러스터의 관리가 불필요한 서비스인 **AWS 파게이트**Fargate[11]를 발표했다. 컨테이너 관리 서비스 경쟁은 급성장하고 있으며, 컨테이너를 이용한 프로덕션 배포는 향후 표준이 될 것으로 본다.

---

9 쿠버네티스 URL *https://kubernetes.io/ko/*

10 AWS 블로그 URL *https://aws.amazon.com/blogs/aws/aws-fargate/*

11 AWS 파게이트 URL *https://aws.amazon.com/ko/fargate/*

7.1.2 메이븐/그레이들에서 이용하기

팀 구성원 전원이 도커를 이용한 개발 경험을 가지고 있다면, 도커 명령을 이용하라는 방침이 팀의 개발 효율을 낮추지는 않는다. 그러나 이러한 상황이 아니어도 메이븐[12]이나 그레이들[13]의 각종 플러그인을 이용하면 도커를 의식하지 않고 미들웨어를 이용할 수 있다. 일반적인 팀 개발에서 팀 멤버 개개인의 능력이 제각각이므로 플러그인을 효율적으로 활용해, 개발과 관련된 작업을 빌드 도구로 통합하면 효율적이다.

예제 7-7 gradle-docker-plugin 이용하기(build.gradle)

```
buildscript {
  repositories {
    jcenter()
  }

  dependencies {
    // 도커 이용
    classpath "com.bmuschko:gradle-docker-plugin:3.0.12"
  }
}

// 플러그인 추가
apply plugin: 'com.bmuschko.docker-remote-api'

import com.bmuschko.gradle.docker.tasks.container.*
import com.bmuschko.gradle.docker.tasks.image.*

// 도커의 각종 작업을 그레이들에 정의
// 도커 빌드에 사용하는 도커파일 지정
task buildDockerImage(type: DockerBuildImage) {
  inputDir = file("$projectDir/docker")
  tag = "sample"
}

// 도커 빌드 시 실행 포트 조정
task createDockerContainer(type: DockerCreateContainer) {
  dependsOn buildDockerImage
  targetImageId { buildDockerImage.getImageId() }
  portBindings = ["22:22", "3306:3306"]
```

---

12 docker-maven-plugin URL *https://github.com/spotify/docker-maven-plugin*
13 gradle-docker-plugin URL *https://github.com/bmuschko/gradle-docker-plugin*

```
  }

  // 도커의 run/start 명령을 작업에 정의
  // 개발자는 미들웨어 실행 시 이 작업을 사용한다.
  task startDockerContainer(type: DockerStartContainer) {
    dependsOn createDockerContainer
    targetContainerId { createDockerContainer.getContainerId() }
  }

  // 도커 stop 명령을 작업에 정의
  // 개발자는 미들웨어 정지 시 이 작업을 사용한다.
  task stopDockerContainer(type: DockerStopContainer) {
    targetContainerId { createDockerContainer.getContainerId() }
  }
```

[예제 7-7]처럼 설정한 작업을 그레이들에서 실행하는 방법은 [예제 7-8]과 같다.

예제 7-8 그레이들에서 도커 실행하기

```
### docker start
# 그레이들 명령으로 도커의 실행을 래핑(wrapping)한다.
$ cd /path/to/projectdirectory
$ ./gradlew startDockerContainer
```

| Column | 메이븐/그레이들 에코 시스템 |

BtoC 애플리케이션을 구축할 때 UI/UX 개선은 필수이다. UI/UX를 향상하기 위해 백엔드에 스프링 부트를 이용하여 SPA로 구성(제이힙스터[Hipster][14]라는 스프링 부트+앵귤러JS[AngularJS]의 프로젝트 개발 지원 도구가 유행이다)하거나, SPA로 구성하지 않아도 타임리프와 반응형 웹 디자인 지원 CSS 프레임워크인 부트스트랩이나 확장 스타일 시트 언어인 Sass 등을 사용할 수 있다. 이렇게 구성하면, 자바 외에도 `Node.js`나 루비[Ruby]를 설치해야 하므로 팀 구성원의 부담이 커진다. 위의 문제를 해결하기 위해 메이븐이나 그레이들은 많은 플러그인을 OSS로 제공하며, 이를 적절하게 관리하고 이용해 빌드 도구에서 개발과 관련된 작업을 일원화하면 효율적이다.

----

14 제이힙스터　**URL** *http://www.jhipster.tech/*

7.2 데이터베이스 구성 관리

팀 개발에서 데이터베이스의 정의가 변경될 때마다 유지보수를 수동으로 하게 되면 다음과 같은 문제가 발생한다.

- 데이터베이스의 변경이 개발자에게 공유되지 않아 오래된 정의를 사용해 잘못된 구현을 실시한다.
- 변경 이력을 추적할 수 없다.

애플리케이션을 개발하고, 유지보수를 위해 꾸준히 수정하는 것처럼 데이터베이스의 구조도 적지 않게 수정된다. 소스 코드의 변경을 버전 관리를 사용하여 추적 기록하는 것이 중요하듯이, 데이터베이스의 변경 내용을 추적 기록하는 것도 중요하다. 여기서는 데이터베이스의 구성 관리에 대해 설명한다.

데이터베이스 구성 관리 방법으로 DB **마이그레이션**migration 도구를 사용하는 방법을 소개한다. DB 마이그레이션 도구에는 다양한 종류가 있지만, 이 책에서는 OSS의 DB 마이그레이션 도구인 **플라이웨이**Flyway[15]를 소개한다. 인프라의 구성 관리와 DB 마이그레이션 도구를 함께 도입하면 개발 환경을 구축하는 데 최소 10분 정도 걸리며, 변경이나 이상이 발생했을 경우 재구축도 용이하다.

7.2.1 플라이웨이 이용하기

스프링 부트에서 다음 세 가지를 실시해 플라이웨이를 사용한다.

1 의존관계 설정(플라이웨이의 라이브러리 추가)
2 속성 설정(플라이웨이 활성화)
3 마이그레이션 파일 준비

1. 의존관계 설정(플라이웨이의 라이브러리 추가)

플라이웨이의 라이브러리를 [예제 7-9]처럼 그레이들의 의존관계에 추가한다.

---

15 플라이웨이 　URL *https://flywaydb.org/*

예제 7-9 플라이웨이 활성화(build.gradle)

```
compile "mysql:mysql-connector-java"
// org.flywaydb:flyway-core를 의존관계에 추가
compile "org.flywaydb:flyway-core"
compile "com.zaxxer:HikariCP"
```

2. 속성 설정(플라이웨이 활성화)

다음으로 application.(properties ¦ yml)에서 플라이웨이를 활성화한다. 팀 개발의 경우, [예제 7-10]처럼 플라이웨이를 활성화하는 것이 좋다.

예제 7-10 플라이웨이 활성화(application.yml)

```
flyway:
  enable: true # Flyway 활성화
  baseline-on-migrate: true
  # 이미 존재하는 데이터베이스에서도 마이그레이션을 활성화한다.
```

3. 마이그레이션 파일 준비

이제 DB 마이그레이션을 사용할 수 있으므로 마이그레이션 파일을 준비한다.

마이그레이션 파일 서식

마이그레이션 파일은 다음 서식으로 작성한다.

X<Version>__<Description>.sql

- X: V나 R을 지정한다.
    - V: 디폴트
    - R: 반복 가능한 마이그레이션[16] (마이그레이션 파일의 체크섬checksum이 변경될 때마다 마이그레이션을 적용한다.)
- <Version>: 버전 번호. 반각 숫자와 점(.) 또는 밑줄(_)의 조합으로 지정한다.
- __: 버전 번호와 설명은 밑줄을 두 번 연속으로 사용하여 분리한다.
- <Description>: 설명을 기재한다.

---

16 반복 가능한 마이그레이션 URL https://flywaydb.org/getstarted/repeatable

마이그레이션 파일 작성

[그림 7-1]과 같이 **src/main/resources/db.migration** 아래에 마이그레이션 파일을 배치한다.

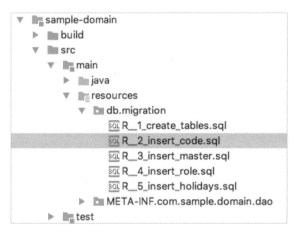

그림 7-1 마이그레이션 파일 배치

참고로 마이그레이션 파일은 [예제 7-11], [예제 7-12]와 같다.

예제 7-11 마이그레이션 파일(R__1_create_tables.sql)

```
CREATE TABLE IF NOT EXISTS persistent_logins(
  username VARCHAR(64) NOT NULL COMMENT '로그인ID'
  , ip_address VARCHAR(64) NOT NULL COMMENT 'IP주소'
  , user_agent VARCHAR(200) NOT NULL COMMENT 'UserAgent'
  , series VARCHAR(64) COMMENT '직렬토큰'
  , token VARCHAR(64) NOT NULL COMMENT '토큰'
  , last_used DATETIME NOT NULL COMMENT '최종사용일'
  , PRIMARY KEY (series)
  , KEY idx_persistent_logins(username, ip_address, user_agent)
  , KEY idx_persistent_logins_01(last_used)
) COMMENT='로그인기록';

(생략)
```

예제 7-12 마이그레이션 파일(R__2_insert_code.sql)

```
DELETE FROM code_category WHERE created_by = 'none';
INSERT INTO code_category(category_key, category_name, created_by, created_at) VALUES
('GNR0001', '성별', 'none', NOW()),
('GNR0002', '시군구', 'none', NOW()),
('GNR0003', '유무구분', 'none', NOW());

(생략)
```

7.3 유지보수 가능한 테스트 코드

시스템 개발에서 테스트는 중요하다. 회귀 테스트가 정비되어 있어 CI 사이클을 착실히 운용하고 있는 바람직한 팀이 있다고 하자. 하지만 테스트 코드 자체가 이해하기 어렵게 짜여져 있다면 사양이 변경될 때마다 테스트 코드 유지보수에 쫓기게 되어 변경에 대응하기가 까다로워진다.

테스트 코드가 존재하지 않는 애플리케이션에서 사양 변경이 발생하게 되면, 확인 누락에 의한 문제degrade가 발생할 가능성이 크다. 테스트 코드를 충분히 준비한 팀은 준비하지 않은 팀에 비해 사양 변경에 대응하는 사이클도 문제없이 유지하며, 사양 변경 처리도 자신 있게 처리한다.

여기서는 그루비 기반의 테스팅 프레임워크인 **스폭**[17]을 사용하여 테스트 코드의 가독성을 높이는 방법을 소개한다.

7.3.1 스폭

스폭은 언어 사양에 R스펙RSpec과 스칼라Scala의 좋은 점을 도입하고 있으며, 다음 세 가지 장점이 있다.

1 가독성

2 데이터 기반 테스트

3 강력한 어서션

----

17 스폭　**URL** *http://spockframework.org/*

1. 가독성

스폭의 **블록**block[18](given/when/then/where 등) 사양에 따라 테스트 코드를 작성하면, 선언(목적)에 근거하여 코드가 정리되기 때문에 가독성이 좋아진다. 또한 요구 사양에 가까운 형태로 테스트 코드가 정리되기 때문에 테스트 코드 리뷰의 문턱을 낮춘다.

다음은 목적이 같은 테스트 코드를 JUnit 테스트 코드(예제 7-13)와 블록을 이용한 스폭 테스트 코드(예제 7-14)로 작성한 것이다.

예제 7-13 블록(JUnit의 예)

```
@RunWith(Theories.class)
public class SampleTest {
  @Theory
  public void personname_is_a_sex_toLowerCase_person(String[] cxt) {
    assertThat((new Person(cxt[0])).getSex(), is(cxt[1]));
  }

  @DataPoints
  public static String[][] tc = {
    new String[]{"Fred", "Male"},
    new String[]{"Wilma", "Female"},
  };

  static class Person {
    String name;

    Person(String name) {
      this.name = name;
    }

    String getSex() {
      return name == "Fred" ? "Male" : "Female";
    }
  }
}
```

---

18 스폭 블록 **URL** *http://spockframework.org/spock/docs/1.1/spock_primer.html*

예제 7-14 블록(스폭의 예)

```
// 테스트 케이스를 주석으로 작성하여 테스트의 목적을 쉽게 이해할 수 있다.
def "#person.name is a #sex.toLowerCase() person"() {
  // 블록에 따라 코드를 정리해 테스트 코드의 가독성 개선
  expect:
  person.getSex() == sex
  // 블록에 따라 코드를 정리해 테스트 코드의 가독성 개선
  where:
  person                  || sex
  new Person(name: "Fred")  || "Male"
  new Person(name: "Wilma") || "Female"
}

static class Person {
  String name
  String getSex() {
    name == "Fred" ? "Male" : "Female"
  }
}
```

이와 같이 레이블을 이용하면 테스트 코드의 가독성이 높아진다.

> **Column** 블록(given/when/then) 레이블
>
> JUnit으로 테스트하는 경우, 부분적으로 분리된 표현 방법이 없기 때문에 테스트 코드의 가독성이 떨어진다. 이 문제를 해결하기 위해 JUnit에서는 스폭의 블록(given/when/then) 레이블을 이용한다. 참고로 스폭에서 테스트를 작성하려면 하나 이상의 레이블이 필요하다.
>
> • **setup(given은 별칭)**: 테스트의 전제 조건인 데이터베이스의 상태 등을 작성한다.
> • **when**: 테스트 대상의 메서드를 호출하는 위치 등 테스트에 대한 작용을 작성한다.
> • **then**: 테스트 대상의 메서드를 호출한 결과의 **어서션**assertion(표명)을 작성한다.

2. 데이터 기반 테스트

단위 테스트 코드는 다양한 입력과 예상 결과를 반복하는 동일한 테스트 코드를 여러 번 작성하는 경우가 대부분이다. 스폭의 **데이터 기반 테스트**data-driven testing[19]를 이용하면 반복 입력 테스

---

19 데이터 기반 테스트 **URL** *https://bluepoet.me/2016/12/12/%EB%B2%88%EC%97%ADdata-driven-testing/*

트로 가독성 좋게 작성할 수 있다.

다음은 데이터 기반 테스트를 JUnit의 테스트 코드(예제7-15)와 스폭의 테스트 코드(예제 7-16)로 작성하는 예시이다.

예제 7-15 데이터 기반 테스트(JUnit의 예)

```java
@Test
public void maximum_of_two_numbers() {
  assertThat(Math.max(3, 7), is(7));
  assertThat(Math.max(5, 4), is(5));
  assertThat(Math.max(9, 9), is(9));
}

@Test
public void minimum_of_a_and_b_is_c() {
  assertThat(Math.min(3, 7), is(3));
  assertThat(Math.min(5, 4), is(4));
  assertThat(Math.min(9, 9), is(9));
}
```

예제 7-16 데이터 기반 테스트(스폭의 예)

```groovy
def "maximum of two numbers"() {
  // 테스트 코드와 데이터를 분산한다.
  expect:
  Math.max(a, b) == c

  // 파이프 기법으로 간략히 작성한다.
  where:

  a << [3, 5, 9]
  b << [7, 4, 9]
  c << [7, 5, 9]
}
def "minimum of #a and #b is #c"() {
  // 테스트 코드와 데이터를 분산한다.
  expect:
  Math.min(a, b) == c

  // 테이블 기법으로 간략히 작성한다.
  where:
```

```
    a ¦ b ¦¦ c
    3 ¦ 7 ¦¦ 3
    5 ¦ 4 ¦¦ 4
    9 ¦ 9 ¦¦ 9
}
```

이와 같이 테스트 코드가 더 직관적이기 때문에 블랙박스 테스트에서 가장 많이 사용되는 기법인 **동등 분할**equivalence partitioning과 **경곗값 분석**boundary value analysis도 가독성 좋게 작성할 수 있다.

3. 강력한 어서션

스폭(그루비)에는 강력한 어서션 기능[20]이 있다. 테스트에서는 스폭의 어서션 이용이 필수이기 때문에 테스트가 실패한 경우, 원인을 빠르게 특정할 수 있다.

다음은 JUnit의 디폴트 어서션의 예(예제 7-18)와 스폭의 어서션의 예(예제 7-20)이다.

예제 7-17 테스트 코드(JUnit의 예)

```
@Test
public void minimum_of_a_and_b_is_c() {
  assertThat(Math.min(3, 7), is(3));
  assertThat(Math.min(5, 4), is(5)); // 설명을 위해 테스트 케이스가 틀린 패턴을 기재
  assertThat(Math.min(9, 9), is(9));
}
```

예제 7-18 어서션(JUnit의 예)

```
// assertThat으로 작성하기 때문에 Junit에서도 이해하기 쉽다.
java.lang.AssertionError:
Expected: is <5>
  but: was <4>
Expected :is <5>
Actual :<4>
  <Click to see difference>
```

----

20 그루비의 강력한 어서션 **URL** http://groovy-lang.org/testing.html

예제 7-19 테스트 코드(스폭의 예)

```
def "minimum of #a and #b is #c"() {
  expect:
  Math.min(a, b) == c

  where:
  a ¦ b ¦¦ c
  3 ¦ 7 ¦¦ 3
  5 ¦ 4 ¦¦ 5 // 설명을 위해 테스트 케이스가 틀린 패턴을 기재
  9 ¦ 9 ¦¦ 9
}
```

예제 7-20 어서션(스폭의 예)

```
// 모든 식의 평가 결과가 알기 쉽게 표시되기 때문에 원인 특정이 쉽다.
Condition not satisfied:

Math.min(a, b) == c
     ¦    ¦ ¦ ¦ ¦
     4    5 4 ¦ 5
              false

Expected :5

Actual :4
```

이처럼 테스트 실패 시 원인 특정이 쉽기 때문에 유지보수를 위한 회귀 테스트 공정을 줄일 수 있다.

스프링에서 스폭 이용하기

[예제 7-21]처럼 `spock-spring` 라이브러리를 `build.gradle`에 추가하여 스프링에서 스폭을 이용한다.

예제 7-21 스폭 이용(build.gradle)

```
// 테스트에서 이용하기 때문에 testCompile을 지정한다.
testCompile "org.spockframework:spock-spring"
```

스폭에서 스프링 부트를 테스트하려면 [예제 7-22]와 같이 작성한다.

예제 7-22 스프링에서 스폭 테스트하기(UserDaoTest.groovy)

```groovy
@SpringBootTest(webEnvironment = NONE)  // SpringBootTest 애너테이션을 지정
@Transactional // 테스트 후에 롤백한다.
class UserDaoTest extends Specification {

    @Autowired
    UserDao userDao

    def "존재하지 않는 메일 주소로 검색한 경우, empty를 반환할 것"() {
        when:
        def criteria = new UserCriteria()
        criteria.setEmail("aaaa")

        Optional<User> user = userDao.select(criteria)

        then:
        user == Optional.empty()
    }

    def "개정번호를 지정하지 않고 갱신한 경우, 예외가 발생할 것"() {
        when:
        def user = new User()
        user.setEmail("test@sample.com")
        userDao.update(user)

        then:
        thrown(OptimisticLockingFailureException)
    }

    def "존재하는 메일 주소를 지정하여 갱신한 경우, 갱신 건수가 1건이 될 것"() {
        when:
        def user = userDao.selectById(1)
        def updated = user.map({ u ->
          user.setAddress("test")
          int updated = userDao.update(u)
          return updated
        })

        then:
        updated == Optional.of(1)
    }
}
```

스프링 부트에서도 스폭을 문제없이 사용할 수 있다는 점을 깨달았다면, 프로젝트에 스폭을 적용해보길 바란다.

7.4 문서 생성 도구 활용

소스 코드를 보거나 SSH로 서버에 접속하기만 하면 사양을 찾을 수 있기 때문에 문서 작성을 가볍게 생각하기도 한다. 물론 틀린 말은 아니지만, 시스템 사양의 자료가 소스 코드나 미들웨어 같은 설정 파일밖에 없다면 팀 개발을 원활하게 추진하기 어렵다.

소스 코드는 깃^{Git}이나 깃 플로^{git-flow}[21], 깃허브 플로^{GitHub flow}[22]가 팀 개발 기법으로 널리 알려져 있기 때문에, 이를 활용해 문서를 잘 관리하는 팀이 많다. 그러나 상세 설계 이후의 문서를 잘 관리하는 팀은 현실적으로 적다. 특히 다음과 같은 상황이 자주 발생한다.

- 처음부터 상세 설계가 없다
- 텍스트 파일, 엑셀, 위키 등에 문서가 흩어져 있다(일부가 업데이트되지도 않음).
- 엑셀 등의 납품 문서로 관리되지만, 소스 코드와 괴리감이 있으며 설계서가 없는 프로그램도 있다.

위의 상황이 발생하는 원인은 엔지니어가 다른 일로 바쁜 나머지 엑셀 등의 바이너리 파일을 가볍게 생각했거나 팀에 문서 관리의 명확한 지침이 없는 등 여러 이유가 있다.

이를 해결하는 방법으로 팀 개발에서 공유하는 문서를 설명한다. 이 책에서는 문서 관리 도구인 스핑크스^{Sphinx}[23]를 소개하며, 스핑크스의 특징과 스핑크스를 사용하면 개발 문서 업데이트 동기화에 어떤 점이 좋은지 설명한다.

----

21 깃 플로 URL http://nvie.com/posts/a-successful-git-branching-model/
22 깃허브 플로 URL https://gist.github.com/Gab-km/3705015
23 스핑크스 URL http://www.sphinx-doc.org/en/master/

7.4.1 스핑크스

스핑크스는 문서를 쉽게 만드는 도구이다. 파이썬의 공식 문서[24]를 위해 만들어졌으며, 지금도 파이썬 문서에서 계속 이용한다.

설치

스핑크스는 파이썬을 이용하기 때문에 파이썬 실행 환경이 필요하다. 이 책에서는 도커를 이용한 방법을 소개한다. 기타 자세한 내용은 공식 사이트[25]를 참조하길 바란다.

예제 7-23 스핑크스의 설치

```
### 문서 루트 디렉터리로 이동
$ cd /path/to/directory
### 현재 디렉터리를 마운트하고 대화 모드로 스핑크스 컨테이너 실행
$ docker run -it -v $(pwd):/documents/ plaindocs/docker-sphinx
### 도큐먼트 템플릿 작성
# sphinx-quickstart
### 디폴트로 작성하면 다음과 같은 형식으로 작성된다.
# pwd;find . | sort | sed '1d;s/^\.//;s/\/\([^/]*\)$/|--\1/;s/\/[^/|]*/| /g'
/documents
|--.DS_Store
|--.build
|--.static
|--.templates
|--Makefile
|--conf.py
|--index.rst
|--make.bat
### HTML 생성
# make html
### 아래의 형식으로 HTML이 생성된다.
# pwd;find . | sort | sed '1d;s\^\.//;s/\/\([^/]*\)$/|--\1/;s/\/[^/|]*/| /g'
/documents
|--.DS_Store
|--.build
| |--doctrees
| | |--environment.pickle
| | |--index.doctree
```

----

24 파이썬 문서 **URL** *https://docs.python.org/ko/3/index.html*
25 스핑크스 설치 **URL** *http://www.sphinx-doc.org/en/stable/install.html*

```
| |--html
| | |--.buildinfo
| | |--_sources
| | | |--index.txt
| | |--_static
| | | |--ajax-loader.gif
| | | |--basic.css
| | | |--comment-bright.png
| | | |--comment-close.png
| | | |--comment.png
| | | |--default.css
| | | |--doctools.js
| | | |--down-pressed.png
| | | |--down.png
| | | |--file.png
| | | |--jquery.js
| | | |--minus.png
| | | |--plus.png
| | | |--pygments.css
| | | |--searchtools.js
| | | |--sidebar.js
| | | |--underscore.js
| | | |--up-pressed.png
| | | |--up.png
| | | |--websupport.js
| | |--genindex.html
| | |--index.html
| | |--objects.inv
| | |--search.html
| | |--searchindex.js
```

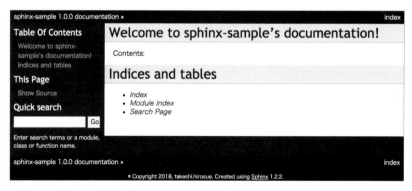

그림 7-2 스핑크스로 작성된 HTML

스핑크스의 특징

다음은 스핑크스의 특징이다. 데브옵스에 적용하기 쉬운 다음과 같은 특징 덕분에 문서 업데이트 상황을 쉽게 동기화할 수 있다.

1 텍스트(마크다운^{markdown}) 형식이다.
2 CI와 궁합이 좋다.
3 다양한 출력 형식을 지원한다.

1. 텍스트 형식이다.

스핑크스의 가장 큰 장점은 텍스트 형식으로 기재한다는 점이다. 문서를 소스 코드와 같은 SCM에 넣어 관리하면 바이너리 문서의 가장 큰 문제점인 변경 이력의 조사나 파일 내용의 검색 문제가 해소된다. 스핑크스의 디폴트 마크업은 reST(reStructuredText) 형식이며, 마크업 언어의 표준인 마크다운 형식으로 기재한다.

마크다운을 이용할 경우 [예제 7-24]처럼 스핑크스에서 사용할 copy.sh를 수정한다.

예제 7-24 스핑크스에서 마크다운 이용하기(copy.sh)

```
### conf.py의 recommonmark를 커스터마이즈하면 마크다운 형식을 이용할 수 있다.
source_suffix = ['.rst', '.md']
source_parsers = {
  '.md' : 'recommonmark.parser.CommonMarkParser'
}
```

2. CI와 궁합이 좋다.

make html 명령으로 HTML을 간단히 생성한다. CI 사이클에 HTML 생성 처리를 포함하면 문서도 소스 코드 커밋과 같은 업데이트 사이클이 되기 때문에 문서 업데이트의 동기화를 유지하기 쉽다.

일반 HTML 파일이 생성되므로 **깃허브 페이지**^{GitHub Pages}[26]와 **AWS S3**[27], 아파치나 엔진엑스 등의 웹 서버에 작성한 HTML을 쉽게 공개할 수 있다.

----

26 깃허브 페이지 URL *https://pages.github.com/*
27 AWS S3 URL *https://aws.amazon.com/ko/s3/*

3. 다양한 출력 형식을 지원한다.

이미 소개한 HTML 출력 외에도 LaTeX, ePub, Texinfo, man, 일반 텍스트 형식 등 다양한 형식의 출력을 지원한다.

7.5 소스 생성기

스프링 MVC로 화면을 개발할 때는 하나의 기능을 추가하기 위해 여러 군데에 걸친 파일을 작성해야 한다. 화면 개발 때마다 발생하는 파일 작성 작업을 효율적으로 간소화하여 개발 생산성을 향상한다.

일반적인 프로젝트 개발은 많은 화면을 개발해야 하고 대규모 프로젝트라면 수백 개 이상을 개발해야 한다. 프로젝트 개발에서 필요한 화면 개발에 소요되는 다음 비용을 절감하면 개발 생산성을 더욱 향상시킬 수 있다.

- 개발 멤버 참가 시 패키지 구성의 모범 사례를 공유
- 신규 화면 개발 시 필요한 소스 코드 세트의 작성 작업

여기서는 소스 생성기를 이용해 개발 효율을 높이는 방법을 설명한다. 한 번의 명령으로 실제로 동작하는 소스 코드의 템플릿을 생성하고, 바로 커스터마이즈 가능한 상태에서 각 멤버에게 배포하는 방법을 소개한다. 이 방법은 예전부터 이용하고 있으며, 유명한 제품으로는 요먼Yeoman[29]이 있다. 앵귤러JS[30]에도 비슷한 도구 세트가 있다. 소스 생성기를 이용하면 신규 화면을 작성할 때뿐만 아니라 나중에 패키지 구성을 다시 정리하는 작업을 줄여 리팩터링 비용을

---

28 Read the Docs URL *https://readthedocs.org/*
29 요먼 URL *http://yeoman.io/*
30 앵귤러 CLI URL *https://cli.angular.io/*

절감할 수 있다.

여기서는 타임리프를 이용하여 그레이들의 **커스텀 플러그인**^{custom plugin}으로 소스 생성기를 만드는 방법을 소개한다. 그레이들 커스텀 플러그인에 대한 자세한 내용은 공식 사이트[31]를 참조하길 바란다. 또한 여기서 소스 코드의 설명을 일부 생략한다. 자세한 내용은 깃허브 저장소[32]를 참조하길 바란다.

7.5.1 소스 생성기 플러그인 적용

소스 생성기 플러그인(그레이들 커스텀 플러그인)은 다음 순서대로 적용한다.

1 그레이들 플러그인 구현
2 그레이들 플러그인 이용

1. 그레이들 플러그인 구현

우선 [그림 7-3]의 폴더 구성으로 파일을 작성한다.

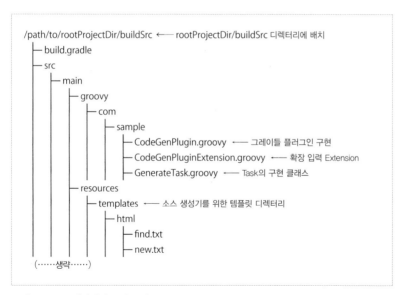

그림 7-3 소스 생성기의 폴더 구성

----

31 커스텀 플러그인 작성 URL *http://gradle.monochromeroad.com/docs/userguide/custom_plugins.html*
32 깃허브(소스 생성기) URL *https://github.com/miyabayt/spring-boot-doma2-sample/tree/master/buildSrc/*

다음으로 플러그인을 구현한다. 간단한 플러그인은 여기서 언급하는 구현만으로 완료할 수 있다. 여기서는 빌드로부터 입력받을 Extension과 Task의 구현을 나눠서 구현한다.

예제 7-25 그레이들 커스텀 플러그인 구현(CodeGenPlugin.groovy)

```groovy
class CodeGenPlugin implements Plugin<Project> {

  @Override
  void apply(Project project) {
    project.extensions.create("codegen", CodeGenPluginExtension.class)
    project.task("codegen", type: GenerateTask)
  }
}
```

이와 더불어 Extension을 **POJO**^{Plain Old Java Object}로 구현하고, Task의 속성 필드를 열거한다.

예제 7-26 그레이들 커스텀 플러그인 확장 Extension 구현(CodeGenPluginExtenshion.groovy)

```groovy
class CodeGenPluginExtension {
  String srcDirName = "src/main/java/"
  String sqlDirName = "src/main/resources/META-INF/"
  String htmlDirName = "src/main/resources/templates/modules/"
  String domainProjectName
  String webProjectName

  (생략)
```

마지막으로 Task를 구현한다. [예제 7-27]과 같이 구체적인 로직은 모두 Task에 작성한다.

예제 7-27 그레이들 커스텀 플러그인 Task 구현(GenerateTask.groovy)

```groovy
// DefaultTask를 확장한다.
class GenerateTask extends DefaultTask {

  @TaskAction
  // TaskAction 애너테이션을 지정하고, task 실행되는 메서드를 명시한다.
  def codegen() {
    if (!project.hasProperty("subSystem")) {
      println("subSystem must not be null")
      return
    }
```

(생략) ※ 타임리프를 이용해 템플릿을 생성하는 처리

2. 그레이들 플러그인 이용

작성한 커스텀 플러그인은 [예제 7-28]의 명령으로 실행한다.

예제 7-28 그레이들 커스텀 플러그인의 실행

```
### codegen 플러그인 실행
$ cd /path/to/rootProjectDir
$ ./gradlew codegen
```

이 예제는 빌드에서 입력받을 Extension을 구현하기 때문에, [예제 7-29]와 같이 build.gradle의 Task에 설정하는 설정값을 작성한다.

예제 7-29 확장 Extension의 설정(build.gradle)

```
apply plugin: com.sample.CodeGenPlugin

// 아래에서 구현한 확장 Extension의 설정을 작성한다.
codegen {
  domainProjectName = "sample-domain"
  webProjectName = "sample-web-admin"

  commonDtoPackageName = "com.sample.domain.dto.common"
  daoPackageName = "com.sample.domain.dao"
  dtoPackageName = "com.sample.domain.dto"

(생략)
}
```

Task에 인수를 설정하려면 [예제 7-30]의 방법(-P 옵션)으로 지정한다.

예제 7-30 그레이들 커스텀 플러그인 실행(인수 있음)

```
### 필요한 인수를 지정하여 codegen 플러그인을 실행한다.
$ cd /path/to/rootProjectDir
$ ./gradlew codegen -PsubSystem=system -Pfunc=employee -PfuncStr=종업원
```

소스 생성기 작업을 실행하면 [그림 7-4]의 파일이 생성된다. 이 파일은 다방면에 걸쳐 있기 때문에, 이 작업을 프로젝트에 적용해 개발 효율성을 높인다.

```
├── sample-domain
│   └── src
│       └── main
│           ├── java
│           │   └── com
│           │       └── sample
│           │           └── domain
│           │               ├── dao
│           │               │   └── system
│           │               │       └── EmployeeDao.java
│           │               ├── dto
│           │               │   └── system
│           │               │       └── Employee.java
│           │               └── service
│           │                   └── system
│           │                       └── EmployeeService.java
│           └── resources
│               └── META-INF
│                   └── com
│                       └── sample
│                           └── domain
│                               └── dao
│                                   └── EmployeeDao
│                                       ├── select.sql
│                                       ├── selectAll.sql
│                                       └── selectById.sql
└── sample-web-admin
    └── src
        └── main
            ├── java
            │   │
            │   (패키지 생략)
            │   └── controller
            │       └── html
            │           └── system
            │               └── employees
            │                   ├── EmployeeCsv.java
            │                   ├── EmployeeForm.java
            │                   ├── EmployeeFormValidator.java
            │                   ├── EmployeeHtmlController.java
            │                   └── SearchEmployeeForm.java
            └── resources
                └── templates
                    └── modules
                        └── system
                            └── employees
                                ├── find.html
                                ├── new.html
                                └── show.html
```

그림 7-4 생성되는 파일 리스트

주의 사항

소스 생성기를 이용해 개발할 때는 팀원 모두가 작업 절차에 따라 작업해야 한다. 팀원이 작업 절차를 지키지 않거나, 출력되는 소스 코드에 컴파일 오류가 발생해 플러그인의 유지보수가 막히거나, 개발 환경에 익숙하지 않은 팀이 소스 생성기를 도입하게 되면 오히려 개발 생산성을 떨어뜨린다. 이와 같은 상황에서는 소스 생성기를 적용하지 않는 것을 권장한다.

## CHAPTER 8

운용

시스템 개발을 완료했다는 것은 업무나 서비스의 제공이 차질 없이 진행된다는 의미가 아니다. 시스템은 시스템 문제 등 원치 않는 상태를 배제하거나 완화하고, 이용자가 지속적으로 이용할 때 비로소 가치를 창출한다. IPA 조사 보고서[1]에 의하면 운용 비용은 시스템 개발 비용 중 3/4 이상을 차지하기 때문에 운용의 중요성이 높아지고 있다고 주장한다.

이 장에서는 시스템 개발에서 빼놓을 수 없는 운용에 대해 설명한다.

8.1 환경별 설정 관리

시스템 개발에는 로컬 환경, 검증 환경, 프로덕션 환경 등 다양한 환경이 있다. 데이터베이스 등에서 리소스에 대한 접속 정보나 로그 수준처럼 개발 환경과 실제 프로덕션 환경에서 전환해야 할 설정이 많다. 이를 실현하려면 빌드 스크립트를 조정하거나 각 환경별 설정 셸shell을 준비한다. 이 방법은 빌드나 릴리스할 때 각 환경에 의존하는 절차가 별도로 존재하기 때문에, 릴리스 사고가 발생하는 일이 종종 있다. 검증 환경에서 동작 확인을 완료한 모듈을 다른 환경에서 확인하고 싶을 때, 빌드 절차가 복잡하면 개발 속도가 떨어진다.

---

1 정보 시스템 운용 시 정량적인 신뢰성 향상 방법에 관한 조사 보고서 **URL** *https://www.ipa.go.jp/files/000045090.pdf*

여기서는 각 환경별 설정 관리에 대해 스프링의 **프로파일**[2]을 이용하는 방법을 소개한다.

8.1.1 스프링 프로파일

스프링 프로파일은 애플리케이션 구성의 일부를 분리하여, 특정 환경에서만 사용 가능한 기능을 제공한다. 그 기능은 다음 세 가지를 이용한다.

- JVM의 시스템 속성
- 명령줄 인수
- OS의 환경 변수

예제 8-1 스프링 프로파일(JVM의 시스템 속성으로 지정하기)

```
### spring.profiles.active를 dev로 설정해 애플리케이션 실행
$ java -jar -Dspring.profiles.active=dev application.jar
```


예제 8-2 스프링 프로파일(명령줄 인수로 지정하기)

```
### spring.profiles.active를 dev로 설정해 애플리케이션 실행
$ java -jar --spring.profiles.active=dev application.jar
```


예제 8-3 스프링 프로파일(OS 환경 변수로 지정하기)

```
### OS 환경 변수로 실행 포트를 변경해 애플리케이션 실행
$ export SERVER_PORT=18081
$ java -jar application.jar # 18081port로 애플리케이션 실행
$ export SERVER_PORT=28081
$ java -jar application.jar # 28081port로 애플리케이션 실행
```


---

2 스프링 부트 문서-프로파일 **URL** *https://docs.spring.io/spring-boot/docs/current/reference/html/boot-features-profiles.html*

8.1.2 환경별 설정 관리

위 방법은 실행 시 프로파일을 설정하므로 application.(properties ¦ yml)을 여러 개 준비하여 환경에 따라 전환하고 싶은 설정을 선택해서 관리하면, 각각의 환경별로 설정을 관리할 수 있다.

파일을 구성하는 예시는 다음과 같다.

- **공통 설정 파일**: application.(properties ¦ yml)
- **개발 환경 설정 파일**: application-development.(properties ¦ yml)
- **검증 환경 설정 파일**: application-staging.(properties ¦ yml)
- **프로덕션 환경 설정 파일**: application-production.(properties ¦ yml)

위와 같이 application-{profile}.(properties ¦ yml)의 명명 규칙으로 파일을 준비하고, 데이터베이스 접속 정보 등을 [예제 8-4]처럼 별도의 파일로 만들어 관리한다.

참고로 유효한 환경을 명시적으로 지정하지 않은 경우의 프로파일은 default가 된다.

예제 8-4 application.yml(공통 설정 파일)

```
# 공통의 설정을 정의한다.
spring:
  profiles:
    # 디폴트를 명시적으로 지정한다.
    # 개발 환경 이외는 환경 변수로 프로파일을 전환한다.
    default: development
    active: development
  messages:
    # 메시지 정의 파일의 경로를 포함해 설정한다.
    basename: messages,ValidationMessages,PropertyNames
    cache-duration: -1
    encoding: UTF-8
  thymeleaf:
# HTML5 모드는 비추천이므로 HTML 모드로 설정한다.
mode: HTML
  datasource:
    driver-class-name: com.mysql.jdbc.Driver
    hikari:
      autoCommit: false
      connectionTimeout: 30000
      idleTimeout: 30000
```

```
      maxLifetime: 1800000
      connectionTestQuery: SELECT 1
      minimumIdle: 10
      maximumPoolSize: 30
  (생략)
```

예제 8-5 application-development.yml(개발 환경 설정 파일)

```
### 개발 환경용 설정 파일
### 각 개별 환경에서 정의할 설정만 작성한다.
spring:
  profiles: development
  datasource:
    platform: mysql
    driver-class-name: com.mysql.jdbc.Driver
    url: jdbc:mysql://127.0.0.1:3306/sample?useSSL=false&characterEncoding=UTF-8
    username: root
    password: passw0rd
```

(생략)

참고로 [예제 8-6]처럼 환경 설정을 하나의 파일로 정리할 수도 있다.

예제 8-6 application.yml(파일 하나로 관리하는 예)

```
### 프로파일이 미정인 경우, 서버 주소는 192.168.1.100
server:
  address: 192.168.1.100
---
### 프로파일이 development인 경우, 서버 주소는 127.0.0.1
spring:
  profiles: development
server:
  address: 127.0.0.1
---
### 프로파일이 production인 경우, 서버 주소는 192.168.1.120
spring:
  profiles: production
server:
  address: 192.168.1.120
```

8.2 애플리케이션 서버 설정

톰캣을 비롯한 애플리케이션 서버는 몇 년 전까지 프로젝트 개발에서 필수 구성 요소였다. 그러나 최근 MSA 개발이나 컨테이너 개발이 활발해지면서 프로세스를 독립시켜 각 프로세스를 서로 연결하고, 시스템을 조립하는 방법이 사용되고 있다.

스프링 부트 애플리케이션은 이식성(또는 이동성)이 뛰어나 자바 실행 환경만 있으면 실행하는 서버에 구애받지 않는다.

여기서는 스프링 부트에서 제공하는 **내장 웹 서버**embedded web server를 배포하는 서버의 설정 방법을 소개한다.

8.2.1 실행 가능한 JAR

실행 가능한 JAR를 쉽게 만든다는 것은 앞서 언급한 스프링 부트의 뛰어난 이식성(또는 이동성)에 해당한다. 메이븐/그레이들에 다음 내용을 추가하면 빌드 시 의존관계가 있는 라이브러리를 포함한 JAR를 쉽게 만든다. 실행 가능한 JAR를 작성하면 애플리케이션이 자바 명령으로 간단히 실행되므로 컨테이너를 이용한 애플리케이션의 릴리스 문턱을 낮춘다.

예제 8-7 실행 가능한 JAR 작성을 위한 설정(메이븐)

```
<plugin>
  <groupId>org.springframework.boot</groupId>
  <artifactId>spring-boot-maven-plugin</artifactId>
</plugin>
```

예제 8-8 실행 가능한 JAR 작성을 위한 설정(그레이들)

```
bootJar {
  launchScript()
}
```

작성한 JAR는 [예제 8-9]로 실행 가능하다. 참고로 일반적인 JAR 파일처럼 `java -jar` 명령으로도 실행 가능하다.

예제 8-9 실행 가능한 JAR 실행

```
### 내부가 bash 스크립트이므로 그대로 실행 가능
$ ./application.jar
```

8.2.2 애플리케이션 서버 설정 및 릴리스

환경별 실행 스크립트를 사용해 spring.profiles.active를 읽어 들여 실행하는 방식도 나
쁘지 않지만, 실행 스크립트를 수정했다면 환경별로 프로파일을 나눈 스크립트를 배치해야 한
다. 이런 경우, 앞서 언급했던 환경에 따라 나누는 절차를 배제하고, 릴리스할 자원은 JAR 파
일만으로 운용하는 것이 좋다.

그럼 리눅스 서버에서 JAR 파일만 애플리케이션 릴리스를 운용하는 방법을 알아보자.

리눅스 서버의 공통 전제

앞서 언급한 절차대로 작성한 실행 가능한 JAR는 '실행 가능하다'는 이름처럼 bash 스크립트
로 되어 있다. [예제 8-10]처럼 디폴트의 config 파일을 로드하거나 콘솔 출력의 로깅 처리
등이 작성되어 있다.

예제 8-10 실행 가능한 JAR의 내용

```
#!/bin/bash
#  .   ____          _            __ _ _
# /\\ / ___'_ __ _ _(_)_ __  __ _ \ \ \ \
#( ( )\___ | '_ | '_| | '_ \/ _` | \ \ \ \
# \\/  ___)| |_)| | | | | || (_| |  ) ) ) )
#  '  |____| .__|_| |_|_| |_\__, | / / / /
# =========|_|==============|___/=/_/_/_/
# :: Spring Boot Startup Script ::
#
### BEGIN INIT INFO
# Provides: spring-boot-application
# Required-Start: $remote_fs $syslog $network
# Required-Stop: $remote_fs $syslog $network
# Default-Start: 2 3 4 5
# Default-Stop: 0 1 6
# Short-Description: Spring Boot Application
```

```
# Description: Spring Boot Application
# chkconfig: 2345 99 01
### END INIT INFO
[[ -n "$DEBUG" ]] && set -x
# Initialize variables that cannot be provided by a .conf file
WORKING_DIR="$(pwd)"
# shellcheck disable=SC2153
[[ -n "$JARFILE" ]] && jarfile="$JARFILE"
[[ -n "$APP_NAME" ]] && identity="$APP_NAME"
# Follow symlinks to find the real jar and detect init.d script
cd "$(dirname "$0")" || exit 1
[[ -z "$jarfile" ]] && jarfile=$(pwd)/$(basename "$0")
while [[ -L "$jarfile" ]]; do
  [[ "$jarfile" =~ init\.d ]] && init_script=$(basename "$jarfile")
  jarfile=$(readlink "$jarfile")
  cd "$(dirname "$jarfile")" || exit 1
  jarfile=$(pwd)/$(basename "$jarfile")
done
jarfolder="$( (cd "$(dirname "$jarfile")" && pwd -P) )"
cd "$WORKING_DIR" || exit 1
# Source any config file
configfile="$(basename "${jarfile%.*}.conf")"

(생략)
```

여기서는 config 파일을 로드하면서 systemd와 init.d에서 애플리케이션 서버 설정 방법을 소개한다.

systemd를 이용한 애플리케이션 서버 설정

여기서는 리눅스 7 계열에서 사용하는 systemd에서 애플리케이션 실행 설정 방법을 소개한다. AWS EC2의 주력 커널인 아마존 리눅스는 init.d만 지원했지만, 2017년 말에 릴리스된 아마존 리눅스 2[3]가 systemd를 지원하므로 init.d 사용이 줄어들었다.

다음 순서대로 systemd를 설정한다.

1 애플리케이션 루트 폴더 만들기

2 JAR 파일명.conf 파일을 생성하고, 스프링 프로파일의 설정 정의

---

3 아마존 리눅스 2 소개 **URL** *https://aws.amazon.com/ko/about-aws/whats-new/2017/12/introducing-amazon-linux-2/*

3 애플리케이션 루트 폴더에 실행 가능한 JAR 배치

4 systemd 설정 파일 생성

5 systemctl로 자동 실행 설정 등을 실시

예제 **8-11** systemd를 이용한 서버 환경 설정

```
### Oracle JDK 설치
$ rpm -ivh jdk-11.0.1_linux-x64_bin.rpm
### 애플리케이션 루트 폴더 작성
$ mkdir -p /var/sample-web-admin
### 최소한의 설정을 기재한 config 파일 작성
$ cat << EOF > /var/sample-web-admin/sample-web-admin.conf
> export JAVA_OPTS="-Dspring.profiles.active=development"
> EOF
### scp 등으로 빌드한 JAR 배치
$ scp root@build-server-hostname:~/sample-web-admin.jar /var/sample-web-admin/
### systemd의 설정 파일 작성
$ cat << EOF > /etc/systemd/system/sample-web-admin.service
> [Unit]
> Description=sample-web-admin
> After=syslog.target
>
> [Service]
> User=root
> ExecStart=/var/sample-web-admin/sample-web-admin.jar
> SuccessExitStatus=0
>
> [Install]
> WantedBy=multi-user.target
> EOF
### 자동 기능 설정
$ systemctl daemon-reload
$ systemctl enable sample-web-admin.service
### 애플리케이션 실행
$ systemctl start sample-web-admin.service
### 애플리케이션 상태 확인
$ systemctl status sample-web-admin.service
• sample-web-admin.service - root
  Loaded: loaded (/etc/systemd/system/sample-web-admin.service; enabled; vendor
  preset: disabled)
  Active: active (running) since 土 2018-03-10 09:47:58 UTC; 14s ago
Main PID: 4061 (sample-web-admi)
```

```
  CGroup: /system.slice/sample-web-admin.service
          ├─4061 /bin/bash /var/sample-web-admin/sample-web-admin.jar
          └─4078 /usr/bin/java -Dsun.misc.URLClassPath.
disableJarChecking=true -Dspring.profiles.active=development -jar /var/
sample-web-admin/sample-web-admin.jar

3월 10 09:48:10 ~~ sample-web-admin.jar[4061]: 2018-03-10 09:48:10.440 [::]
INFO 4078 --- [ main] o.s.b.w.servlet.
FilterRegistrationBean  : M apping filter: 'clearMDCFilter' to: [/*]
3월 10 09:48:10 ~~ sample-web-admin.jar[4061]: 2018-03-10 09:48:10.440 [::]
INFO 4078 --- [ main] o.s.b.w.servlet.
FilterRegistrationBean  : Mapping filter: 'forwardedHeaderFilter' to:
[/*]

(생략)
```

콘솔 로그는 journalctl(journald)를 사용하여 [예제 8-12]와 같이 참조한다.

예제 8-12 서비스를 특정하여 콘솔 출력 확인

```
$ journalctl -u sample-web-admin.service
-- Logs begin at 월 2018-03-12 01:31:11 UTC, end at 월 2018-03-12
01:37:40 UTC. --
 ~~ systemd[1]: Started sample-web-admin.
 ~~ systemd[1]: Starting sample-web-admin...
 ~~ sample-web-admin.jar[2935]: .    ____          _            __ _ _
 ~~ sample-web-admin.jar[2935]: / \\ / ___'_ __ _ _(_)_ __ __ _ \ \ \ \
 ~~ sample-web-admin.jar[2935]: ( ( )\___ | '_ | '_| | '_ \/ _` | \ \ \ \
 ~~ sample-web-admin.jar[2935]: \\/  ___)| |_)| | | | | || (_| |  ) ) ) )
 ~~ sample-web-admin.jar[2935]: '   |____| .__|_| |_|_| |_\__, | / / / /
 ~~ sample-web-admin.jar[2935]: =========|_|==============|___/=/_/_/_/
 ~~ sample-web-admin.jar[2935]: :: Spring Boot :: (v1.5.6.RELEASE)
 ~~ sample-web-admin.jar[2935]: 2018-03-12 01:37:05.336 [::] INFO 2952
--- [ main] com.sample.web.admin.Application
: Starting Application on ip-10-0-0-32.ec2.internal with PID 2952 (/var/
sample-web-admin
 ~~ sample-web-admin.jar[2935]: 2018-03-12 01:37:05.362 [::] DEBUG 2952
--- [ main] com.sample.web.admin.Application
: Running with Spring Boot v1.5.6.RELEASE, Spring v4.3.10.RELEASE

(생략)
```

설정 후 대상 서버에 빌드한 JAR를 배치하면 애플리케이션이 릴리스된다.

init.d를 이용한 애플리케이션 서버 설정

init.d에서도 동일한 설정으로 애플리케이션 실행을 설정한다. 순서는 다음과 같다.

1 애플리케이션 루트 폴더 만들기

2 JAR 파일명.conf 파일을 생성하고, 스프링 프로파일 설정 정의

3 애플리케이션 루트 폴더에 실행 가능한 JAR 배치

4 /etc/init.d/ 아래에 심볼릭 링크symbolic link 생성

5 chkconfig로 자동 시작 설정 실시

예제 8-13 init.d를 이용한 서버 환경 설정

```
### 오라클 JDK 설치
$ rpm -ivh jdk-11.0.1_linux-x64_bin.rpm
### 애플리케이션 루트 폴더 작성
$ mkdir -p /var/sample-web-admin
### 최소한의 설정을 기재한 config 파일 작성
$ cat << EOF > /var/sample-web-admin/sample-web-admin.conf
> export JAVA_OPTS="-Dspring.profiles.active=development"
> EOF
### scp 등으로 빌드한 JAR 배치
$ scp root@build-server-hostname:~/sample-web-admin.jar /var/sample-webadmin/
### init.d 아래에 Jar의 심볼릭 링크 작성
$ ln -s /var/sample-web-admin/sample-web-admin.jar /etc/init.d/
### 자동 실행 설정
$ /sbin/chkconfig --add sample-web-admin.jar
$ /sbin/chkconfig sample-web-admin.jar on
### 애플리케이션 실행
$ service sample-web-admin.jar start
### 애플리케이션 상태 확인
$ service sample-web-admin.jar status
Running [3146]
```

systemd와 마찬가지로 설정 후 대상 서버에 빌드한 JAR를 배치하면 애플리케이션이 릴리스된다. init.d로 설정한 경우, PID 파일과 콘솔 로그가 다음 위치에 작성된다.

- **PID 파일**: /var/run/<appname>/<appname>.pid
- **콘솔 로그**: /var/log/<appname>.log

8.3 애플리케이션의 상태 확인

시스템 개발에서 이용자에게 보이는 기능 개발이나 화면 디자인이 우선시되어 **SLA**^{service-level} ^{agreement} 검토가 뒷전이 되는 경우가 많다. 시스템 운용에서 시스템 문제 등 원치 않는 상황이 종종 발생하기 때문에 애플리케이션의 상태를 파악할 수 있도록 정돈하면, 서비스 가동률에 크게 도움된다.

여기서는 스프링 부트에서 애플리케이션의 상태를 확인하는 방법에 대해 소개한다.

8.3.1 스프링 부트 액추에이터

스프링 부트에는 안정적인 운용을 지원하는 강력한 기능인 **스프링 부트 액추에이터**^{Spring Boot Actuator}가 있다. 액추에이터를 활성화해 HTTP나 JMX로 애플리케이션의 상태를 확인하면 건강 체크 등의 엔드포인트를 직접 구현할 필요가 없다.

스프링 부트 액추에이터 활성화하기

액추에이터를 활성화하려면 스프링 부트 프로젝트의 스타터를 사용한다. [예제 8-14]처럼 의존관계에 spring-boot-starter-actuator를 지정한다.

예제 8-14 스프링 부트 액추에이터 이용(build.gradle)

```
compile "org.springframework.boot:spring-boot-starter-actuator"
```

[예제 8-14] 설정은 디폴트로 셧다운을 제외한 모든 엔드포인트를 활성화한다. 일부를 명시적으로 활성화하는 경우에는 [예제 8-15]와 같이 설정한다.

예제 8-15 액추에이터 엔드포인트의 명시적 활성화(application.yml)

```
# info와 health 체크만 활성화한다.
management:
  endpoints:
    enabled-by-default: false # 모두 비활성화한다.
  endpoint:
    health:
      enabled: true
```

```
info:
  enabled: true
```

8.3.2 주요 엔드포인트

여기서는 주요 엔드포인트에 대해 설명한다. 모든 엔드포인트에 대한 자세한 내용은 공식 레퍼
런스[4]를 참조하길 바란다.

빈

애플리케이션에 등록된 빈의 목록을 취득한다. curl 요청은 [예제 8-16]과 같다.

예제 8-16 curl 요청: 빈 엔드포인트

```
$ curl 'http://localhost:8080/actuator/beans' -i -X GET
```

예제 8-17 응답: 빈 엔드포인트

```
HTTP/1.1 200 OK
Content-Type: application/vnd.spring-boot.actuator.v2+json;charset=UTF-8
Content-Length: 1150

{
  "contexts" : {
    "application" : {
    "beans" : {
      "defaultServletHandlerMapping" : {
        "aliases" : [ ],
        "scope" : "singleton",
        "type" : "org.springframework.web.servlet.config.annotation.WebMvcConfigurationSup
port$EmptyHandlerMapping",
        "resource" : "org.springframework.boot.autoconfigure.web.servlet.WebMvcAutoConfigu
ration$EnableWebMvcConfiguration",
        "dependencies" : [ ]
      },
```

---

4 스프링 부트 액추에이터 웹 API 설명서 URL *https://docs.spring.io/spring-boot/docs/2.0.6.RELEASE/actuator-api/ html/*

```
    "org.springframework.boot.autoconfigure.web.servlet.DispatcherServletAutoConfigurat
ion" : {
      "aliases" : [ ],
      "scope" : "singleton",
      "type" : "org.springframework.boot.autoconfigure.web.servlet.DispatcherServletAuto
Configuration$$EnhancerBySpringCGLIB$$43c5f87b",
      "dependencies" : [ ]
    },
    "org.springframework.boot.autoconfigure.context.PropertyPlaceholderAutoConfigurati
on" : {
      "aliases" : [ ],
      "scope" : "singleton",
      "type" : "org.springframework.boot.autoconfigure.context.PropertyPlaceholderAutoCo
nfiguration$$EnhancerBySpringCGLIB$$561a15f7",
      "dependencies" : [ ]
    }
   }
  }
 }
 }
}
```

환경

애플리케이션에서 사용하는 환경 변수의 목록을 취득한다. curl 요청은 [예제 8–18]과 같다.

예제 8-18 curl 요청: 환경 엔드포인트

```
$ curl 'http://localhost:8080/actuator/env' -i -X GET
```

예제 8-19 응답: 환경 엔드포인트

```
HTTP/1.1 200 OK
Content-Type: application/vnd.spring-boot.actuator.v2+json;charset=UTF-8
Content-Length: 799

{
 "activeProfiles" : [ ],
 "propertySources" : [ {
   "name" : "systemProperties",
   "properties" : {
    "java.runtime.name" : {
```

```
     "value" : "OpenJDK Runtime Environment"
    },
    "java.vm.version" : {
     "value" : "25.141-b15"
    },
    "java.vm.vendor" : {
     "value" : "Oracle Corporation"
    }
   }
  }, {
   "name" : "systemEnvironment",
   "properties" : {
    "JAVA_HOME" : {
     "value" : "/docker-java-home",
     "origin" : "System Environment Property \"JAVA_HOME\""
    }
   }
  }, {
   "name" : "applicationConfig: [classpath:/application.properties]",
   "properties" : {
    "com.example.cache.max-size" : {
     "value" : "1000",
     "origin" : "class path resource [application.properties]:1:29"
    }
   }
  } ]
}
```

건강

애플리케이션의 건강 체크다. AutoConfiguration의 상태를 바탕으로 데이터베이스 접속과 디스크 사용량을 체크한다. curl 요청은 [예제 8-20]과 같다.

예제 8-20 curl 요청: 건강 체크

```
$ curl 'http://localhost:8080/actuator/health' -i -X GET
```

예제 8-21 응답: 건강 체크

```
HTTP/1.1 200 OK
Content-Type: application/vnd.spring-boot.actuator.v2+json;charset=UTF-8
```

```
Content-Length: 385

{
 "status" : "UP",
 "details" : {
   "diskSpaceHealthIndicator" : {
    "status" : "UP",
    "details" : {
     "total" : 78188351488,
     "free" : 41675071488,
     "threshold" : 10485760
    }
   },
   "dataSourceHealthIndicator" : {
    "status" : "UP",
    "details" : {
     "database" : "HSQL Database Engine",
     "hello" : 1
    }
   }
  }
 }
```

힙 덤프

힙 덤프 파일을 HTTP 엔드포인트에서 취득한다. curl 요청은 [예제 8-22]와 같다.

예제 8-22 curl 요청: 힙 덤프 엔드포인트

```
curl 'http://localhost:8080/actuator/heapdump' -O
```

[예제 8-22] 요청으로 HPROF[5]의 힙 덤프 파일이 출력된다.

---

5 HPROF **URL** *https://docs.oracle.com/javase/8/docs/technotes/guides/troubleshoot/tooldescr008.html*

매핑

애플리케이션의 엔드포인트와 요청 경로에 대한 매핑 정보를 출력한다. 스프링폭스 등을 도입하지 않고도 애플리케이션의 엔드포인트에 대한 자세한 정보를 취득한다. curl 요청은 [예제 8-23]과 같다.

예제 8-23 curl 요청: 매핑 엔드포인트

```
$ curl 'http://localhost:8080/actuator/mappings' -i -X GET
```

예제 8-24 응답: 매핑 엔드포인트

```
HTTP/1.1 200 OK
Content-Type: application/vnd.spring-boot.actuator.v2+json;charset=UTF-8
Transfer-Encoding: chunked
Date: Thu, 05 Apr 2018 11:46:09 GMT
Content-Length: 6505

{
 "contexts" : {
  "application" : {
   "mappings" : {
    "dispatcherServlets" : {
     "dispatcherServlet" : [ {

    (생략)

          "requestMappingConditions" : {
           "consumes" : [ ],
           "headers" : [ ],
           "methods" : [ "GET" ],
           "params" : [ ],
           "patterns" : [ "/actuator/mappings" ],
           "produces" : [ {
            "mediaType" : "application/vnd.spring-boot.actuator.v2+json",
            "negated" : false
           }, {
            "mediaType" : "application/json",
            "negated" : false
           } ]
          }
         }
```

(생략)

메트릭

애플리케이션의 현재 상태를 출력한다. curl 요청은 [예제 8-25]와 같다.

예제 8-25 curl 요청: 메트릭 엔드포인트

```
$ curl 'http://localhost:8080/actuator/metrics' -i -X GET
```

예제 8-26 응답: 메트릭 엔드포인트

```
HTTP/1.1 200 OK
Content-Disposition: inline;filename=f.txt
Content-Type: application/vnd.spring-boot.actuator.v2+json;charset=UTF-8
Content-Length: 352

{
 "mem" : 193024,
 "mem.free" : 87693,
 "processors" : 4,
 "instance.uptime" : 305027,
 "uptime" : 307077,
 "systemload.average" : 0.11,
 "heap.committed" : 193024,
 "heap.init" : 124928,
 "heap.used" : 105330,
 "heap" : 1764352,
 "threads.peak" : 22,
 "threads.daemon" : 19,
 "threads" : 22,
 "classes" : 5819,
 "classes.loaded" : 5819,
 "classes.unloaded" : 0,
 "gc.ps_scavenge.count" : 7,
 "gc.ps_scavenge.time" : 54,
 "gc.ps_marksweep.count" : 1,
 "gc.ps_marksweep.time" : 44,
 "httpsessions.max" : -1,
 "httpsessions.active" : 0,
```

```
  "counter.status.200.root" : 1,
  "gauge.response.root" : 37.0
}
```

스레드 덤프

스레드 덤프를 취득한다. curl 요청은 [예제 8–27]과 같다.

예제 8-27 curl 요청: 스레드 덤프 엔드포인트

```
$ curl 'http://localhost:8080/actuator/threaddump' -i -X GET
```

예제 8-28 응답: 스레드 덤프 엔드포인트

```
HTTP/1.1 200 OK
Content-Type: application/vnd.spring-boot.actuator.v2+json;charset=UTF-8
Content-Length: 4522

{
 "threads" : [ {
    "threadName" : "Thread-200",
    "threadId" : 543,
    "blockedTime" : -1,
    "blockedCount" : 0,
    "waitedTime" : -1,
    "waitedCount" : 1,
    "lockOwnerId" : -1,
    "inNative" : false,
    "suspended" : false,
    "threadState" : "TIMED_WAITING",
    "stackTrace" : [ {
      "methodName" : "sleep",
      "fileName" : "Thread.java",
      "lineNumber" : -2,
      "className" : "java.lang.Thread",
      "nativeMethod" : true

      (생략)
```

프로메테우스

인프라 서비스 모니터링 도구인 **프로메테우스**^{Prometheus}에 연계하는 **메트릭**^{metric}(통계 지표)을 출력하는 엔드포인트다. curl 요청은 [예제 8-29]와 같다.

예제 8-29 curl 요청: 프로메테우스 엔드포인트

```
$ curl 'http://localhost:8080/actuator/prometheus' -i -X GET
```

예제 8-30 응답: 프로메테우스 엔드포인트

```
HTTP/1.1 200
Content-Type: text/plain; version=0.0.4;charset=utf-8
Content-Length: 11980
Date: Sat, 14 Apr 2018 12:31:49 GMT

# HELP tomcat_global_sent_bytes_total
# TYPE tomcat_global_sent_bytes_total counter
tomcat_global_sent_bytes_total{name="http-nio-8080",} 158757.0
# HELP hikaricp_connections_creation_seconds_max Connection creation time
# TYPE hikaricp_connections_creation_seconds_max gauge
hikaricp_connections_creation_seconds_max{pool="HikariPool-1",} 0.0
# HELP hikaricp_connections_creation_seconds Connection creation time
# TYPE hikaricp_connections_creation_seconds summary
hikaricp_connections_creation_seconds{pool="HikariPool-1",quantile="0.95",} 0.662700032
hikaricp_connections_creation_seconds_count{pool="HikariPool-1",} 29.0 hikaricp_
connections_creation_seconds_sum{pool="HikariPool-1",} 10.638
# HELP jdbc_connections_max
# TYPE jdbc_connections_max gauge
jdbc_connections_max{name="dataSource",} 10.0
# HELP tomcat_global_error_total
# TYPE tomcat_global_error_total counter
tomcat_global_error_total{name="http-nio-8080",} 0.0
# HELP process_uptime_seconds The uptime of the Java virtual machine
# TYPE process_uptime_seconds gauge

(생략)
```

집필 시점(2018년 10월)에는 프로메테우스의 엔드포인트를 활성화하기 위해서 [예제 8-31]과 같이 설정하고, 프로메테우스 메트릭을 얻기 위한 라이브러리를 추가했다.

예제 8-31 프로메테우스 엔드포인트의 활성화(build.gradle)

```
compile "org.springframework.boot:spring-boot-starter-actuator"

// 프로메테우스 메트릭을 얻기 위한 라이브러리 추가
compile "io.micrometer:micrometer-registry-prometheus"
```

Column 프로메테우스란

프로메테우스[6]는 서버나 인프라 등의 메트릭을 얻는 OSS의 통합 모니터링 솔루션이다. 프로메테우스는 설치나 설정이 편리하고, 충분한 기능을 가지고 있기에 관리하기 쉽다.

Go 언어로 개발되고 있으며, 바이너리와 설정 파일을 준비하기만 하면 사용 가능하다. 자빅스Zabbix와 달리 데이터를 저장하는 데이터베이스를 별도로 준비할 필요도 없다. 또한 도커나 쿠버네티스 같은 컨테이너/클러스터 관리 도구의 연동 기능으로 쉽게 모니터링 대상을 설정할 수 있어 마이크로 서비스 개발을 추진하는 기업들이 프로메테우스를 많이 도입한다. 프로메테우스는 '8.4 애플리케이션 모니터링'에서 자세히 설명한다.

8.3.3 건강 체크 커스터마이즈

액추에이터의 디폴트 건강 체크도 강력하지만, 별도로 건강 체크를 커스터마이즈할 수도 있다. 건강 체크의 커스터마이즈 예제는 [예제 8-32]와 같으며, HealthIndicator 인터페이스를 구현하는 빈을 등록해서 구현한다.

예제 8-32 건강 체크 커스터마이즈

```
import org.springframework.boot.actuate.health.Health;
import org.springframework.boot.actuate.health.HealthIndicator;
import org.springframework.stereotype.Component;

@Component
public class MyHealthIndicator implements HealthIndicator {

  @Override
  public Health health() {
    int errorCode = check(); // 시스템 독자 체크 구현
```

---

6 프로메테우스 **URL** *https://prometheus.io/*

```
    if (errorCode != 0) {
      return Health.down().withDetail("Error Code", errorCode).build();
    }
    return Health.up().build();
  }
}
```

8.3.4 커스텀 애플리케이션 정보 추가하기

커스텀 애플리케이션 정보를 추가하려면 InfoContributor 인터페이스를 구현하는 빈을 등록해 구현한다. [예제 8-33]은 단일값을 반환하는 간단한 예다.

예제 8-33 커스텀 애플리케이션 정보 추가

```
import java.util.Collections;

import org.springframework.boot.actuate.info.Info;
import org.springframework.boot.actuate.info.InfoContributor;
import org.springframework.stereotype.Component;

@Component
public class ExampleInfoContributor implements InfoContributor {

  @Override
  public void contribute(Info.Builder builder) {
    builder.withDetail("example",
      Collections.singletonMap("key", "value"));
  }
}
```

빈 등록 후, info 엔드포인트를 호출한 응답은 [예제 8-34]와 같으며, 커스텀 애플리케이션 정보가 추가된다.

예제 8-34 응답

```
{
  "example": {
    "key" : "value"
  }
}
```

8.3.5 스프링 부트 액추에이터의 시큐리티 제어

액추에이터는 애플리케이션의 중요 정보를 취득하기 때문에 시스템 관리자 이외의 액세스는 차단해야 한다. 스프링 부트 2 계통에서는 /info, /health 이외의 엔드포인트는 기본으로 허가한다. 허가하지 않고 LISTEN 포트를 변경하고 접속처 IP를 제한하는 설정은 [예제 8-35]와 같다.

예제 8-35 액추에이터의 시큐리티 설정(application.yml)

```yaml
management:
  # 액추에이터의 LISTEN 포트를 변경하여 일반 사용자에게 공개하지 않는다.
  server:
    port: 18081
    # localhost의 요청만 활성화한다.
    address: 127.0.0.1
  # 모든 엔드포인트를 활성화한다.
  endpoints:
    web:
      exposure:
        include: "*" #ALL
```

스프링 시큐리티를 활성화한 경우, 디폴트로 베이식 인증을 사용한다. 액추에이터의 베이식 인증을 무효화하려면, [예제 8-36]과 같이 스프링 시큐리티 구성을 설정한다.

예제 8-36 액추에이터의 베이식 인증 무효화하기(JavaConfig)

```java
@Configuration
public class ActuatorSecurity extends WebSecurityConfigurerAdapter {

  @Override
  protected void configure(HttpSecurity http) throws Exception {

    http.authorizeRequests()
    // 액추에이터 인증을 걸지 않는다.
        .regexMatchers("^/actuator.*").permitAll();
  }
}
```

8.4 애플리케이션 모니터링

8.3절에서는 애플리케이션의 상태를 확인하는 방법을 설명했다. 시스템 운용을 위해 애플리케이션의 상태를 시각화하고 이상을 신속하게 감지해야 한다. 클라우드를 이용한 개발이 일반적 (뉴 노멀)[7]이 된 요즘에는 모니터링을 설계할 때도 클라우드에 적합한 제품을 사용해 대응할 필요가 있다.

이 절에서는 시스템 운용에 필수적인 애플리케이션 모니터링에 프로메테우스를 이용하는 방법을 설명한다.

8.4.1 프로메테우스

최근 들어 애플리케이션 모니터링 도구가 많이 등장하고 있다. 프로메테우스는 다음과 같은 장점이 있다.

- 도입하기 쉽다.
- 클라우드 네이티브 시대에 적합한 설계 구조다.
- 오픈 소스다.

참고로 프로덕션 환경의 총 운용 비용을 같이 고려해야 한다면 유상 모니터링 서비스인 매커럴 Mackerel[8]과 데이터독Datadog[9]도 검토 대상으로 살펴보길 바란다.

8.4.2 프로메테우스 도입하기

프로메테우스 설치 방법은 세 가지가 있다.

- 바이너리 다운로드
- 도커
- 소스 빌드

---

7 뉴 노멀 관련 기사 URL *https://japan.zdnet.com/article/35065424/*
8 매커럴 URL *https://mackerel.io/*
9 데이터독 URL *https://www.datadoghq.com/*

이 책에서는 바이너리 다운로드 방법에 대해 소개한다. [그림 8-1] 프로메테우스 다운로드 페이지[10]에서 파일을 다운로드하고, 압축을 풀면 설치가 완료된다.

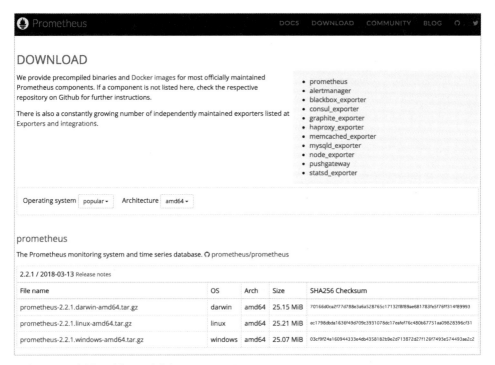

그림 8-1 프로메테우스 다운로드 페이지

[예제 8-37]처럼 몇 개의 명령만으로 도입부터 실행까지 구현한다.

예제 8-37 프로메테우스 설치(darwin)

```
### 바이너리 다운로드
$ wget https://github.com/prometheus/prometheus/releases/download/v2.2.1/
prometheus-2.2.1.darwin-amd64.tar.gz
$ tar xvfz prometheus-2.2.1.darwin-amd64.tar.gz
$ cd prometheus-2.2.1.darwin-amd64
### 설정 파일을 지정하여 실행. 디폴트 포트는 9090
$ $ ./prometheus --config.file=prometheus.yml
```

10 프로메테우스 다운로드 페이지   URL https://prometheus.io/download/

```
level=info ts=2018-04-28T09:10:05.749960456Z caller=main.go:220 msg=
"Starting Prometheus" version="(version=2.2.1, branch=HEAD, revision=
bc6058c81272a8d938c05e75607371284236aadc)"
level=info ts=2018-04-28T09:10:05.750034495Z caller=main.go:221 build_
context="(go=go1.10, user=root@149e5b3f0829, date=20180314-14:21:40)"
level=info ts=2018-04-28T09:10:05.750048557Z caller=main.go:222 host_
details=(darwin)
level=info ts=2018-04-28T09:10:05.750061207Z caller=main.go:223 fd_
limits="(soft=4864, hard=9223372036854775807)"
level=info ts=2018-04-28T09:10:05.752166847Z caller=web.go:382
component=web msg="Start listening for connections" address=0.0.0.0:9090
level=info ts=2018-04-28T09:10:05.752152587Z caller=main.go:504
msg="Starting TSDB ..."
level=info ts=2018-04-28T09:10:05.75665221Z caller=main.go:514 msg="TSDB
started"
level=info ts=2018-04-28T09:10:05.756696586Z caller=main.go:588
msg="Loading configuration file" filename=prometheus.yml
level=info ts=2018-04-28T09:10:05.757574068Z caller=main.go:491
msg="Server is ready to receive web requests."
```

그림 8-2 프로메테우스의 홈 화면

8.4.3 프로메테우스의 서비스 디스커버리

프로메테우스는 **서비스 디스커버리**service discovery 기능을 제공하며, 서비스 확장에 따라 자동으로
대상을 추가한다. 예를 들어 AWS EC2를 이용한다면 [예제 8-38]과 같이 작성해 서버의 증감
에 자동으로 대응하도록 설정한다.

예제 8-38 AWS EC2의 서비스 디스커버리 설정(prometheus.yml)

```
scrape_configs:
  - job_name: 'sample'

  # EC2 Service Discovery Config
  ec2_sd_configs:
    # region 설정
    region: <string>

    # 접속키를 설정
    # 미설정인 경우 환경변수 'AWS_ACCESS_KEY_ID'나 'AWS_SECRET_ACCESS_KEY'를 이용
    access_key: <string>
    secret_key: <secret>

    # 포트를 지정
    port: <int> ¦ default = 80
```

참고로 AWS EC2에 태그(메타데이터)를 설정한 경우, [예제 8-39]와 같이 작성해 메트릭의
취득 대상을 필터링한다.

예제 8-39 AWS EC2의 서비스 디스커버리 필터 설정(prometheus.yml)

```
relabel_configs:
  # tag의 env가 production인 것
  - source_labels: [__meta_ec2_tag_env]
    regex: production
    action: keep
```

[예제 8-39] 설정을 하면, [그림 8-3]처럼 설정된 인스턴스만 취득 대상이 된다.

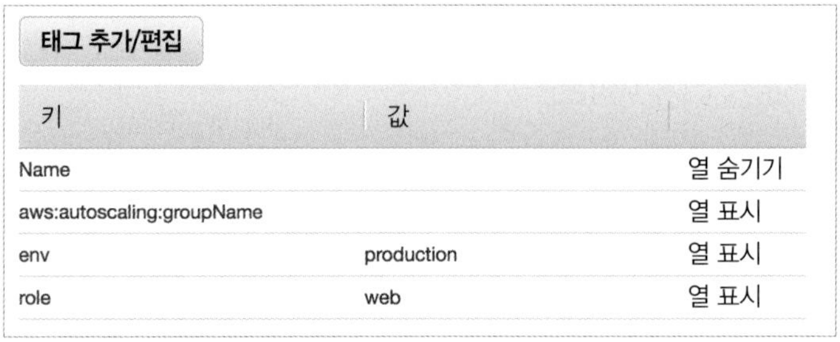

태그 추가/편집		
키	값	
Name		열 숨기기
aws:autoscaling:groupName		열 표시
env	production	열 표시
role	web	열 표시

그림 8-3 AWS EC2 태그 정보

이 책에서는 EC2의 설정 예제만 소개했지만, 쿠버네티스나 애저, 오픈 스택의 서비스 디스커버리에도 대응한다.[11]

8.4.4 스프링 애플리케이션과 연계하기

앞에서 소개했듯이 스프링 부트 2 계통의 액추에이터에서는 프로메테우스와 연계를 지원한다.

액추에이터에서 프로메테우스의 엔드포인트를 설정한 후, 프로메테우스와의 연계 설정을 [예제 8-40]과 같이 설정해 메트릭 수집을 활성화한다.

예제 8-40 액추에이터와의 연계(prometheus.yml)

```
scrape_configs:
  - job_name: 'sample-api'

  # Override the global default and scrape targets from this job every 5 seconds.
  scrape_interval: 5s

  # 액추에이터의 엔드포인트 설정
  metrics_path: /actuator/prometheus

  # management.port 설정
  static_configs:
    - targets: ['api:18080']
```

위 설정을 활성화하면, 데이터베이스에 접속하는 간단한 애플리케이션에서 30개 이상의 메트릭을 얻는다. 주요 메트릭은 [표 8-1]과 같다.

---

11 프로메테우스 구성　**URL** *https://prometheus.io/docs/prometheus/latest/configuration/configuration/*

표 8-1 프로메테우스 메트릭

카테고리	메트릭 명칭	개요
OS	system_cpu_usage	CPU 이용률
OS	system_load_average_1m	로드 애버리지
OS	process_cpu_usage	프로세스의 CPU 이용률
OS	process_files_open	프로세스의 파일 오픈 수
OS	process_files_max	프로세스의 파일 오픈 최대 수
로그	logback_events_total	로그 레벨별 출력 수
스레드	jvm_threads_live	액티브 스레드 수
스레드	jvm_threads_daemon	액티브 데몬 스레드 수
스레드	jvm_threads_peak	피크 시 액티브 스레드 수
메모리	jvm_memory_max_bytes	최대 메모리
메모리	jvm_memory_used_bytes	이용 메모리
GC	jvm_gc_pause_seconds_max	최대 GC pause 시간
GC	jvm_gc_pause_seconds_count	GC 횟수
GC	jvm_gc_pause_seconds_sum	GC pause 합계 시간
GC	jvm_gc_memory_allocated_bytes_total	JVN의 Young 영역
GC	jvm_gc_memory_promoted_bytes_total	JVM의 Old 영역
GC	jvm_gc_max_data_size_bytes	JVM의 최대 Old 영역
JDBC	jdbc_connections_max	최대 커넥션 수
JDBC	jdbc_connections_min	최소 커넥션 수
HTTP	http_server_requests_seconds_count	HTTP 요청 수
HTTP	http_server_requests_seconds_max	HTTP 최대 응답 시간
HTTP	http_server_requests_seconds_sum	HTTP 최대 응답 시간 총합

8.4.5 메트릭 시각화

프로메테우스만으로도 메트릭을 시각화할 수 있지만 **그라파나**[Grafana][12]와 연계하면 더욱더 강력하게 시각화할 수 있다.

그림 8-4 프로메테우스에서의 로드 애버리지 표시

그라파나 설치하기

그라파나는 다음과 같은 방법으로 설치한다.

1 바이너리 다운로드

2 패키지 관리자를 이용한 설치

우분투에서는 [예제 8-41]과 같이 설치한다.

예제 8-41 그라파나 설치: 바이너리 다운로드(우분투)

```
$ wget https://s3-us-west-2.amazonaws.com/grafana-releases/release/
  grafana_5.1.0_amd64.deb
$ sudo dpkg -i grafana_5.1.0_amd64.deb
```

---

12 그라파나 **URL** *https://grafana.com/*

다른 설치 방법은 공식 사이트[13]를 참조하길 바란다.

프로메테우스 연계하기

그라파나와 프로메테우스를 연계하려면 [그림 8-5]처럼 데이터 소스를 설정한다. 필요에 따라 베이식 인증 등 추가 설정을 해야 한다.

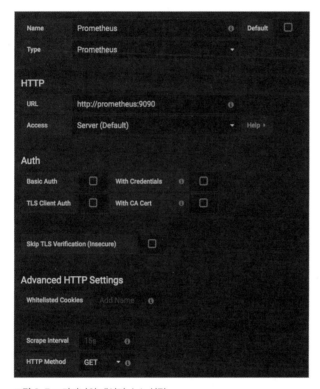

그림 8-5 그라파나의 데이터 소스 설정

메트릭의 시각화

메트릭의 시각화는 [Dashboard]를 열어 다음 절차를 실시한다.

1 패널 선택

2 메트릭 설정

13 그라파나 설치 방법 　URL　 *https://grafana.com/grafana/download/*

[그림 8–6]과 같이 [Graph] 패널을 선택한다.

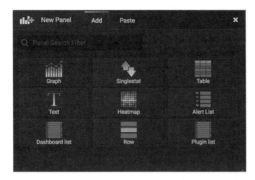

그림 8-6 Step1. 패널 선택

[Graph]를 선택한 후, 패널 상단의 [Edit]를 선택한다. [그림 8–7]과 같이 데이터 소스에 [Prometheus]를 설정하고, 액추에이터에서 수집한 메트릭을 선택한다. [그림 8–7]에서는 로드 애버리지를 선택했다.

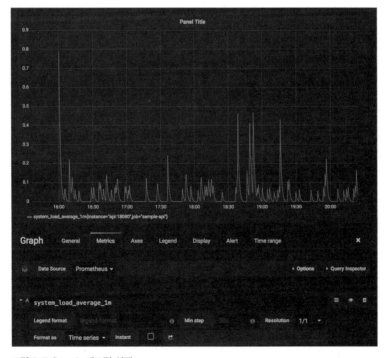

그림 8-7 Step2. 메트릭 선택

[그림 8-8]처럼 단순히 메트릭의 선택뿐만 아니라 쿼리로 필터링한 결과를 표시한다. 쿼리에 대한 자세한 내용은 공식 사이트[14]를 참조하길 바란다.

그림 8-8 로그 레벨을 warn이나 error로 필터링해서 표시

위의 작업을 필요한 수만큼 반복하고, [그림 8-9]와 같이 필요한 메트릭을 추가해 대시보드를 작성한다.

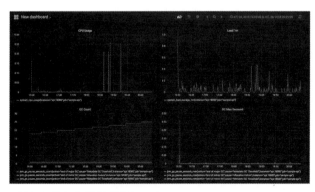

그림 8-9 여러 메트릭의 대시보드

---

14 프로메테우스 쿼리 URL *https://prometheus.io/docs/prometheus/latest/querying/basics/*

8.4.6 경고 알림

프로메테우스는 [그림 8-10]과 같이 여러 요소로 구성되어 있으며, 경고 알림도 옵션으로 있다.

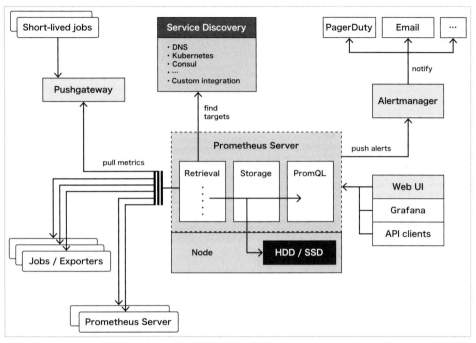

그림 8-10 프로메테우스의 아키텍처

Alertmanager 설치

경고 알림을 구현하려면 프로메테우스 본체의 푸시 알림을 처리하는 Alertmanager 설치가 필요하다. Alertmanager도 [예제 8-42]처럼 해당하는 OS의 파일을 다운로드하여 압축을 풀면 설치가 완료된다.

예제 8-42 Alertmanager 설치(darwin)

```
### 바이너리 다운로드
$ wget https://github.com/prometheus/alertmanager/releases/download/v0.15.0-rc.1/
  alertmanager-0.15.0-rc.1.darwin-amd64.tar.gz
$ tar xvfz alertmanager-0.15.0-rc.1.darwin-amd64.tar.gz
```

```
$ cd alertmanager-0.15.0-rc.1.darwin-amd64
### 설정 파일을 지정하여 실행. 디폴트 포트는 9093
$ ./alertmanager --config.file=simple.yml
level=info ts=2018-04-29T06:20:12.280912362Z caller=main.go:140
msg="Starting Alertmanager" version="(version=0.15.0-rc.1,
branch=HEAD, revision=acb111e812530bec1ac6d908bc14725793e07cf3)"
level=info ts=2018-04-29T06:20:12.280984029Z caller=main.go:141 build_
context="(go=go1.10, user=root@f278953f13ef, date=20180323-13:07:06)"
level=info ts=2018-04-29T06:20:12.292601336Z caller=cluster.go:249
component=cluster msg="Waiting for gossip to settle..." interval=2s
level=info ts=2018-04-29T06:20:12.292966618Z caller=main.go:270
msg="Loading configuration file" file=simple.yml
level=info ts=2018-04-29T06:20:12.299053623Z caller=main.go:346
msg=Listening address=:9093
level=info ts=2018-04-29T06:20:14.293107095Z caller=cluster.go:274
component=cluster msg="gossip not settled" polls=0 before=0 now=1
elapsed=2.000385893s
```

Slack 알림 설정

여기서는 Slack 알림 설정 방법을 설명한다. Alertmanager는 디폴트로 메일, 힙챗[Hipchat]과의 연계를 지원한다. 자세한 내용은 공식 사이트[15]를 참조하자.

프로메테우스와 Alertmanger 연계하기

[예제 8-43]과 같이 Alertmanager의 접속 정보와 경고 알림의 규칙을 설정하는 파일의 경로를 설정한다.

예제 8-43 Alertmanager와 연계(프로메테우스[prometheus.yml])

```
# Alertmanager 설정
alerting:
  alertmanagers:
  - static_configs:
    - targets:
      - localhost:9093

# 경고 알림의 규칙 설정 파일 경로 설정
rule_files:
```

---

15 경고 알림 **URL** *https://prometheus.io/docs/alerting/overview/*

```
  - "first_rules.yml"
```

경고 규칙 설정

[예제 8-44]와 같이 경고의 규칙을 설정한다. [예제 8-44]는 서비스를 건강 체크하는 예다.

예제 8-44 경고 규칙 설정 파일(프로메테우스[first_rules.yml])

```
groups:
- name: sample_exporter
  rules:
  - alert: 'API Server Down'
    expr: up == 0 # alert의 평가식
    for: 5m
    labels:
      severity: critical
    annotations:
      summary: "Service {{ $labels.instance }} down"
      description: "{{ $labels.instance }} has been down for more than 5 minutes."
```

Slack 연계 설정

[예제 8-45]처럼 Slack과의 연계를 설정한다. 이 파일을 Alertmanager의 실행 인수인 --config.file = slack.yml로 설정하고, Alertmanager를 실행한다.

예제 8-45 Slack 연계 설정(Alertmanager[slack.yml])

```
global:
  slack_api_url: 'https://hooks.slack.com/services/XXX/YYY/ZZZ'

# The root route on which each incoming alert enters.
route:
  group_by: ['alertname', 'cluster', 'service']

  # 경고를 모으기 위한 간격 설정
  group_wait: 30s
  group_interval: 5m
  repeat_interval: 3h

  # default receiver의 설정
```

```
      receiver: team-X-slack

  receivers:
  - name: 'team-X-slack'
    slack_configs:
    - api_url: 'https://hooks.slack.com/services/XXX/YYY/ZZZ'
    - channel: '#alert_test'
```

위 설정을 하면 Slack에 [그림 8-11]과 같은 알림이 뜬다.

AlertManager `APP` 10:23 PM
| [FIRING:1] API Server Down (localhost:18080 sample-api critical)

그림 8-11 Slack 알림

8.5 요청 추적

프로덕션 환경에서는 가용성에 대한 요구 사항을 고려한 후, 애플리케이션 서버를 이중화하는 경우가 많다. 또한 동시성을 고려하기 위해 애플리케이션 서버의 상태를 NoSQL이나 RDB에 유지시키는 **무상태성**stateless 서버 구성으로 하고, **스케일 아웃**scale out이나 **스케일 인**scale in을 고려하는 경우가 많다.

애플리케이션을 다계층(웹 서버, API 서버 등)으로 연계하는 경우, 각 계층에서 요청을 처리하는 서버가 불특정하다. 이런 경우, 사용자의 행동 이력을 추적하려면 요청을 추적하는 장치를 도입해야 한다. 여기서는 요청 추적을 위해 **엔진엑스**NGINX 사용법을 소개한다.

8.5.1 엔진엑스 추적

엔진엑스는 정적 콘텐츠 배포의 최적화나 프록시의 용도로 사용하기 위해 많이 도입한다. 엔진엑스에서 [예제 8-46]과 같이 설정하면,[16] 요청 추적 ID가 쿠키에 부여된다.

---

16 엔진엑스 userid 모듈 `URL` *http://nginx.org/en/docs/http/ngx_http_userid_module.html#userid_expires*

```
userid          on;
userid_name     uid;
userid_domain   example.com;
userid_path     /;
userid_expires  365d;
```

그림 8-12 요청 추적 ID: 엔진엑스

8.5.2 엔진엑스와 추적 ID 통합하기

앞서 미들웨어(엔진엑스)에서 요청 추적 ID를 발행하는 방법을 소개했다. 이번에는 요청 추적이 중간에 끊기지 않도록 하기 위해 엔진엑스와 요청 추적 ID를 통합하는 방법을 소개한다.

요청 추적 기능은 횡단 관심사이므로 스프링 AOP로 구현하는 것이 좋다. [예제 8-47]은 HandlerInterceptorAdapter를 확장하여 엔진엑스의 요청 추적 ID를 MDC에 추가한다.

예제 8-47 요청 추적 구현(스프링)

```java
public class RequestTrackingInterceptor extends HandlerInterceptorAdapter {

  @Override
  public boolean preHandle(HttpServletRequest request,
    HttpServletResponse response, Object handler)
   throws Exception {
   // 컨트롤러 동작 전
   getNginxTrackingId(request).ifPresent(cookie -> {
```

```java
                MDC.put(MDC_TRACKING_ID, cookie.getValue());
        });
        return true;
    }

    /**
     * 엔진엑스에서 발행한 추적 ID를 취득한다.
     *
     * @param request
     * @return
     */
    private Optional<Cookie> getNginxTrackingId(HttpServletRequest request) {
        return Arrays.stream(request.getCookies()).filter(c->REQUEST_TRACKING_ID.equals(c.
getName())).findFirst();
    }
}
```

또한 스프링 부트는 디폴트로 [예제 8-48], [예제 8-49]와 같이 설정되기 때문에 `logging.`
`pattern.level`을 [예제 8-50]처럼 커스터마이즈하여 패턴 정의를 생략한다.

예제 8-48 스프링 부트의 로그 레벨 출력 포맷

```
logging.pattern.level=%5p # Appender pattern for log level. Supported only with the
default Logback setup.
```

예제 8-49 스프링 부트의 로그 출력 패턴(defaults.xml)

```xml
<property name="CONSOLE_LOG_PATTERN"
  value="${CONSOLE_LOG_PATTERN:-%clr(%d{yyyy-MM-dd HH:mm:ss.SSS}){faint}
  %clr(${LOG_LEVEL_PATTERN:-%5p}) %clr(${PID:- }){magenta} %clr(---){faint}
  %clr([%15.15t]){faint} %clr(%-40.40logger{39}){cyan}
  %clr(:){faint} %m%n${LOG_EXCEPTION_CONVERSION_WORD:-%wEx}}"/>
<property name="FILE_LOG_PATTERN"
  value="${FILE_LOG_PATTERN:-%d{yyyy-MM-dd HH:mm:ss.SSS}
    ${LOG_LEVEL_PATTERN:-%5p} ${PID:- } --- [%t] %-40.40logger{39} :
    %m%n${LOG_EXCEPTION_CONVERSION_WORD:-%wEx}}"/>
```

예제 8-50 로그 출력 패턴 임시 커스터마이즈(application.xml)

```
logging:
  pattern:
    # MDC에 설정한 값을 추가한다.
    level: "%5p [%X{X-Track-Id}]"
```

위의 설정으로 [예제 8-51]처럼 로그 레벨의 오른쪽에 요청 추적 ID가 출력된다.

예제 8-51 로그 출력(임시 커스터마이즈: FILE_LOG_PATTERN 이용)

```
2018-04-30 14:22:49.368 INFO [rBcAAlrlyM9L4QAHAwMDAg==] 11631 ---[p503642634-1351]
o.s.doma.jdbc.UtilLoggingJdbcLogger : ～～
2018-04-30 14:22:49.366 INFO [rBcAAlrlyM9L4QAHAwMDAg==] 2438  ---[p452121674-1422]
sample.base.aop.RequestTimeInterceptor : ～～
```

엔진엑스의 로그 출력 설정을 [예제 8-52]처럼 커스터마이즈하여 요청 추적 ID를 로그 출력한다.

예제 8-52 로그 출력 커스터마이즈(nginx.conf)

```
http {
  include /etc/nginx/mime.types;
  default_type application/octet-stream;

  log_format main '$remote_addr - $remote_user [$time_local] "$request" '
                  '$status $body_bytes_sent "$http_referer" '
                  '"$http_user_agent" "$http_x_forwarded_for" "$cookie_uid"';
  # $cookie_uid를 추가하고, 요청 추적 ID를 로그 출력한다.
```

[예제 8-52]의 설정으로 엔진엑스의 로그에도 [예제 8-53]처럼 요청 추적 ID를 로그 출력하므로 엔진엑스와 스프링 부트 애플리케이션에 걸친 요청을 횡단으로 추적한다.

예제 8-53 엔진엑스 로그 출력의 예

```
172.23.0.1 - - [30/Apr/2018:14:22:49 +0000] "GET /api/staff?page=3
HTTP/1.1" 200 71 "-" "Mozilla/5.0 (Macintosh; Intel Mac OS X 10_13_4)
AppleWebKit/537.36 (KHTML, like Gecko) Chrome/65.0.3325.181
Safari/537.36" "-" "rBcAAlrlyM9L4QAHAwMDAg=="
```

여러 대로 구성된 애플리케이션을 무상태성으로 유지하길 원한다면, 각 애플리케이션 서버에 SSH 접속하여 로그를 확인하는 방법으로는 운용하기가 힘들다. 위에서 언급한 문제를 해결하기 위해서는 로그 집약 구조를 도입하는 것이 좋다.

로그 집약 솔루션에는 상업용인 스플렁크Splunk,[17] 데이터독[18]이나 OSS인 Fluentd,[19] 로그스태시Logstash[20]가 유명하다. 클라우드 벤더 서비스로 AWS에서는 아마존 클라우드워치 로그Amazon CloudWatch Logs,[21] 애저에서는 로그 애널리틱스Log Analytics[22] 등의 방법이 있다. 애플리케이션을 여러 대 운용하는 경우, 이러한 솔루션 도입도 검토해보길 바란다.

8.6 지연 시간 분석

앞에서 요청 추적에 대해 설명했다. 요청 추적이 필요한 구성에 응답 지연이 발생한 경우, 병목 지점을 파악하고 그에 대한 대응을 검토해야 한다. 또한 MSA 개발에서는 다계층, 다수의 서비스가 연계되어 있어 서비스의 어느 부분이 병목 현상을 일으키고 있는지 특정하는 구조의 도입이 필요하다.

여기서는 스프링의 에코 시스템인 **스프링 클라우드 슬루스**Spring Cloud Sleuth를 사용하여 지연 시간을 분석하는 방법에 대해 소개한다.

8.6.1 스프링 클라우드 슬루스

스프링은 스프링 클라우드 슬루스[23]를 이용해 다음 두 가지를 간단히 구현한다.

------

17 스플렁크 **URL** *https://www.splunk.com/ko_kr*
18 데이터독 **URL** *https://www.datadoghq.com/*
19 Fluentd **URL** *https://www.fluentd.org/*
20 로그스태시 **URL** *https://www.elastic.co/kr/logstash*
21 아마존 클라우드워치 로그 **URL** *https://docs.aws.amazon.com/ko_kr/AmazonCloudWatch/latest/logs/ WhatIsCloudWatchLogs.html*
22 로그 애널리틱스 **URL** *https://azure.microsoft.com/ko-kr/services/monitor/*
23 스프링 클라우드 슬루스 **URL** *https://cloud.spring.io/spring-cloud-sleuth/*

- 요청 추적
- 요청 추적 데이터 시각화

스프링 클라우드 슬루스 이용하기

스프링 클라우드 슬루스는 스프링 클라우드 프로젝트[24]에 스타터가 준비되어 있어 [예제 8-54]와 같이 `spring-cloud-starter-sleuth`를 추가한다.

예제 8-54 스프링 클라우드 슬루스 이용(build.gradle)

```
ext['cloud-sleuth.version'] = '2.0.1.RELEASE'

dependencies {
  compile "org.springframework.cloud:spring-cloud-starter-sleuth:${project.ext['cloud-sleuth.version']}"
}
```

요청 추적

스프링 클라우드 슬루스의 로그 추적을 활성화하려면, `RestTemplate`을 사용하여 서비스를 연계한다. 참고로 빈 등록된 `RestTemplate`에 `Interceptor`를 주입하여 연속적으로 서비스를 추적하기 때문에, `RestTemplate`은 반드시 빈 등록을 해야 한다. [예제 8-55]와 [예제 8-56]은 서비스를 연계하는 예제이다.

예제 8-55 프런트엔드 애플리케이션 예제(스프링 클라우드 슬루스)

```
@RestController
@RequestMapping("/api")
@SpringBootApplication
@Slf4j
public class DemoApplication {

  @Autowired
  RestTemplate restTemplate;

  public static void main(String[] args) {
    SpringApplication.run(DemoApplication.class,
```

----

24 스프링 클라우드　🔳URL🔳 *http://projects.spring.io/spring-cloud/*

```java
      "--spring.application.name=frontend-app", // 애플리케이션 이름
      "--server.port=8081",
      "--logging.pattern.level=%5p [${spring.zipkin.service.name:${spring.application.
name:-}},%X{X-B3-TraceId:-,%X{X-B3-SpanId:-}]"); // 로그 커스터마이즈 시 설정
  }

  @RequestMapping(method = RequestMethod.GET)
  public String sample() {
    log.info("frontend call!!");
    return restTemplate.getForObject("http://localhost:8080/api/backend", String.
class);
  }

  @Bean
  RestTemplate restTemplate() {
    return new RestTemplate();
  }
}
```

예제 8-56 백엔드 애플리케이션 예제(스프링 클라우드 슬루스)

```java
@RestController
@RequestMapping("/api")
@SpringBootApplication
@Slf4j
public class BackendApplication {

  public static void main(String[] args) {
   SpringApplication.run(BackendApplication.class,
      "--spring.application.name=backend-app", // 애플리케이션 이름
      "--server.port=8080",
      "--logging.pattern.level=%5p [${spring.zipkin.service.name:${spring.application.
name:-},%X{X-B3-TraceId:-},%X{X-B3-SpanId:-}]"); // 로그 커스터마이즈 시 설정
  }

  @RequestMapping(method = RequestMethod.GET, path = "backend")
  public String backend() {
    log.info("backend call!!");
    return "hello world!";
  }
}
```

위 애플리케이션의 출력 로그는 [예제 8-57], [예제 8-58]과 같다. 추적 ID는 다음 항목으로 구성된다.

- **추적 ID**: 요청 전체의 고유 ID
- **스팬 ID**: 하나의 서비스 내 고유 ID

예제 8-57 프런트엔드 애플리케이션 로그

```
2018-04-21 18:37:50.987 INFO [frontend-app,99ee1d2014228989,99ee1d2014228989]
28494 --- [nio-8081-exec-1] com.example.demo.
DemoApplication : frontend call!!
2018-04-21 18:38:02.922 INFO [frontend-app,5dfcfb957fd3bb18,5dfcfb957fd3bb18]
28494 --- [nio-8081-exec-3] com.example.demo.DemoApplication : frontend call!!
```

예제 8-58 백엔드 애플리케이션 로그

```
2018-04-21 18:37:51.141 INFO [backend-app,99ee1d2014228989,5de7fda9235aaa76]
28492 --- [nio-8080-exec-1] com.example.backend.BackendApplication : backend call!!
2018-04-21 18:38:02.926 INFO [backend-app,5dfcfb957fd3bb18,9f668c2800981c2d]
28492 --- [nio-8080-exec-3] com.example.backend.BackendApplication : backend call!!
```

`logging.pattern.level`을 지정하지 않으면 디폴트 속성이 [예제 8-59]처럼 구현되기 때문에, [예제 8-60]처럼 로그가 출력된다.

예제 8-59 로깅 디폴트 구현

```
private static final String PROPERTY_SOURCE_NAME = "defaultProperties";

@Override
public void postProcessEnvironment(ConfigurableEnvironment
environment,SpringApplication application) {
  Map<String, Object> map = new HashMap<String, Object>();
  if (Boolean.parseBoolean(environment.getProperty("spring.sleuth.enabled", "true"))) {
    map.put("logging.pattern.level",
            "%5p [${spring.zipkin.service.name:
              ${spring.application.name:-}}, // 애플리케이션 이름
            %X{X-B3-TraceId:-}, // 추적 ID
            %X{X-B3-SpanId:-}, // 스팬 ID
            %X{X-Span-Export:-}]"); // 집킨 연계 여부
  }
```

```
    addOrReplace(environment.getPropertySources(), map);
  }
```

예제 8-60 디폴트 로그

```
2018-04-21 19:26:39.586 INFO [backend-app,b9edebf2afdf827e,f81053e7350bcaee,true]
30635 --- [nio-8080-exec-1] com.example.backend.BackendApplication : backend call!!
```

8.6.2 요청 추적 데이터 시각화

다음으로 요청 추적 데이터의 시각화에 대해 설명한다. 스프링 클라우드 슬루스는 분산 환경에서 각 서비스의 호출 상황을 수집하고 시각화하는 OSS 도구인 **집킨**Zipkin[25]과 쉽게 연계 가능하다.

집킨 실행하기

집킨은 스프링 부트로 구현하며, 실행 가능한 JAR나 도커를 이용하여 실행한다. 요청 추적 데이터의 영속성, 아파치 카산드라Apache Cassandra나 일래스틱서치Elasticsearch, MySQL을 사용한다. 자세한 내용은 집킨 깃허브의 **README**[26]를 참조하길 바란다.

집킨 연계 설정

스프링 클라우드 슬루스는 집킨 연계용 스타터가 준비되어 있어 [예제 8-61]처럼 저장소를 추가하거나 의존관계를 조정한 후에 **spring-cloud-starter-zipkin**을 추가한다. 참고로 dependencies 클로저만 빼면 스프링 클라우드 슬루스 이용 방법과 동일하다.

예제 8-61 집킨 연계 설정(build.gradle)

```
ext['cloud-sleuth.version'] = '2.0.1.RELEASE'

dependencies {
  compile "org.springframework.cloud:spring-cloud-starter-zipkin:
```

---

25 집킨 URL *https://zipkin.io/*
26 집킨 깃허브 URL *https://github.com/openzipkin/zipkin*

```
${project.ext['cloud-sleuth.version']}"
  }
```

집킨과 연계하는 데 필요한 애플리케이션 설정은 [예제 8-62]와 같다.

예제 8-62 집킨 연계 설정(application.yml)

```
spring:
  # 집킨의 엔드포인트 설정
  zipkin:
    baseUrl: http://localhost:9411/
  # 디폴트 0.1 = 10%, 요청 추적을 모두 활성화하기 위해 1.0 지정
  sleuth:
    sampler:
      probability: 1.0
```

[예제 8-62]처럼 설정하면 [그림 8-13], [그림 8-14]와 같이 집킨에서 병목 현상을 확인할 수 있다.

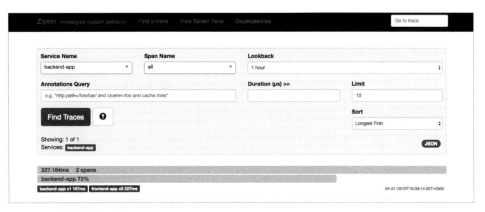

그림 8-13 집킨의 요청 요약

그림 8-14 집킨의 요청 세부 사항

8.7 무정지 배포

BtoC 서비스로 개발할 때는 서비스에 영향을 미치지 않도록 애플리케이션을 중단 없이 배포해야 한다. 특히 이용자가 많은 서비스라면 더 주의해야 한다.

여기서는 온프레미스 환경에서 애플리케이션을 중단 없이 배포하는 방법을 소개한다.

8.7.1 롤링 배포

클라우드 서비스[27]나 컨테이너 관리 서비스[28] 대부분은 **롤링 배포**rolling deployment를 표준으로 탑재한다. 위 서비스를 이용하는 방법은 공식 문서를 참조하고, 여기서는 온프레미스 환경에서의 롤링 배포 방법에 대해 소개한다. [그림 8-15] 구성에서 프록시 서버로 엔진엑스를 사용하는 것이 전제 조건이다.

---

27 AWS CodeDeploy [URL] *https://docs.aws.amazon.com/ko_kr/codedeploy/latest/userguide/welcome.html*
28 쿠버네티스 롤링 배포 [URL] *https://kubernetes.io/docs/tasks/run-application/rolling-update-replication-controller/*

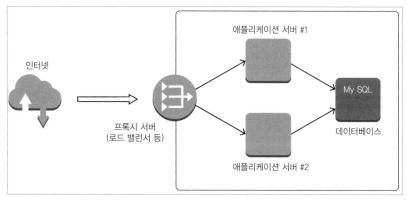

그림 8-15 롤링 배포: 일반적인 구성

8.7.2 롤링 배포 순서

애플리케이션을 중단 없이 배포하는 순서는 다음과 같다.

Step1. 애플리케이션 서버 #1에 배포하기

다음 작업 순으로 애플리케이션 서버 #1에 배포한다.

- 프록시 서버에서 애플리케이션 서버 #1로의 요청 분배를 정지한다.
- 애플리케이션 서버 #1에 새로운 애플리케이션을 배포한다.

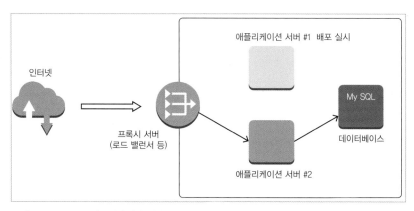

그림 8-16 Step1. 애플리케이션 서버 #1에 배포하기

Step2. 애플리케이션 서버 #1에 배포 완료

애플리케이션 서버 #1에 배치가 완료되면, 애플리케이션 서버 #1로의 요청 분배를 재개하고 정상적인 상태로 되돌린다.

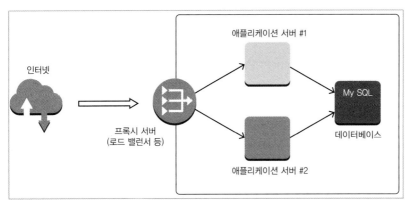

그림 8-17 Step2. 애플리케이션 서버 #1에 배포 완료

Step3. 애플리케이션 서버 #2에 배포하기

다음 작업을 실행해 애플리케이션 서버 #2에 배포한다.

- 프록시 서버에서 애플리케이션 서버 #2로의 요청 분배를 정지한다.
- 애플리케이션 서버 #2에 애플리케이션을 배포한다.

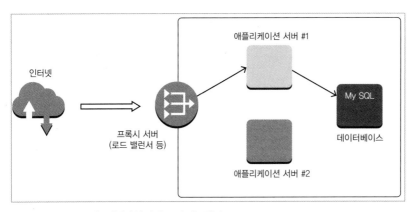

그림 8-18 Step3. 애플리케이션 서버 #2에 배포하기

Step4. 배포 완료

애플리케이션 서버 #2에 배포가 완료되면, 애플리케이션 서버 #2에 대한 요청 분배를 재개해 배포를 완료한다.

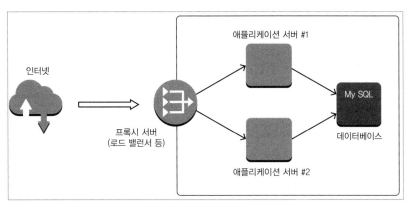

그림 8-19 Step4. 전체 배포 완료

8.7.3 롤링 배포 구현하기

엔진엑스의 프록시 설정

엔진엑스의 프록시 설정은 [예제 8-63], [예제 8-64]와 같다.

예제 8-63 엔진엑스의 프록시 설정(nginx.conf)

```
http {
  include /etc/nginx/conf.d/upstream.conf; # 프록시 설정 인클루드

  server {
    listen 80;
    server_name localhost;

    location / {
      proxy_pass http://backend;
    }
  }
}
```

예제 **8-64** 엔진엑스의 프록시 설정(upstream.conf)

```
upstream backend {
    server api1:18080 max_fails=3 fail_timeout=30s; # 애플리케이션 서버 #1로의 프록시 설정
    server api2:18080 max_fails=3 fail_timeout=30s; # 애플리케이션 서버 #2로의 프록시 설정
}
```

위의 설정만으로 로드 밸런서가 타임아웃 시간이나 최대 실패 횟수를 고려하면서 동작한다.

Step1. 애플리케이션 서버 #1에 배포하기

Step1에서 애플리케이션 서버 #1로의 분배를 정지하는 작업은 upstream.conf를 [예제 8-65]처럼 수정하고, [예제 8-66]의 명령으로 구현한다. [예제 8-65]와 같이 애플리케이션 서버 #1로의 분배 설정이 무효가 되기 때문에 명령이 실행되면 애플리케이션 서버 #1로의 분배가 중지된다.

예제 **8-65** Step1. 엔진엑스의 프록시 설정(upstream.conf)

```
# 애플리케이션 서버 #1로의 분배를 무효로 한다.
upstream backend {
    ##server api1:18080 max_fails=3 fail_timeout=30s; # 애플리케이션 서버 #1로의 프록시 설정
    server api2:18080 max_fails=3 fail_timeout=30s; # 애플리케이션 서버 #2로의 프록시 설정
}
```

예제 **8-66** 엔진엑스 명령(설정 검증 및 설정 리로드)

```
# nginx 설정 파일 체크
$ nginx -t
# nginx 설정 리로드(애플리케이션 서버 #1로의 분배 정지)
$ nginx -s reload
```

위의 작업이 완료되면, 애플리케이션 서버 #1에 실행 가능한 JAR 파일을 재배치하고, 애플리케이션을 다시 실행한다. 자세한 내용은 '8.1 환경별 설정 관리'를 참조하길 바란다.

Step3. 애플리케이션 서버 #2에 배포하기

마찬가지로 Step3에서 애플리케이션 서버 #2로의 분배 정지 작업은 upstream.conf를 [예제 8-67]과 같이 수정하고, [예제 8-68] 명령을 실행한다.

예제 8-67 Step3. 엔진엑스의 프록시 설정(upstream.conf)

```
# 애플리케이션 서버 #2로의 분배를 무효로 한다.
upstream backend {
    server api1:18080 max_fails=3 fail_timeout=30s; # 애플리케이션 서버 #1로의 프록시 설정
    ##server api2:18080 max_fails=3 fail_timeout=30s; # 애플리케이션 서버 #2로의 프록시 설정
}
```

예제 8-68 엔진엑스 명령(설정 검증 및 설정 리로드)

```
# nginx 설정 파일 체크
$ nginx -t
# nginx 설정 리로드(애플리케이션 서버 #2로의 분배 정지)
$ nginx -s reload
```

위의 작업이 완료되면, 애플리케이션 서버 #2에 실행 가능한 JAR 파일을 재배치하고, 애플리케이션을 다시 실행한다.

Step2, Step4. 배포 완료 후 작업

Step2과 Step4에서 분배를 재개하는 작업은 upstream.conf를 [예제 8-69]와 같이 수정하고, [예제 8-70]의 명령을 실행한다.

예제 8-69 엔진엑스의 프록시 설정(upstream.conf)

```
# 분배 비활성화를 해제해 양 서버로의 분배를 활성화한다.
upstream backend {
    server api1:18080 max_fails=3 fail_timeout=30s; # 애플리케이션 서버 #1로의 프록시 설정
    server api2:18080 max_fails=3 fail_timeout=30s; # 애플리케이션 서버 #2로의 프록시 설정
}
```

예제 8-70 엔진엑스 명령(설정 검증 및 설정 리로드)

```
# nginx 설정 파일 체크
$ nginx -t
# nginx 설정 리로드(애플리케이션 서버#2로의 분배 정지)
$ nginx -s reload
```

참고로 젠킨스Jenkins[29]나 앤서블Ansible[30] 등의 도구에서 위 작업을 배포 작업 절차로 정의하여 배포 작업에서 발생할 만한 실수를 방지한다.

8.7.4 보충 설명: 롤링 배포(URL기반 건강 체크)

엔진엑스가 URL 기반의 건강 체크를 지원하지 않기 때문에 설정 파일을 수정해 애플리케이션의 분배를 제어하는 방법을 소개했다. 그러나 상업용의 많은 로드 밸런서(엔진엑스 플러스도 지원 대상)는 URL 기반의 건강 체크를 지원한다. URL 기반의 건강 체크가 유효하다면 롤링 배포를 지원한다. 전제 조건은 다음과 같다.

- 앞 단에 프록시 서버를 배치하여 애플리케이션 쪽으로 프록시를 실시
- 프록시 서버에서 건강 체크의 URL 경로에 건강 체크용의 정적 HTML을 배치

다음은 롤링 배포 순서이다.

1 애플리케이션 서버 #1의 건강 체크용 정적 HTML의 이름을 변경한다.

2 애플리케이션 서버 #1로의 분배 정지를 확인한다.

3 애플리케이션 서버 #1에 애플리케이션을 배포한다.

4 애플리케이션 서버 #1의 건강 체크용의 정적 HTML의 이름을 원래의 이름으로 되돌린다.

5 애플리케이션 서버 #1로의 분배 재개를 확인한다.

6 이후, 애플리케이션 서버 #2도 동일하게 진행한다.

지금까지 설명한 방법을 참고해 프로젝트 특성에 따른 적절한 배치 방법을 검토해보자.

----

29 젠킨스 **URL** *https://jenkins.io*
30 앤서블 **URL** *https://www.ansible.com*

8.8 컨테이너 오케스트레이션 배포

7장에서 소개한 것처럼 컨테이너를 이용한 개발은 이제 상식이 되었다. 컨테이너를 배포하는 **컨테이너 오케스트레이션**^{container orchestration} 도구는 여전히 치열하게 개발 경쟁 중이지만, 쿠버네티스가 사실상 표준이라고 본다.

여기서는 7장에서 소개한 도커 컨테이너를 이용하여 컨테이너 오케스트레이션 도구인 쿠버네티스를 사용해 스프링 부트 애플리케이션을 배포하는 방법을 소개한다.

8.8.1 컨테이너 이미지 작성

도커허브에 있는 openjdk의 이미지나 실행 가능한 JAR를 사용하면, [예제 8-71]처럼 간단하게 도커파일을 만들 수 있다.

예제 8-71 스프링 부트를 이용한 도커파일

```
FROM openjdk:11.0.1
ADD demo-0.0.1-SNAPSHOT.jar demo-0.0.1-SNAPSHOT.jar
ENTRYPOINT ["java","-jar","/demo-0.0.1-SNAPSHOT.jar"]
```

컨테이너 빌드는 [예제 8-72]와 같다.

예제 8-72 도커 이미지 빌드

```
$ cd /path/to/rootProjectDir
## 실행 가능한 Jar 생성
$ ./gradlew build
## 실행 가능한 Jar를 도커파일 배치 디렉터리에 복사
$ cp build/libs/demo-0.0.1-SNAPSHOT.jar /path/to/dockerfileDir/
$ cd /path/to/dockerfileDir/
## springbootdemo라는 이름으로 컨테이너 이미지 빌드
$ docker build -t springbootdemo .
```

컨테이너 실행은 [예제 8-73]과 같다.

예제 8-73 도커 컨테이너 실행

```
$ docker run --name=springbootdemo -d -e "SPRING_PROFILES_ACTIVE=production" -p
8080:8080 springbootdemo
```

위에서 작성한 것처럼 컨테이너 단독 실행은 쉽지만, 실제 운용 환경의 워크로드를 실행하려면 최소한 다음 두 가지를 고려해야 한다.

- 컨테이너 자체의 다중화
- 환경 변수(SPRING_PROFILES_ACTIVE) 문제

각 환경별로 설정을 나누는 환경 변수(SPRING_PROFILES_ACTIVE)는 '8.2 애플리케이션 서버 설정'에서 소개한 것처럼, init.d와 systemd에 대한 리눅스 서버를 설정하고, .conf 파일을 준비하면 간단하게 해결할 수 있었다. 그러나 컨테이너에서 애플리케이션을 실행하려면 각각의 환경 설정 정보를 잘 취급해야 한다.

8.8.2 쿠버네티스

쿠버네티스 또는 k8s는 리눅스 컨테이너의 조작을 자동화하는 오픈 소스 플랫폼이다. 이를 이용하면 컨테이너화된 애플리케이션의 배포와 확장에 따른 수많은 수동 작업을 제거할 수 있다. 여기서는 쿠버네티스 자체에 대한 설명은 최소한으로 하고, 환경 변수(스프링 프로파일)의 대응에 초점을 맞춰 설명한다.

디플로이먼트

쿠버네티스에서는 **디플로이먼트**deployment[31] 구조를 이용하여, 롤링 업데이트와 롤백 등의 배포를 관리한다.

쿠버네티스 디플로이먼트는 [예제 8-74]와 같이 YAML 형식으로 설정 파일을 작성한다. env 섹션에 환경 변수를 정의하므로 [예제 8-74]와 같이 설정한 후 spring.profiles.active를

----

31 쿠버네티스 디플로이먼트　URL *https://kubernetes.io/ko/docs/concepts/workloads/controllers/deployment/*

production으로 지정해 컨테이너를 실행한다.

예제 8-74 쿠버네티스 디플로이먼트(deployment.yml)

```
apiVersion: apps/v1
kind: Deployment
metadata:
  name: springbootdemo
spec:
  selector:
    matchLabels:
      app: springbootdemo
  replicas: 2
  template:
    metadata:
      labels:
        app: springbootdemo
    spec:
      containers:
      - name: springbootdemo
        image: mirrored1976/springbootdemo
        env:
        - name: SPRING_PROFILES_ACTIVE
          value: production
        ports:
        - containerPort: 8080
```

쿠버네티스 실행은 [예제 8-75]와 같이 실행한다.

예제 8-75 디플로이먼트 예제(deployments.yml)

```
$ kubectl apply -f deployment.yml
$ kubectl get pod
NAME                             READY STATUS  RESTARTS AGE
springbootdemo-5858c97c47-2jtg6 1/1   Running 0        20m
springbootdemo-5858c97c47-qd45v 1/1   Running 0        20m
```

위의 방법으로도 환경 변수 전환은 가능하지만, 각 환경(쿠버네티스 클러스터)별로 배포 파일을 조정해야 하기 때문에 빌드 절차를 완전히 균일하게 할 수는 없다.

컨피그맵

위 문제를 해결하는 수단으로 쿠버네티스 **컨피그맵**ConfigMap[32]이라는 구조가 있다. 쿠버네티스 컨피그맵을 이용해 설정 파일이나 명령줄 인수, 환경 변수 등을 컨테이너와 분리하여 관리한다.

[예제 8-76]은 컨피그맵의 설정 파일을 설정하는 예제다.

예제 8-76 쿠버네티스 Configfile(spring-profile.yml)

```
apiVersion: v1
kind: ConfigMap
metadata:
  name: spring-config
data:
  spring.profiles.active: production
```

[예제 8-76]의 파일을 만든 후, [예제 8-77] 명령을 실행해 쿠버네티스 클러스터에 설정 정보를 등록한다.

예제 8-77 쿠버네티스 Configfile 등록(spring-profile.yml)

```
$ kubectl apply -f spring-profile.yml
configmap "spring-config" created
$ kubectl get configmaps spring-config -o yaml
apiVersion: v1
data:
  spring.profiles.active: production
kind: ConfigMap
metadata:
  annotations:
    kubectl.kubernetes.io/last-applied-configuration: ¦

(생략)
```

쿠버네티스 컨피그맵을 사용하려면 디플로이먼트의 설정 파일을 [예제 8-78]처럼 수정한다. 쿠버네티스 컨피그맵을 각 환경의 클러스터나 **네임스페이스**namespace('칼럼 : 쿠버네티스 네임스페이스' 참조)에서 개별로 관리하면 환경 의존 설정 항목이 사라진다. 따라서 [예제 8-78]처럼 배포 파일을 일괄로 관리한다.

....

32 쿠버네티스 컨피그맵과 사용법 **URL** *https://cloud.google.com/kubernetes-engine/docs/concepts/configmap/*

예제 8-78 스프링 프로파일 지정(쿠버네티스 컨피그맵 이용)

```
spec:
  containers:
  - name: springbootdemo
    image: mirrored1976/springbootdemo
    env:
      - name: SPRING_PROFILES_ACTIVE
        valueFrom:
          configMapKeyRef:
            name: spring-config
            key: spring.profiles.active
```

(생략)

Column 쿠버네티스 네임스페이스

쿠버네티스로 대표되는 컨테이너 오케스트레이션 도구는 서버 리소스를 최적화한다. 따라서 검증 환경과 프로덕션 환경 모두 동일한 클러스터에서 관리하면 자원 효율을 높일 수 있다. 쿠버네티스는 네임스페이스 개념이 있기 때문에 검증 환경과 프로덕션 환경을 동일한 클러스터에서 처리한다.

[예제 8-79]는 네임스페이스를 사용한 예시이다. 네임스페이스를 지정하지 않으면 디폴트가 설정된다.

예제 8-79 네임스페이스를 지정해 컨테이너 취득

```
$ kubectl --namespace=default get pods
NAME                          READY  STATUS   RESTARTS  AGE
springbootdemo-8464b94fdc-8t6nn 1/1   Running  0         17m
springbootdemo-8464b94fdc-tfgg5 1/1   Running  0         17m
```

쿠버네티스에서는 서비스가 컨테이너(pod) 간의 액세스를 중개하기 때문에, 아래 그림처럼 서로 다른 네임스페이스에서도 동일한 서비스명을 지정해 액세스한다. 따라서 접속처 정보를 스프링 프로파일로 분할할 필요가 없다. 또한 로그 레벨을 나눌 필요가 없다면 스프링 프로파일을 사용하지 않아도 된다.

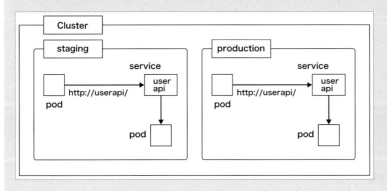

시크릿

컨피그맵은 기밀이 아니고, 암호화할 필요 없는 정보를 공유할 때 알맞은 구조다. 클러스터에서 데이터베이스의 패스워드나 API 키 같은 중요한 정보를 이용하려면, 쿠버네티스 시크릿 secret[33] 구조를 사용한다.

여기서는 [예제 8-80]처럼 설정 파일이 관리되는 경우, 애플리케이션의 설정 정보를 관리하는 방법을 소개한다.

예제 8-80 데이터베이스 설정(application.yml)

```
spring:
  datasource:
    platform: mysql
    driver-class-name: com.mysql.jdbc.Driver
    url: jdbc:mysql://127.0.0.1:3306/sample
    username: root
    password: passw0rd
```

[예제 8-80]의 설정 중에 인증 정보는 기밀 정보이기 때문에 쿠버네티스 시크릿으로 관리한다. 쿠버네티스 시크릿은 다음 순서대로 설정한다.

1 base64로 인코딩
2 쿠버네티스 시크릿 정의 파일 작성
3 쿠버네티스 시크릿 작성

예제 8-81 쿠버네티스 시크릿 설정

```
### base64로 인코딩
$ echo -n "root" | base64
cm9vdA==
$ echo -n "passw0rd" | base64
cGFzc3cwcmQ=
### 쿠버네티스 시크릿 정의 파일 작성
$ cat << EOF > secret.yaml
> apiVersion: v1
> kind: Secret
> metadata:
```

---

33 쿠버네티스 시크릿 **URL** *https://kubernetes.io/docs/concepts/configuration/secret/*

```
>     name: db-user-pass
>     type: Opaque
>     data:
> username: cm9vdA==
> password: cGFzc3cwcmQ=
> EOF
### 쿠버네티스 시크릿 작성
$ kubectl create -f ./secret.yaml
$ kubectl get secret
NAME                  TYPE             DATA       AGE
db-user-pass          Opaque           2          6s
$ kubectl describe secrets/db-user-pass
Name: db-user-pass
Namespace: default
Labels: <none>
Annotations: <none>

Type: Opaque

Data
====
password: 8 bytes
username: 4 bytes
```

예제 8-82 쿠버네티스 시크릿 설정 파일만 발췌(secret.yml)

```
apiVersion: v1
kind: Secret
metadata:
  name: db-user-pass
type: Opaque
data:
  username: cm9vdA==
  password: cGFzc3cwcmQ=
```

참고로 설정 정보는 [예제 8-83]으로 취득한다.

예제 8-83 쿠버네티스 시크릿 취득

```
$ kubectl get secret db-user-pass -o yaml
apiVersion: v1
data:
```

```
      password: cGFzc3cwcmQ=
      username: cm9vdA==
    kind: Secret
    metadata:
      creationTimestamp: 2018-03-25T08:31:24Z
      name: db-user-pass
      namespace: default
      resourceVersion: "6123"
      selfLink: /api/v1/namespaces/default/secrets/db-user-pass
      uid: e783347f-3006-11e8-9f3e-080027db7659
    type: Opaque
    $ echo "cGFzc3cwcmQ=" | base64 --decode
    passw0rd
```

쿠버네티스 시크릿을 사용할 경우, 디플로이먼트 설정 파일을 [예제 8–84]처럼 수정한다.

예제 8-84 데이터베이스 설정(쿠버네티스 시크릿 이용)

```
  spec:
    containers:
    - name: springbootdemo
      image: mirrored1976/springbootdemo
      env:
      - name: MYSQL_DB_USER
        valueFrom:
        secretKeyRef:
          name: db-user-pass
          key: username
      - name: MYSQL_DB_PASSWORD
        valueFrom:
        secretKeyRef:
          name: db-user-pass
          key: password

  (생략)
```

각 환경별 설정 정보를 환경 변수에서 읽어 들이도록 최종 설정 파일인 `application.yml`을 [예제 8–85]처럼 수정한다.

예제 8-85 데이터베이스 설정 예제(application.yml)

```yaml
spring:
  datasource:
    platform: mysql
    driver-class-name: com.mysql.jdbc.Driver
    url: jdbc:mysql://${MYSQL_DB_HOST}:${MYSQL_DB_PORT}/sample
    username: ${MYSQL_DB_USER}
    password: ${MYSQL_DB_PASSWORD}
```

시스템 아키텍처 구성

아무리 애플리케이션 코드가 우수하더라도 시스템 아키텍처 설계가 부적합하면 서비스를 안정적으로 제공할 수 없다. 9장에서는 스프링 부트로 만든 애플리케이션을 중심으로 프로덕션 환경의 시스템 아키텍처 구성을 알아본다.

9.1 시스템 아키텍처 고찰

스프링 부트로 작성해 데이터베이스를 사용하는 애플리케이션이라면, 하나의 가상 서버에 애플리케이션과 데이터베이스를 구축해 최소한의 구성으로 서비스를 제공할 수 있다. 클라우드 네이티브가 기본 상식이 된 지금, 클라우드 벤더가 제공하는 매니지드 서비스의 특성을 이해하여 적절하게 아키텍처를 설계해야 한다.

이 장에서는 AWS를 이용한 시스템 아키텍처를 살펴본다.

9.1.1 시스템 요구 사항

다음 시스템 요구 사항을 전제로 진행한다.

- **가용성**: 가동률 99.9% 이상이 목표일 것
- **확장성**: 처리량이 증가할 때 자원을 쉽게 추가해 서비스가 저하되지 않도록 할 것

- **완전성**: 데이터 조작 시 ACID(원자성atomicity, 일관성consistency, 고립성isolation, 지속성durability)를 보증하여 데이터의 안정성을 보장할 것

9.1.2 시스템 요구 사항 검토

제시된 요구 사항을 바탕으로 각 항목에 대해 검토해보자.

가용성

일반적으로 시스템 구축에서는 SLA 즉, 서비스 제공 사업자와 이용자 사이에 체결된 서비스 수준이 명시된다. 서비스 품질이 SLA 보증값을 크게 밑돌 경우에는 패널티를 부과할 수도 있다. SLA에 가용성 99.9%가 명시되어 있다면, 연간 9시간 미만, 월간 44분 이하로만 정지하는 시스템을 구축해야 한다.

확장성

시스템 구축에서는 서비스 특성에 따라 시스템에 부하가 분산되거나, 돌발적으로 고부하가 발생한다. 위에서 언급했듯이 시스템 리소스가 시스템 부하에 따라 스케일 아웃이나 스케일 인하도록 설계하는 것이 바람직하다. 온프레미스에서는 돌발적인 고부하에 맞춰 시스템 리소스를 조달하는 경우가 많지만, 그런 경우에는 유휴 리소스가 발생하므로 비효율적이다.

완전성

시스템 구축에서 시스템의 상태를 RDB 같은 데이터 저장소에 보관하는 것이 일반적이다. 시스템에 보관한 정보 자산이 정당한 권한이 없는 사람에 의해 변경되지 않도록 안전이 확실히 보장되는 설계를 해야 한다. 또한 데이터의 손실을 막는 대책도 필요하다.

비용

8장에서 설명했듯이, 운용 비용은 시스템 개발의 전체 비용 중 3/4 이상을 차지한다. 비용면에서는 다음 두 가지를 종합적으로 고려하여 시스템 아키텍처를 설계해야 한다.

- 시스템 리소스의 운용 비용(하드웨어 비용이나 라이센스 비용 등)
- 시스템 운용 비용(인건비 등)

비용은 운용에서 중요한 항목이므로 요구 사항에 명시되어 있지 않더라도 반드시 검토하자.

9.2 시스템 아키텍처 구성안

이 책에서 사용하는 구성안은 [그림 9-1]과 같다.

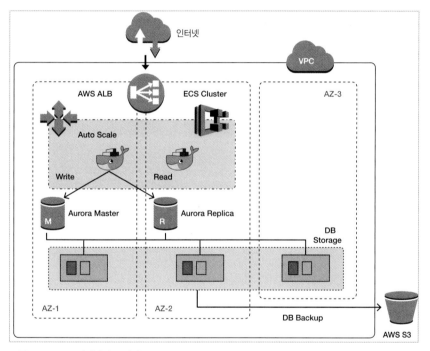

그림 9-1 AWS 아키텍처 구성안

| Column | AWS EKS에 대해서 |

쿠버네티스 기반의 아마존 EKS[1]가 2018년 12월 19일부터 도쿄 리전region을 지원하기 시작했다. 쿠버네티스는 사실상 컨테이너 관리의 표준이 되고 있으므로 아마존 EKS 또한 하나의 대안이 될 수 있다.

---

1 Amazon EKS **URL** *https://aws.amazon.com/ko/eks/*

9.2.1 구성 요소 리스트

AWS 아키텍처 구성안의 주요 구성 요소는 [표 9-1]과 같다. VPC 관련 자세한 네트워크 구성
요소는 이 책에서 생략한다. 구성 요소의 자세한 내용은 '9.3 구축 튜토리얼'의 정의 파일을 참
조하길 바란다.

표 9-1 AWS 아키텍처 구성 요소 리스트

용도	약칭	개요
프록시	ALB[2]	컨테이너에 요청을 프록시
애플리케이션	AWS 파게이트[3]	서버나 클러스터 관리가 불필요한 컨테이너 기반
데이터 스토어	오로라Aurora[4]	고가용성, 고성능인 클라우드용으로 구축된 데이터베이스
백업	S3[5]	확장성과 내구성(99.999999999%의 내구성)을 겸비한 클라우드 저장소
내장애성	가용 영역[6]	전원, 로케이션이 다른 데이터 센터군
네트워크	VPC[7]	가상 네트워크로 정의된 AWS 리소스 실행

9.2.2 가용성

ALBApplication Load Balancer(애플리케이션 로드 밸런서)와 파게이트 조합은 정상적인 대상으로부
터만 트래픽을 수신한다. 또한 전원이나 로케이션이 다른 데이터 센터군(가용 영역) 사이에서
자동으로 트래픽을 분산해 애플리케이션 내장애성을 구현한다.

데이터 저장소로 사용하는 **오로라**의 가용성은 99.99%를 웃돌며, 세 개의 가용 영역 사이에 여
섯 개의 데이터 복사본을 작성한다. 일레븐 나인(99.999999999%)의 내구성을 지닌 저장소
S3에 자동으로 백업이 생성된다. 또한 저장소에서 물리적 장애가 발생하면 자동으로 페일오버
failover(보통 30초 이내에 복구)를 실시한다.

....

2 애플리케이션 로드 밸런서 **URL** *https://docs.aws.amazon.com/ko_kr/elasticloadbalancing/latest/application/
  introduction.html*

3 AWS 파게이트 **URL** *https://aws.amazon.com/ko/fargate/*

4 아마존 오로라 **URL** *https://aws.amazon.com/ko/rds/aurora/*

5 아마존 S3 **URL** *https://aws.amazon.com/ko/s3/*

6 리전과 가용 영역 **URL** *https://docs.aws.amazon.com/ko_kr/AWSEC2/latest/UserGuide/using-regions-
  availability-zones.html*

7 아마존 VPC **URL** *https://docs.aws.amazon.com/ko_kr/AmazonVPC/latest/UserGuide/VPC_Introduction.html*

9.2.3 확장성

ALB는 특별히 설정하지 않아도 네트워크 트래픽의 증감에 자동으로 반응한다. 파게이트에서는 **자동 확장**Auto Scaling을 설정하여 트래픽의 증감에 맞춰 스케일 아웃, 스케일 인을 실시한다.

오로라는 데이터 저장소 용량을 64테라바이트까지 자동으로 확장한다. 또한 읽기 성능에 대해서는 읽기 전용 복제본read replica 추가로, 쓰기 성능에 대해서는 인스턴스 크기 변경으로 대응한다. 읽기 전용 복제본 추가나 인스턴스 크기 변경은 몇 번의 클릭만으로 대응할 수 있다.

9.2.4 비용

여기서는 AWS가 관리하는 서비스(AWS 관리 서비스)[8]를 사용해 운용 비용을 절감한다. 또한 ALB는 트래픽양에 대한 과금이므로 시스템 사용 비용에 불필요한 비용이 발생하지 않는다. 파게이트는 스케일 인 설정으로 유휴 리소스를 없애며, 가상 서버 관리에서 벗어날 수 있으므로 애플리케이션 구축과 운용에 주력할 수 있다. 오로라는 공유 저장소 구성이나 대기형 서버 구성에 따라 리소스를 효율적으로 취급하며, 라이선스 비용이 들지 않기 때문에 다른 데이터베이스보다 비용 효율이 높다.

9.3 구축 튜토리얼

다음으로 스프링 부트로 만든 애플리케이션을 AWS 아키텍처 구성에 적용하고, 구축하는 방법을 알아보자.

9.3.1 IaC

AWS를 비롯한 클라우드 서비스는 절차적으로 GUI나 CUI를 사용해 인프라나 관리 서비스를 구축한다. 그러나 이 방법은 인프라의 구성 변경 이력이나 팀 구성원에 대한 시스템 구축 절차의 공유도 별도로 작성해야 하기 때문에 결국 문서에 의존하게 된다.

---

8 AWS 관리 서비스 [URL] *https://aws.amazon.com/ko/managed-services/*

따라서 인프라 구축 절차를 코드로 작성해 버전 관리 도구로 관리하면 문서에 의존하는 문제를 완화할 수 있다.

인프라 구축 절차를 코드로 관리한 후, AWS 같은 클라우드 서비스를 이용하면 프로덕션 환경과 동등하게 구성을 복제하여 바로 구축하므로 프로덕션 환경과 같은 환경에서 테스트할 수 있고, **블루 그린 배포**blue-green deployment에도 대응할 수 있다. 만들어진 환경은 즉시 파기하므로 추가 비용 발생이 최소화된다.

9.3.2 테라폼

이 책에서는 인프라 구축에 **테라폼**Terraform[9]을 사용한다. 테라폼은 해시코프HashiCorp[10]의 오픈 소스이며, 선언적이고 가독성이 높은 설정 파일로 인프라를 코딩해 팀 개발을 원활하게 진행한다.

다음 순서대로 인프라를 구축한다.

1 네트워크 구축

2 데이터베이스 구축

3 컨테이너 이미지의 레지스트리 등록

4 컨테이너 설정

5 애플리케이션 배포

여기서 사용하는 소스 코드는 예제 프로젝트의 **feature/deploy_aws** 브랜치[11]를 참조하길 바란다.

[예제 9-1], [예제 9-2], [예제 9-3]은 테라폼의 주요 명령이다.

예제 9-1 설정 검증(Dry run)

```
$ terraform plan
```

---

9 테라폼 URL *https://www.terraform.io/*

10 해시코프 URL *https://www.hashicorp.com*

11 예제 프로젝트 URL *https://github.com/miyabayt/spring-boot-doma2-sample/tree/feature/deploy_aws*

예제 9-2 프로비저닝 실행

```
$ terraform apply
```

예제 9-3 환경 파기

```
$ terraform destroy
```

테라폼은 내부에서 AWS CLI를 사용하므로 AWS 인증 정보(비밀 키/액세스 키)와 AWS 계정 ID(12자리 숫자)[12]를 설정 파일에 작성해야 한다.

예제 9-4 AWS 인증 정보 준비

```
$ cd /path/to/provisioning/home/
$ cat terraform.tfvars
access_key="[액세스 키 작성]"
secret_key="[비밀 키 작성]"
aws_id="[AWS 계정 ID 작성]"
```

이 책에서 사용하는 테라폼 버전은 [예제 9-5]와 같다.

예제 9-5 테라폼 버전

```
$ terraform -v
Terraform v0.11.7
+ provider.aws v1.16.0
+ provider.template v1.0.0
```

Step1. 네트워크 구축

먼저 애플리케이션을 배포하는 데 필요한 네트워크 인프라를 작성한다. 네트워크 구축에 작성하는 주요 리소스는 [그림 9-2]와 같다.

---

12 AWS 계정 ID 및 별칭 **URL** *https://docs.aws.amazon.com/ko_kr/IAM/latest/UserGuide/console_account-alias.html*

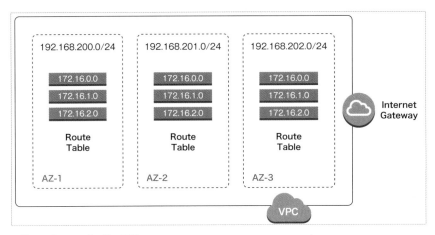

그림 9-2 Step1. 네트워크 구축

네트워크 구축에서는 다음 세 가지 정의 파일을 준비한다. 여기서는 가독성을 위해 설정 파일을 분할해서 정의한다.

- 구축에 사용할 변수 파일(02_variable.tf)
- 네트워크 정의 파일(03_vpc.tf)
- 방화벽 정의 파일(04_firewall.tf)

[예제 9-6]에서는 구축에 사용할 변수를 정의한다.

예제 9-6 변수 정의(02_variable.tf)

```
### ※※※ 설정을 발췌하여 작성 ※※※
######################
# 구축에 사용할 변수 정의하기
######################

# 미정의한 것은 실행 시 설정
variable "access_key" {}
variable "secret_key" {}
variable "aws_id" {}

### 디폴트값 정의
# 인수로 덮어 쓰기 가능
variable "app_name" {
  default = "springboot-fargate-sample"
```

```
}

variable "region" {
  default = "us-east-1"
}

variable "az1" {
  default = "us-east-1a"
}

variable "root_segment" {
  default = "192.168.0.0/16"
}

variable "public_segment1" {
  default = "192.168.200.0/24"
}

# 예제이므로 자신의 IP 주소로 필터
variable "myip" {
  default = "xxx.xxx.xxx.xxx/32"
}
```

[예제 9-7]에서 네트워크의 큰 틀인 VPC, 서브넷, 라우팅을 정의한다.

예제 9-7 네트워크 정의(03_vpc.tf)

```
### ∗∗∗ 설정을 발췌하여 작성 ∗∗∗
### VPC Settings
resource "aws_vpc" "vpc" {
  cidr_block = "${var.root_segment}"
  tags {
    Name = "${var.app_name} vpc" # var. 변수로 변수 이용
    Group = "${var.app_name}"
  }
}

### Internet Gateway Settings
resource "aws_internet_gateway" "igw" {
  vpc_id = "${aws_vpc.vpc.id}"
  tags {
    Name = "${var.app_name} igw"
    Group = "${var.app_name}"
```

```
    }
  }

### Public Subnets Settings
resource "aws_subnet" "public-subnet1" {
  vpc_id = "${aws_vpc.vpc.id}"
  cidr_block = "${var.public_segment1}"
  availability_zone = "${var.az1}"
  map_public_ip_on_launch = true
  tags {
    Name = "${var.app_name} public-subnet1"
    Group = "${var.app_name}"
  }
}

### Routes Table Settings
# → InterNet GateWay를 연결해 인터넷에 접속한다.
resource "aws_route_table" "public-root-table" {
  vpc_id = "${aws_vpc.vpc.id}"
  route {
    cidr_block = "0.0.0.0/0"
    gateway_id = "${aws_internet_gateway.igw.id}"
  }
  tags {
    Name = "${var.app_name} public-root-table"
    Group = "${var.app_name}"
  }
}

resource "aws_route_table_association" "public-rta1" {
  subnet_id = "${aws_subnet.public-subnet1.id}"
  route_table_id = "${aws_route_table.public-root-table.id}"
}
```

계속해서 [예제 9-8]과 같이 방화벽을 정의한다. 여기서는 입력 주소를 자신의 IP 주소로 한정했지만, 서비스를 프로덕션 환경에 공개할 때는 공개할 포트를 지정하고 전체 공개("0.0.0.0/0")로 설정한다. 프라이빗 방화벽은 내부 통신을 위해 준비한다.

예제 9-8 방화벽 정의(`04_firewall.tf`)

```
### ※※※ 설정을 발췌하여 작성 ※※※
resource "aws_security_group" "public_firewall" {
  name = "${var.app_name} public-firewall"
  vpc_id = "${aws_vpc.vpc.id}"
  ingress {
    from_port = 0
    to_port = 0
    protocol = "-1"
    cidr_blocks = ["${var.root_segment}"]
  }
  ingress {
    from_port = 0
    to_port = 0
    protocol = "-1"
    cidr_blocks = ["${var.myip}"]
  }
  egress {
    from_port= 0
    to_port = 0
    protocol = "-1"
    cidr_blocks = ["0.0.0.0/0"]
  }
  tags {
    Name = "${var.app_name} public-firewall"
    Group = "${var.app_name}"
  }
  description = "${var.app_name} public-firewall"
}

resource "aws_security_group" "private_firewall" {
  name = "${var.app_name} private-firewall"
  vpc_id = "${aws_vpc.vpc.id}"
  ingress {
    from_port = 0
    to_port = 0
    protocol = "-1"
    cidr_blocks = ["${var.root_segment}"]
  }
  egress {
    from_port = 0
    to_port = 0
    protocol = "-1"
```

```
      cidr_blocks = ["0.0.0.0/0"]
    }
    tags {
      Name = "${var.app_name} private-firewall"
      Group = "${var.app_name}"
    }
    description = "${var.app_name} private-firewall"
  }
```

위와 같이 정의한 후, [예제 9-9] 명령을 실행하면 네트워크 스택이 생성된다.

예제 9-9 Step1. 프로비저닝

```
$ cd /path/to/provisioning/step1_vpc_setting
$ terraform plan
$ terraform apply

(생략)

aws_route_table_association.public-rta2: Creation complete after 1s
                                        (ID: rtbassoc-9831xxxx)
aws_route_table_association.public-rta3: Creation complete after 1s
                                        (ID:rtbassoc-4301xxxx)
aws_route_table_association.public-rta1: Creation complete after 1s
                                        (ID:rtbassoc-ab37xxxx)

Apply complete! Resources: 11 added, 0 changed, 0 destroyed.
```

명령 실행 후, 관리 콘솔로 로그인하면 [그림 9-3]과 같은 리소스가 생성된다.

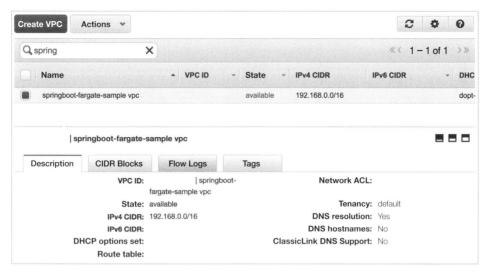

그림 9-3 Step1. 프로비저닝 후

Step2. 데이터베이스 구축

다음으로 애플리케이션 상태 유지를 위한 데이터베이스를 작성한다. Step1의 네트워크 안에 [그림 9-4]와 같은 데이터베이스를 구축한다.

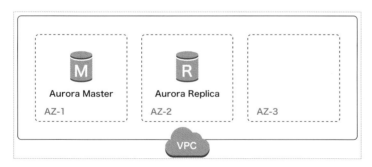

그림 9-4 Step2. 데이터베이스 구축

데이터베이스 구축을 위해 다음 두 가지 정의 파일을 준비한다.

- 구축에 사용할 변수 파일(02_variable.tf)
- 데이터베이스 설정 파일(03_aurora.tf)

[예제 9-10]에서 사용할 변수를 정의한다. 생성된 스택의 리소스 ID는 data 선언을 이용해 동적으로 취득한다.

예제 9-10 변수 정의(02_variable.tf)

```
(이전 부분 생략, ※Step1과 동일하게 작성한다.)
### ※※※ 설정을 발췌해서 작성 ※※※
### data 선언으로 Step1에서 작성한 리소스 취득
# -> 리소스의 태그로 필터링한다.

# get vpc id
data "aws_vpc" "selected" {
  filter {
    name = "tag-value"
    values = ["*${var.app_name}*"]
  }
}

# get subnet id
data "aws_subnet" "public_1" {
  filter {
    name = "tag-value"
    values = ["*${var.app_name}*public-subnet1*"]
  }
}

# get security group id
data "aws_security_group" "private" {
  filter {
    name = "tag-value"
    values = ["*${var.app_name}*private-firewall*"]
  }
}
```

다음으로 [예제 9-11]과 같이 데이터베이스 설정을 정의한다. aws_db_subnet_group에서는 네트워크 설정을 정의하고, aws_rds_cluster_parameter_group에서는 MySQL의 설정 (my.cnf)을 정의해 오로라 클러스터에 적용한다.

예제 9-11 데이터베이스 정의(03_aurora.tf)

```
### ※※※ 설정을 발췌하여 작성 ※※※
### 배치할 서브넷 설정
resource "aws_db_subnet_group" "aurora_subnet_group" {
 name = "${var.app_name}-aurora-db-subnet-group"
  subnet_ids = [
   "${data.aws_subnet.public_1.id}", "${data.aws_subnet.public_2.id}"
    ,"${data.aws_subnet.public_3.id}"
  ]
}

### 한국어를 사용하므로 문자 코드를 utf8로 설정한다.
# → my.cnf에 설정할 항목을 설정한다.
resource "aws_rds_cluster_parameter_group" "default" {
 name = "rds-cluster-pg"
 family = "aurora5.6"

 parameter {
  name = "character_set_server"
  value = "utf8"
 }

 parameter {
  name = "character_set_client"
  value = "utf8"
 }
}

resource "aws_rds_cluster" "default" {
 cluster_identifier = "${var.app_name}-aurora-cluster"
 availability_zones = ["${var.az1}", "${var.az2}", "${var.az3}"] # AZ를 3개 사용한다.
 db_subnet_group_name = "${aws_db_subnet_group.aurora_subnet_group.name}"
 vpc_security_group_ids = ["${data.aws_security_group.private.id}"]
 db_cluster_parameter_group_name
    = "${aws_rds_cluster_parameter_group.default.name}"
 database_name = "sample"
 master_username = "root"
 master_password = "passw0rd"
 final_snapshot_identifier = "${var.app_name}-aurora-cluster-final"
 skip_final_snapshot = true
}

resource "aws_rds_cluster_instance" "cluster_instances" {
```

```
# 읽기 전용 복제본을 늘리기 위해 숫자를 조정한다.
count = 2
identifier = " ${var.app_name}-aurora-cluster-${count.index}"
cluster_identifier = "${aws_rds_cluster.default.id}"
db_subnet_group_name = "${aws_db_subnet_group.aurora_subnet_group.name}"
instance_class = "${var.db_instance_type}"
performance_insights_enabled = true
}
```

위의 설정 후, [예제 9-12] 명령을 실행하면 데이터베이스 스택이 생성된다.

예제 9-12 Step2. 프로비저닝

```
$ cd /path/to/provisioning/step2_aurora_setting
$ terraform plan
$ terraform apply

(생략)

aws_rds_cluster_instance.cluster_instances[1]: Creation complete after 11m36s
(ID: springboot-fargate-sample-aurora-cluster-1)

Apply complete! Resources: 5 added, 0 changed, 0 destroyed.
```

명령 실행 후, 관리 콘솔에 로그인하면 [그림 9-5]처럼 오로라 클러스터가 생성된다. 굵은 선 안에 있는 클러스터 엔드포인트가 데이터베이스의 접속 정보이므로 값을 기록해두자.

RDS > Cluster > springboot-fargate-sample-aurora-cluster

springboot-fargate-sample-aurora-cluster

Details

Setup

ARN

DB cluster
springboot-fargate-sample-aurora-cluster (available)

DB cluster role
MASTER

Cluster endpoint
springboot-fargate-sample-aurora-cluster   .us-east-1.rds.amazonaws.com

Backup

Automated backups
Enabled (1 Day)

Earliest restorable time
Wed May 02 16:04:29 GMT+900 2018

Latest restore time
Wed May 02 16:17:49 GMT+900 2018

Backup window
07:01-07:31 UTC (GMT)

Maintenance window
sun:08:19-sun:08:49 UTC (GMT)

그림 9-5 Step2. 프로비저닝 후

Step3. 컨테이너 이미지의 레지스트리 등록

계속해서 애플리케이션 배포에 사용하는 컨테이너 이미지를 도커 레지스트리에 등록한다. [예제 9-13] 명령으로 컨테이너 이미지를 레지스트리에 등록한다. [예제 9-13]에서는 도커허브의 공개 레지스트리에 푸시하지만, 실제 프로덕션 환경에서 서비스를 구축할 때는 **아마존 ECR**Elastic Container Registry**13** 등 프라이빗 레지스트리에 등록하길 바란다.

----
13 아마존 ECR **URL** *https://aws.amazon.com/ko/ecr/*

예제 9-13 Step3. 컨테이너 이미지의 레지스트리 등록

```
$ cd /path/to/appRoot/
### 빌드
$ ./gradlew :sample-web-admin:build -x test
### 빌드한 Jar 파일을 도커파일의 루트 디렉터리에 배치
$ cp sample-web-admin/build/libs/sample-web-admin.jar docker/app/ \
   && cd docker/app/
### 컨테이너 빌드
$ docker build -t springboot-farget-sample .
### 푸시용으로 태그 부여
$ docker tag springboot-farget-sample mirrored1976/springboot-fargetsample
### 도커허브에 푸시
$ docker login
$ docker push mirrored1976/springboot-farget-sample
```

참고로 도커파일은 [예제 9-14]처럼 구성이 간단하다.

예제 9-14 도커파일

```
FROM openjdk:11.0.1

ADD sample-web-admin.jar /
EXPOSE 18081
CMD ["java","-jar","/sample-web-admin.jar"]
```

Step4. 컨테이너 설정

아마존 ECS Elastic Container Service에서 도커 컨테이너를 실행하려면, 컨테이너 이미지를 토대로 작업을 정의[14]해야 한다. 그리고 Step2에서 작성한 데이터베이스 접속 정보나 스프링 프로파일을 컨테이너에 넘겨야 한다.

이러한 이유로 아마존 ECS 작업 정의 파일을 [예제 9-15]와 같이 정의한다. 작업 정의 파일에는 이용할 이미지와 CPU, 메모리 등 리소스 정보를 설정한다. environment에서 스프링 프로파일과 데이터베이스 접속 정보를 컨테이너에 환경 변수로 전달한다.

----

14 아마존 ECS 작업 정의 **URL** *https://docs.aws.amazon.com/ko_kr/AmazonECS/latest/developerguide/task_definitions.html*

예제 9-15 아마존 ECS 작업 정의 파일

```
[
  {
    "name": "springboot",
    "image": "mirrored1976/springboot-farget-sample",
    "cpu": 512,
    "memory": 1024,
    "essential": true,
    "network_mode": "awsvpc",
    "portMappings": [
      {
        "containerPort": 18081
      }
    ],
    "environment" : [
      { "name" : "SPRING_PROFILES_ACTIVE", "value" : "production" },
      { "name" : "MYSQL_DB_HOST", "value" :
        "springboot-fargate-sample-aurora-cluster.cluster-xxxxxxxx.useast-1.rds.
amazonaws.com"
      }
    ],
    "logConfiguration": {
      "logDriver": "awslogs",
      "options": {
        "awslogs-group": "awslogs-${app_name}-log",
        "awslogs-region": "${aws_region}",
        "awslogs-stream-prefix": "awslogs-${app_name}-springboot"
      }
    }
  }
]
```

Column | AWS ECS에서 기밀 정보 관리하기

8장에서는 쿠버네티스에서 시스템의 기밀 정보를 관리하는 방법을 소개했다. AWS ECS에서도 기밀 정보를 관리하는 메커니즘을 제공하며, **IAM 권한**이나 **시스템 매니저 파라미터 스토어**Systems Manager Parameter Store를 사용하여 기밀 정보를 관리한다. 자세한 내용은 공식 사이트[15]를 참조하길 바란다.

---

15 AWS 시스템 매니저 파라미터 스토어 **URL** *https://docs.aws.amazon.com/ko_kr/systems-manager/latest/
userguide/systemsmanager-paramstore.html*

9장 시스템 아키텍처 구성 **315**

Step5. 애플리케이션 배포

여기까지 설정을 완료한 후 애플리케이션을 배포한다. 애플리케이션 배포는 Step4까지의 작업을 모두 이용한다.

애플리케이션 배포를 위해 다음 다섯 가지 정의 파일을 준비한다.

- ECS 클러스터 정의 파일(05_cluster.tf)
- ECS 작업 정의 파일(06_task.tf)
- ALB 정의 파일(07_alb.tf)
- ECS 서비스 정의 파일(08_service.tf)
- ECS 서비스 자동 확장 정의 파일(09_autoscale.tf)

[예제 9-16]처럼 컨테이너 배포에 사용하는 **ECS 클러스터**ECS cluster를 작성한다.

예제 9-16 클러스터 정의(05_cluster.tf)

```
resource "aws_ecs_cluster" "springboot" {
  name = "${var.app_name}-cluster"
}
```

다음으로 Step4에서 준비한 ECS 작업 정의 파일을 사용하여 서비스 실행에 필요한 작업을 [예제 9-17]처럼 정의한다. 또한 컨테이너상의 애플리케이션 로그를 영속화하기 위한 클라우드워치 로그와의 연계도 이 설정 파일에서 실시한다.

예제 9-17 ECS 작업 정의(06_task.tf)

```
### ※※※ 설정을 발췌해서 작성 ※※※
### Step4에서 준비한 파일 이용
data "template_file" "springboot" {
  template = "${file("task/app.json")}"

  vars {
    app_name = "${var.app_name}"
    aws_region = "${var.region}"
    aws_id = "${var.aws_id}"
  }
}

resource "aws_ecs_task_definition" "springboot" {
```

```
  family = "springboot"
  container_definitions = "${data.template_file.springboot.rendered}"
  requires_compatibilities = ["FARGATE"]
  network_mode = "awsvpc"
  execution_role_arn = "${aws_iam_role.ecs_task_role.arn}"
  cpu = 512
  memory = 1024

  ### 클라우드워치 로그 연계
  depends_on = [
    "aws_cloudwatch_log_group.springboot"
  ]
}
```

작업 정의 후, 컨테이너에 대한 요청을 중개하는 ALB를 [예제 9–18]과 같이 정의한다. ALB 로그는 미리 준비한 S3에 저장한다.

예제 9-18 로드 밸런서 정의(07_alb.tf)

```
### ※※※ 설정을 발췌해서 작성 ※※※
resource "aws_alb" "springboot" {
  name = "${var.app_name}-alb"
  internal = false

  security_groups = ["${data.aws_security_group.public.id}"]
  subnets = ["${data.aws_subnet.public_1.id}","${data.aws_subnet.public_2.id}"]

  ### 로그를 보관할 S3 버킷 지정
  access_logs {
    bucket = "${var.app_name}-accesslog"
    prefix = "alb_log"
  }

  idle_timeout = 400

  tags {
    Name = "${var.app_name}-alb"
    Group = "${var.app_name}"
  }
}

resource "aws_alb_target_group" "springboot" {
```

```
    name = "${var.app_name}-tg"
    port = 80
    protocol = "HTTP"
    vpc_id = "${data.aws_vpc.selected.id}"
    target_type = "ip"
}

resource "aws_alb_listener" "springboot" {
    load_balancer_arn = "${aws_alb.springboot.id}"
    port = "80"
    protocol = "HTTP"
    dcfault_action {
        target_group_arn = "${aws_alb_target_group.springboot.id}"
        type = "forward"
    }
}
```

다음은 ALB와 ECS 작업 정의를 바탕으로 [예제 9-19]와 같이 ECS 서비스를 정의한다

예제 9-19 ECS 서비스 정의(08_service.tf)

```
### *** 설정을 발췌해서 작성 ***
resource "aws_ecs_service" "springboot" {
  name = "${var.app_name}-service"
  cluster = "${aws_ecs_cluster.springboot.id}"
  ### 아마존 ECS 작업 정의에 링크
  task_definition = "${aws_ecs_task_definition.springboot.arn}"
  desired_count = 1
  launch_type = "FARGATE"

  ### ALB 연계
  load_balancer {
    target_group_arn = "${aws_alb_target_group.springboot.id}"
    container_name = "springboot"
    container_port = 18081
  }

  ### 여러 서브넷을 지정하여 가용성 담보
  network_configuration {
    subnets = [
      "${data.aws_subnet.public_1.id}",
      "${data.aws_subnet.public_2.id}"
    ]
```

```
    security_groups = [
      "${data.aws_security_group.public.id}"
    ]
    assign_public_ip = "true"
  }

  ### ALB 연계
  depends_on = [
    "aws_alb_listener.springboot"
  ]
}
```

마지막으로 ECS 서비스 정의에 대해 [예제 9–20]처럼 스케일 아웃, 스케일 인을 정의한다. [예제 9–20]에서는 스케일 아웃과 스케일 인을 다음과 같이 정의한다.

- **스케일 아웃**: CPU 사용률이 75% 이상(5분 평균)인 경우, 컨테이너 하나 추가
- **스케일 인**: CPU 사용률이 25% 이하(5분 평균)인 경우, 컨테이너 하나 정지

여기서는 컨테이너의 최대 실행 수와 최소 실행 수가 1이지만, 실제 서비스를 정의할 때는 서비스 특성에 맞춰 컨테이너의 최대/최소 실행 수를 정의하길 바란다.

예제 9-20 ECS 서비스 확장 정의(09_autoscale.tf)

```
### ※※※ 설정을 발췌해서 작성 ※※※
resource "aws_cloudwatch_metric_alarm" "service_sacle_out_alerm" {
  alarm_name = "${var.app_name}-ECSService-CPU-Utilization-High-75"
  comparison_operator = "GreaterThanOrEqualToThreshold"
  evaluation_periods = "1"
  metric_name = "CPUUtilization"
  namespace = "AWS/ECS"
  period = "300"
  statistic = "Average"
  threshold = "75"

  dimensions {
   ClusterName = "${aws_ecs_cluster.springboot.name}"
   ServiceName = "${aws_ecs_service.springboot.name}"
  }

  alarm_actions = ["${aws_appautoscaling_policy.scale_out.arn}"]
}
```

```
resource "aws_cloudwatch_metric_alarm" "service_sacle_in_alerm" {
 alarm_name = "${var.app_name}-ECSService-CPU-Utilization-Low-25"
 comparison_operator = "LessThanThreshold"
 evaluation_periods = "1"
 metric_name = "CPUUtilization"
 namespace = "AWS/ECS"
 period = "300"
 statistic = "Average"
 threshold = "25"

 dimensions {
  ClusterName = "${aws_ecs_cluster.springboot.name}"
  ServiceName = "${aws_ecs_service.springboot.name}"
 }

 alarm_actions = ["${aws_appautoscaling_policy.scale_in.arn}"]
}

resource "aws_appautoscaling_target" "ecs_service_target" {
 service_namespace = "ecs"
 resource_id
  = "service/${aws_ecs_cluster.springboot.name}/${aws_ecs_service.springboot.name}"
 scalable_dimension = "ecs:service:DesiredCount"
 role_arn = "${aws_iam_role.ecs_autoscale_role.arn}"
 ### 예제이므로 최대 실행 수와 최소 실행 수가 1이다.
 min_capacity = 1
 max_capacity = 1
}

resource "aws_appautoscaling_policy" "scale_out" {
 name = "scale-out"
 resource_id
  = "service/${aws_ecs_cluster.springboot.name}/${aws_ecs_service.springboot.name}"
 scalable_dimension
  = "${aws_appautoscaling_target.ecs_service_target.scalable_dimension}"
 service_namespace
  = "${aws_appautoscaling_target.ecs_service_target.service_namespace}"
 adjustment_type = "ChangeInCapacity"
 cooldown = 300
 metric_aggregation_type = "Average"

 step_adjustment {
  metric_interval_lower_bound = 0
  scaling_adjustment = 1
```

```
    }

    depends_on = ["aws_appautoscaling_target.ecs_service_target"]
}

resource "aws_appautoscaling_policy" "scale_in" {
 name = "scale-in"
 resource_id
  = "service/${aws_ecs_cluster.springboot.name}/${aws_ecs_service.springboot.name}"
 scalable_dimension
  = "${aws_appautoscaling_target.ecs_service_target.scalable_dimension}"
 service_namespace
  = "${aws_appautoscaling_target.ecs_service_target.service_namespace}"
 adjustment_type = "ChangeInCapacity"
 cooldown = 300
 metric_aggregation_type = "Average"

 step_adjustment {
  metric_interval_upper_bound = 0
  scaling_adjustment = -1
 }

 depends_on = ["aws_appautoscaling_target.ecs_service_target"]
}
```

위의 내용을 정의한 후, [예제 9–21] 명령을 실행하면, 애플리케이션 스택이 작성된다.

예제 9-21 Step5. 프로비저닝

```
$ cd /path/to/provisioning/step3_bootapp_setting
$ terraform plan
$ terraform apply

(생략)
aws_cloudwatch_metric_alarm.service_sacle_out_alerm: Creation complete after 2s
(ID: springboot-fargate-sample-ECSService-CPU-Utilization-
High-75)
aws_cloudwatch_metric_alarm.service_sacle_in_alerm: Creation complete after 2s
(ID: springboot-fargate-sample-ECSService-CPU-Utilization-
Low-25)

Apply complete! Resources: 18 added, 0 changed, 0 destroyed.
```

명령 실행 후, 관리 콘솔에 로그인하면 [그림 9-6]처럼 AWS ECS 클러스터가 동작한다.

그림 9-6 Step5. 프로비저닝 후

애플리케이션 엔드포인트는 [그림 9-7] 로드 밸런서 관리 화면의 굵은 테두리에서 확인할 수 있다.

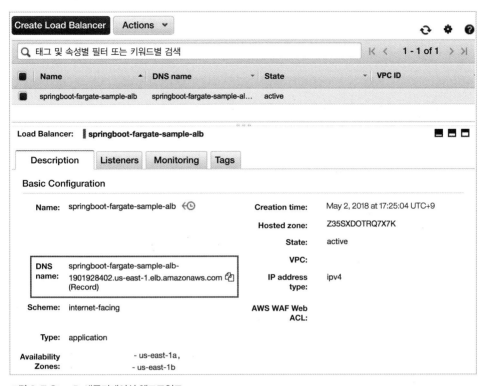

그림 9-7 Step5. 애플리케이션 엔드포인트

브라우저로 애플리케이션 엔드포인트의 경로인 /admin에 액세스하면, [그림 9-8]과 같은 애플리케이션 로그인 화면이 뜬다.

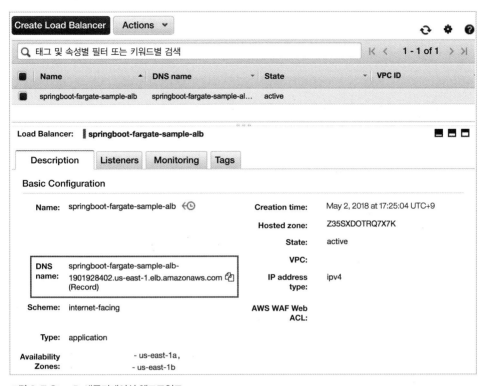

그림 9-8 Step5. 로그인 화면

이미 테스트 사용자로 등록된 사용자 ID : test@sample.com, 비밀번호 : passw0rd를 입력해 로그인하면, [그림 9-9]처럼 메인 화면으로 전환된다.

그림 9-9 Step5. 로그인 후 메인 화면

애플리케이션 로그는 아마존 클라우드워치 로그에 출력되므로 기대하는 동작이 실행되지 않는다면 클라우드워치 로그(그림 9-10)를 확인하길 바란다.

CloudWatch > Log Groups > awslogs-springboot-fargate-sample-log > awslogs-springboot-fargate-sample-springboot/springboot/
2a61b358e150

Expand all ● Row ○ Text

Filter events   all   30s   5m   1h   6h   1d   1w   custom ▾

▸	h (UTC +00:00)	Messages
	2018-05-02	
▸	09:10:11	2018-05-02 09:10:11.423 [::] INFO 1 --- [main] o.s.b.f.xml.XmlBeanDefinitionReader : Loading XML bean definitions from class path re
▸	09:10:11	2018-05-02 09:10:11.721 [::] INFO 1 --- [main] o.s.jdbc.support.SQLErrorCodesFactory : SQLErrorCodes loaded: [DB2, Derby, H2, HS
▸	09:10:11	2018-05-02 09:10:11.813 [::] INFO 1 --- [main] com.zaxxer.hikari.HikariDataSource : HikariPool-1 - Started.
▸	09:10:13	2018-05-02 09:10:13.611 [::] INFO 1 --- [main] o.f.core.internal.util.VersionPrinter : Flyway 4.2.0 by Boxfuse
▸	09:10:13	2018-05-02 09:10:13.629 [::] INFO 1 --- [main] o.f.c.i.dbsupport.DbSupportFactory : Database: jdbc:mysql://springboot-fargate-sampl
▸	09:10:14	2018-05-02 09:10:14.027 [::] INFO 1 --- [main] o.f.core.internal.command.DbValidate : Successfully validated 6 migrations (execution t
▸	09:10:14	2018-05-02 09:10:14.135 [::] INFO 1 --- [main] o.f.core.internal.command.DbMigrate : Current version of schema `sample`: null
▸	09:10:14	2018-05-02 09:10:14.137 [::] INFO 1 --- [main] o.f.core.internal.command.DbMigrate : Schema `sample` is up to date. No migration ne
▸	09:10:14	2018-05-02 09:10:14.416 [::] INFO 1 --- [main] o.s.jdbc.datasource.init.ScriptUtils : Executing SQL script from class path resource [org
▸	09:10:14	2018-05-02 09:10:14.522 [::] INFO 1 --- [main] o.s.jdbc.datasource.init.ScriptUtils : Executed SQL script from class path resource [org
▸	09:10:15	2018-05-02 09:10:15.016 [::] INFO 1 --- [main] o.s.j.e.a.AnnotationMBeanExporter : Registering beans for JMX exposure on startup
▸	09:10:15	2018-05-02 09:10:15.019 [::] INFO 1 --- [main] o.s.j.e.a.AnnotationMBeanExporter : Bean with name 'dataSource' has been autodetec
▸	09:10:15	2018-05-02 09:10:15.027 [::] INFO 1 --- [main] o.s.j.e.a.AnnotationMBeanExporter : Located MBean 'dataSource': registering with JM)
▸	09:10:15	2018-05-02 09:10:15.122 [::] INFO 1 --- [main] s.a.ScheduledAnnotationBeanPostProcessor : No TaskScheduler/ScheduledExecutorS
▸	09:10:15	2018-05-02 09:10:15.213 [::] DEBUG 1 --- [main] c.sample.web.base.filter.ClearMDCFilter : Initializing filter 'clearMDCFilter'
▸	09:10:15	2018-05-02 09:10:15.213 [::] DEBUG 1 --- [main] c.sample.web.base.filter.ClearMDCFilter : Filter 'clearMDCFilter' configured successf
▸	09:10:15	2018-05-02 09:10:15.213 [::] DEBUG 1 --- [main] c.s.w.b.f.CustomCharacterEncodingFilter : Initializing filter 'characterEncodingFilter'
▸	09:10:15	2018-05-02 09:10:15.213 [::] DEBUG 1 --- [main] c.s.w.b.f.CustomCharacterEncodingFilter : Filter 'characterEncodingFilter' configured
▸	09:10:15	2018-05-02 09:10:15.220 [::] INFO 1 --- [main] o.e.j.s.h.ContextHandler.application : Initializing Spring FrameworkServlet 'dispatcherS(
▸	09:10:15	2018-05-02 09:10:15.220 [::] INFO 1 --- [main] o.s.web.servlet.DispatcherServlet : FrameworkServlet 'dispatcherServlet': initialization s
▸	09:10:15	2018-05-02 09:10:15.328 [::] INFO 1 --- [main] o.s.web.servlet.DispatcherServlet : FrameworkServlet 'dispatcherServlet': initialization c
▸	09:10:15	2018-05-02 09:10:15.520 [::] INFO 1 --- [main] o.e.jetty.server.AbstractConnector : Started ServerConnector@5b367418{HTTP/1.1,[htt|
▸	09:10:15	2018-05-02 09:10:15.523 [::] INFO 1 --- [main] .s.b.c.e.j.JettyEmbeddedServletContainer : Jetty started on port(s) 18081 (http/1.1)
▸	09:10:15	2018-05-02 09:10:15.605 [::] INFO 1 --- [main] com.sample.web.admin.Application : Started Application in 44.89 seconds (JVM runnin

No newer events found at the moment. Retry.

그림 9-10 Step5. 애플리케이션 로그

테스트로 환경을 구축했다면, 정의 파일이 위치한 세 개의 디렉터리에서 환경 파기를 잊지 말고 실행하자. 명령은 [예제 9-22]와 같다.

예제 9-22 환경 파기(테라폼)

```
$ terraform destroy

(생략)
Destroy complete! Resources: 11 destroyed.
```

## CHAPTER 10

스프링 5와 스프링 부트 2의 신기능

2017년에 출시된 스프링 5와 2018년에 출시된 스프링 부트 2의 새로운 기능 중에서 향후 중요하다고 생각되는 **웹플럭스**WebFlux에 대해 설명한다.

10.1 웹플럭스

HTTP를 이용한 시스템 범위가 확대되고 동시 액세스가 늘면서 웹 애플리케이션의 컴퓨터 리소스 대기 시간이 많이 늘어났다. 이에 따라 비동기 처리를 사용한 웹 애플리케이션이 필요해졌다. 그 해결책으로 스프링 5와 스프링 부트 2는 리액티브 프로그래밍인 **웹플럭스**를 이용해 웹 프로그램을 작성한다. 이 프로그램은 동기 방식이 아니므로 블록되지 않고 실행된다. 즉, I/O 대기 같은 상태가 되지 않으므로 I/O가 발생하더라도 실행된다.

2018년에는 IoT나 API를 활용한 데이터 수집과 같이 기존보다 더 많은 데이터를 취급하는 경우가 많아졌다. 많은 데이터를 처리하기 위해 풍부한 리소스를 이용해 병렬 처리하려 했지만, 입출력 대기 등이 영향을 끼쳐 그다지 효과적으로 병행이나 병렬 처리를 할 수 없었다. 따라서 지금까지의 방식과는 다른 방식인 **비동기 스트리밍 처리**에 관심이 집중되었다.

웹플럭스를 이용해 웹 애플리케이션을 개발하려면 기존의 스프링 MVC 개발 방법에서 사용하는 애너테이션을 이용한 개발 방법과 자바 8 이상에서 적용되는 함수형 개발 방법 이 두 가지 방법을 사용한다. API 시대에서 개발하기 위해 **REST API**를 구현하는 방법과 사용법을 설명한다. 동일한 내용의 예제를 애너테이션을 사용한 예제와 함수형을 사용한 예제로 나눠 설명하므로 각각을 비교하며 그 차이를 알아보자.

10.1.1 애너테이션을 사용한 개발

스프링 MVC에서 사용하는 애너테이션으로 리액티브 프로그래밍하는 방법이 개발자의 학습 비용을 낮추는 바람직한 방법이었다. 따라서 웹플럭스는 애너테이션 프로그래밍 모델을 제공한다. 웹플럭스에서 애너테이션으로 라우팅(URL과 처리 매핑)과 파라미터 매핑을 구현한 다음, 리액터의 Mono나 Flux를 이용해서 리액티브 프로그램을 작성한다.

GET 요청에 문자열 반환하기

[예제 10-1]은 URL(/annotation/sample1)에 GET 요청을 받은 경우, Hello Annotation WebFlux World! 문자열을 반환하는 간단한 예다.

예제 10-1 GET 요청에 문자열을 반환하기

```
// 샘플 1 인수 없이 문자열을 반환하는 예
@GetMapping("/annotation/sample1")
public Mono<String> sample1(){
  return Mono.just("Hello Annotation WebFlux World!");
}
```

@GetMapping 애너테이션은 스프링 MVC와 마찬가지로 대상 경로를 설정한다. 웹플럭스 고유의 작성 방법은 반환값을 Mono 클래스로 반환한다. 스프링에서는 리액티브 프로그래밍 라이브러리인 리액터에서 제공하는 Mono를 사용한다. 이 클래스는 제네릭generic의 대상인 클래스를 비동기 스트리밍으로 반환한다. 이 반환 횟수가 1회이면 Mono를 사용하고, 여러 번이면 Flux를 사용한다. 샘플 1은 Hello Annotation WebFlux World! 문자열을 반환한다. Mono 클래스의 just 메서드는 인숫값이 확정된 타이밍에 Mono 인스턴스를 작성한다.

경로에 변수가 포함된 경우

[예제 10-2]는 URL에 포함된 값을 변수로 이용하는 예다. URL(/annotation/sample2/{name})의 {name}에 구체적인 값이 포함되어 GET 요청을 받은 경우 Mono<String>을 반환한다.

예제 10-2 경로에 변수가 포함된 경우

```
// 샘플 2 URL에 인수가 있는 경우
@GetMapping("/annotation/sample2/{name}")
public Mono<String> sample2(@PathVariable("name") String name){
  return Mono.just("Hello " + name);
}
```

스프링 MVC의 애너테이션인 @PathVariable을 사용하여, 경로에 포함된 값을 처리 로직의 인수로 사용한다.

쿼리 스트링에 인수가 포함된 경우

[예제 10-3]은 쿼리 스트링에 인수가 포함된 경우다.

예제 10-3 쿼리 스트링에 인수가 포함된 경우

```
// 샘플 3 쿼리 스트링에 인수가 있는 경우
@GetMapping("/annotation/sample3")
public Mono<String> sample3(@RequestParam("name") String name){
  return Mono.just("Hello " + name);
}
```

이 예제는 /annotation/sample3?name=btc와 같은 형태의 쿼리 스트링에서 name이라는 키값이 전송되는 것이 전제인 프로그램이다. 스프링 MVC의 애너테이션인 @RequestParam을 사용하여 쿼리 스트링에 들어 있는 값을 인수로 받아들인다. 이 예제에서는 반환값으로 전송된 파라미터를 JSON화해서 반환한다.

모든 쿼리 스트링을 취득하는 경우

[예제 10-4]는 전송된 모든 파라미터를 작성하지 않은 채, 모든 쿼리 스트링의 정보를 취득하고 싶은 경우의 예제다.

```
// 샘플 4 모든 쿼리 스트링을 취득하는 경우
@GetMapping("/annotation/sample4")
public Mono<Map<String,String>> handle4(@RequestParam Map<String,String> req) {
  return Mono.just(req);
}
```

샘플 4는 샘플 3과 비슷하지만, `Mono<Map<String, String>>`을 반환해 스프링 MVC와 마찬가지로 JSON을 반환한다.

[예제 10-5]에서는 샘플 1~4를 하나의 클래스로 구현한다.

예제 10-5 GET 요청(RestController)

```
import com.bigtreetc.arch.chapterten.rest.common.io.Output;
import org.springframework.web.bind.annotation.*;

import reactor.core.publisher.Mono;

import java.util.Map;

@RestController
public class GetAnnotationDemo {

  // 샘플 1 인수 없이 문자열을 반환하는 예
  @GetMapping("/annotation/sample1")
  public Mono<String> sample1(){
    return Mono.just("Hello Annotation WebFlux World!");
  }

  // 샘플 2 URL에 인수가 있는 경우
  @GetMapping("/annotation/sample2/{name}")
  public Mono<String> sample2(@PathVariable("name") String name){
    return Mono.just("Hello " + name);
  }

  // 샘플 3 쿼리 스트링에 인수가 있는 경우
  @GetMapping("/annotation/sample3")
  public Mono<String> sample3(@RequestParam("name") String name){
    return Mono.just("Hello " + name);
  }
```

```
// 샘플 4 모든 쿼리 스트링을 취득하는 경우
@GetMapping("/annotation/sample4")
public Mono<Map<String,String>> handle4(@RequestParam Map<String,String> req) {
  return Mono.just(req);
  }
}
```

송신된 데이터를 그대로 반환하는 경우

샘플 1~4는 GET 요청의 예였다. 여기서부터는 POST 요청의 예다. [예제 10-6]은 송신된 데이터값을 그대로 문자열로 반환하는 예다.

예제 10-6 POST 요청

```
// 샘플 5 송신된 데이터를 문자열로 취급해 그대로 반환하는 경우
@PostMapping("/annotation/sample5")
public Mono<String> handle1(@RequestBody String req){
  return Mono.just(req);
}
```

스프링 MVC와 마찬가지로 @PostMapping, @RequestBody를 사용한다. 또한 GET 요청처럼 Mono 클래스를 이용하여 반환한다.

폼으로부터 송신된 POST 요청

[예제 10-7]은 폼으로부터 송신된 데이터를 받아, 그 값의 조합을 JSON으로 반환한다.

예제 10-7 폼으로부터 송신된 POST 요청

```
// 샘플 6 x-www-form-urlencoded에 의해 폼이 송신된 경우
@PostMapping(value="/annotation/sample6")
public Mono<MultiValueMap<String,String>> handle2(@RequestBody MultiValueMap<String,
String> req){
  return Mono.just(req);
}
```

x-www-form-urlencoded에 의해 폼이 송신된 경우, 스프링 MVC와 마찬가지로 @RequestBody 애너테이션을 부여한 MultiValueMap형의 가인수(형식 인수)를 준비해서 사용한다.

Body에 JSON이 송신된 경우

[예제 10-8]은 POST 요청으로 Data 클래스에 매핑해서 받은 데이터를 Output 클래스에 매핑해 출력한다.

예제 10-8 Body에 JSON이 송신된 경우

```
// 샘플 7 Body에 JSON이 송신된 경우(POST)
// firstName, lastName, birthday(yyyyMMdd)가 요소인 JSON이 송신된다.
@PostMapping("/annotation/sample7")
public Mono<Output> handle3(@RequestBody Data req){
  return Mono.just(ConvetUtil.convert(req));
}
```

다음은 ConvetUtil, Data, Output 클래스의 전체 코드다.

예제 10-9 ConvetUtil

```
import com.bigtreetc.arch.chapterten.rest.common.io.Data;
import com.bigtreetc.arch.chapterten.rest.common.io.Output;

import java.time.LocalDate;
import java.time.format.DateTimeFormatter;
import java.time.temporal.ChronoUnit;

public class ConvetUtil {

  public static Output convert(Data input){

    Output out = new Output();
    out.setName(input.getLastName() + " " +input.getFirstName());
    out.setAge(calcAge(input.getBirthday()));

    return out;
  }

  private static long calcAge(String birthday) {
    LocalDate birth = LocalDate.parse(birthday, DateTimeFormatter.
ofPattern("yyyyMMdd"));
    return ChronoUnit.YEARS.between(birth,LocalDate.now());
  }
}
```

[예제 10-10]은 입력값을 매핑하는 POJO의 **Data** 클래스다. 입력된 **Data** 클래스의 성명을 연결하여 이름으로 설정하고, 생년월일에서 현재 나이를 계산해 나이로 취급한다.

예제 10-10 Data

```java
import java.util.Date;

public class Data {

  private String firstName;
  private String lastName;

  // 생일을 yyyyMMdd로 표시한 것
  private String birthday;

  public String getFirstName() {
    return firstName;
  }

  public void setFirstName(String firstName) {
    this.firstName = firstName;
  }

  public String getLastName() {
    return lastName;
  }

  public void setLastName(String lastName) {
    this.lastName = lastName;
  }

  public String getBirthday() {
    return birthday;
  }

  public void setBirthday(String birthday) {
    this.birthday = birthday;
  }
}
```

[예제 10-11]은 반환값의 POJO를 나타내는 **Output** 클래스다.

```
public class Output {

  private String name;
  private long age;

  public String getName() {
    return name;
  }

  public void setName(String name) {
    this.name = name;
  }

  public long getAge() {
    return age;
  }

  public void setAge(long age) {
    this.age = age;
  }
}
```

[예제 10-12]는 샘플 5~7이 작성된 컨트롤러다.

예제 10-12 POST 요청의 예를 나타낸 RestController

```
import com.bigtreetc.arch.chapterten.rest.common.io.Data;
import com.bigtreetc.arch.chapterten.rest.common.io.Output;
import com.bigtreetc.arch.chapterten.rest.common.util.ConvetUtil;
import org.springframework.http.MediaType;
import org.springframework.util.MultiValueMap;
import org.springframework.web.bind.annotation.PostMapping;
import org.springframework.web.bind.annotation.RequestBody;
import org.springframework.web.bind.annotation.RequestParam;
import org.springframework.web.bind.annotation.RestController;
import reactor.core.publisher.Mono;
import java.util.Map;

@RestController
public class PostAnnotationDemo {
```

```
// 샘플 5 송신된 데이터를 문자열로 취급해 그대로 반환하는 경우
@PostMapping("/annotation/sample5")
public Mono<String> handle1(@RequestBody String req){
  return Mono.just(req);
}

// 샘플 6 x-www-form-urlencoded에 의해 폼이 송신된 경우
@PostMapping(value="/annotation/sample6")
public Mono<MultiValueMap<String,String>> handle2(@RequestBody MultiValueMap<String,
String> req){
  return Mono.just(req);
}

// 샘플 7 Body에 JSON이 송신된 경우(POST)
// firstName, lastName, birthday(yyyyMMdd)가 요소인 JSON이 송신된다.
@PostMapping("/annotation/sample7")
public Mono<Output> handle3(@RequestBody Data req){
  return Mono.just(ConvetUtil.convert(req));
}

}
```

애너테이션을 이용한 작성 방법은 기존의 스프링 MVC 애너테이션을 사용하면서 Mono나 Flux 클래스를 이용해 비동기 스트리밍에 대응하는 기법이다.

10.1.2 함수형 프로그래밍 개발

웹플럭스는 애너테이션으로 프로그램을 작성하는 것이 아니라 자바 8에 도입된 **함수형 프로그래밍**functional programming 모델을 이용한다. 이 방법을 사용하기 위해 **라우터 함수**router function를 묶은 스프링 빈과 웹 처리를 실시하는 **핸들러 함수**handler function를 작성한다.

핸들러 함수

핸들러 함수는 웹 처리를 실시하는 메서드다. 가인수로 ServerRequest를 갖고, 반환값은 Mono<ServerResponse> 또는 Flux<ServerResponse>로 구현한다.

예제 **10-13** GreetingHandler

```
@Component
public class GreetingHandler {

  public Mono<ServerResponse> hello(ServerRequest request) {
    return ServerResponse.ok().contentType(MediaType.TEXT_PLAIN)
      .body(BodyInserters.fromObject("Hello, Spring!"));
  }
}
```

[예제 10-13]은 **스프링 프레임워크 가이드**[1]에 있는 내용이다. 이 메서드를 준비하여 메서드 참조로 라우터 함수에 등록한다.

라우터 함수

라우터 함수는 URL의 일부인 경로와 핸들러 함수를 연결한다. 이 함수는 RouterFunction
<ServerResponse>를 반환한다. 스프링은 이 타입의 빈을 웹 애플리케이션의 경로 정보로 이용한다. @Bean을 이용한 메서드에서 경로 정보를 정의하고, 그 대상 클래스에 설정을 나타내는 @Configuration 애너테이션을 부여한다.

예제 **10-14** GreetingRouter

```
@Configuration
public class GreetingRouter {

  @Bean
  public RouterFunction<ServerResponse> route(GreetingHandler greetingHandler) {
    return RouterFunctions
      .route(RequestPredicates.GET("/hello").and(RequestPredicates.accept(MediaType.
TEXT_PLAIN)), greetingHandler::hello);
  }
}
```

[예제 10-14]도 핸들러 함수와 마찬가지로 스프링 프레임워크 가이드에 있는 내용이다.
RouterFunction<ServerResponse>를 작성하기 위해, 라우터 함수의 route 메서드를 이용한다. route 메서드에서는 첫 번째 인수에 RequestPredicates 인터페이스, 두 번째 인수에

---

1 스프링 프레임워크 가이드 URL *https://spring.io/guides/gs/reactive-rest-service/*

HadlerFunction 인터페이스(함수 인터페이스)를 취한다.

RequestPredicates의 GET 메서드를 이용해 RequestPredicates 구현 클래스의 인스턴스를 생성한다. [예제 10-14]는 경로(/hello)에 GET 요청이 있고, accept 헤더가 TEXT/PLAIN인 액세스 조건을 나타낸다. 이 조건을 만족할 때, greetingHandler 클래스의 hello() 메서드를 호출한다.

10.1.3 함수형을 사용한 프로그램

위에서 설명한 함수형을 사용한 웹 애플리케이션 예를 살펴보자. 애너테이션을 사용한 웹 애플리케이션과 기능은 동일하다(Flux의 예인 샘플 8과 WebClient의 예인 샘플 9는 다르다).

샘플은 1~9까지 있으며, 샘플 1~4는 GET 메서드를 이용한 예제, 샘플 5~7은 POST 메서드를 이용한 예제, 샘플 8은 Flux를 이용한 예제, 샘플 9는 WebClient를 이용한 예제이다. 각각 DemoGetHandler, DemoPostHandler, FluxDemoHandler, ClientDemoHandler로 구현한다.

문자열을 반환하는 핸들러

[예제 10-15]는 문자열을 반환하는 핸들러다.

예제 **10-15** 문자열을 반환하는 핸들러

```
// 샘플 1 인수 없이 문자열을 반환하는 예
public Mono<ServerResponse> handle1(ServerRequest req){
  return ServerResponse.ok().body(Mono.just("Hello"),String.class);
}
```

경로에 변수가 있는 핸들러

[예제 10-16]은 경로에 변수가 있는 핸들러다.

예제 **10-16** 경로에 변수가 있는 핸들러

```java
// 샘플 2 URL에 인수가 있는 경우
public Mono<ServerResponse> handle2(ServerRequest req){
  String name = req.pathVariable("name");
  return ServerResponse.ok().body(Mono.just("Hello "+name),String.class);
}
```

쿼리 스트링에 인수가 있는 핸들러

[예제 10-17]은 쿼리 스트링에 포함된 값을 이용해 처리하는 경우이다.

예제 **10-17** 쿼리 스트링에 인수가 있는 핸들러

```java
// 샘플 3 쿼리 스트링에 인수가 있는 경우
public Mono<ServerResponse> handle3(ServerRequest req){
  Optional<String> name = req.queryParam("name");
  return ServerResponse.ok().body(Mono.just("Hello "+name.orElse("Anonymous")),String.
class);
}
```

ServerRequest의 queryParam() 메서드로 송신된 값을 취득한다.

모든 쿼리 스트링을 취득하는 핸들러

[예제10-18]은 모든 쿼리 스트링을 취득해, 그대로 반환하는 핸들러다.

예제 **10-18** 모든 쿼리 스트링을 취득하는 핸들러

```java
// 샘플 4 모든 쿼리 스트링을 취득하는 경우
public Mono<ServerResponse> handle4(ServerRequest req) {
  return ServerResponse.ok().body(Mono.just(req.queryParam()), Map.class);
}
```

라우터 함수(샘플 1~4)

[예제 10-14]에서는 Configuration 애너테이션이 붙은 클래스로 경로 정보를 한 곳에서 설정했다. 하지만 실제 개발에서는 각 핸들러 함수를 구현한 클래스에서 관리하는 게 더 편리하다. [예제 10-19]에서는 샘플 1~4를 구현한 DemoGetHandler에 라우터 함수를 구현한다.

```java
import org.springframework.stereotype.Component;
import org.springframework.web.reactive.function.server.*;
import reactor.core.publisher.Mono;

import java.util.Map;
import java.util.Optional;
import java.util.stream.Collectors;

@Component
public class DemoGetHandler {

  // 샘플 1 인수 없이 문자열을 반환하는 예
  public Mono<ServerResponse> handle1(ServerRequest req){
    return ServerResponse.ok().body(Mono.just("Hello"),String.class);
  }

  // 샘플 2 URL에 인수가 있는 경우
  public Mono<ServerResponse> handle2(ServerRequest req){
    String name = req.pathVariable("name");
    return ServerResponse.ok().body(Mono.just("Hello "+name),String.class);
  }

  // 샘플 3 쿼리 스트링에 인수가 있는 경우
  public Mono<ServerResponse> handle3(ServerRequest req){
    Optional<String> name = req.queryParam("name");
    return ServerResponse.ok().body(Mono.just("Hello "+name.
orElse("Anonymous")),String.class);
  }

  // 샘플 4 모든 쿼리 스트링을 취득하는 경우
  public Mono<ServerResponse> handle4(ServerRequest req) {
    return ServerResponse.ok().body(Mono.just(req.queryParam()), Map.class);
  }

  public RouterFunction<ServerResponse> routerule(){
    return RouterFunctions.route(RequestPredicates.GET("/func/sample1"),this::handle1)
        .andRoute(RequestPredicates.GET("/func/sample2/{name}"),this::handle2)
        .andRoute(RequestPredicates.GET("/func/sample3"),this::handle3)
        .andRoute(RequestPredicates.GET("/func/sample4"),this::handle4);
  }
}
```

[예제 10-19]의 routerule() 메서드가 라우터 함수다. 여러 경로를 정의하려면 andRoute() 메서드를 사용해 경로를 추가한다.

송신된 데이터를 그대로 반환하는 경우

[예제 10-20]은 문자열 자체를 Body로 POST 송신한 경우의 처리 예다.

예제 **10-20** 송신된 데이터를 그대로 반환하는 경우

```
// 샘플 5 송신된 데이터를 문자열로 취급해 그대로 반환하는 경우
public Mono<ServerResponse> handle1(ServerRequest req){
  return ServerResponse.ok().body(req.bodyToMono(String.class),String.class);
}
```

[예제 10-20]에서는 Body에 문자열로 송신된 데이터를 Mono 클래스로 래핑해서 받고, 블록 되지 않은 상태 그대로 반환한다. 즉, I/O가 발생하는 타이밍에 실행된다.

폼에서 송신된 데이터를 수신하는 경우

화면에서 송신되는 데이터는 폼에서 송신되는 경우와 JSON을 직접 Body로 송신하는 경우가 있다. [예제 10-21]에서는 폼에서 송신된 데이터를 직접 취급한다. 스프링 MVC에서 폼을 처리하는 방법('5.2 폼 바인딩' 참조)과는 다르다.

예제 **10-21** 폼에서 송신된 데이터를 수신하는 경우

```
// 샘플 6 x-www-form-urlencoded에 의해 폼이 송신된 경우
public Mono<ServerResponse> handle2(ServerRequest req){
  Mono<MultiValueMap<String,String>> form = req.formData();

  return ServerResponse.ok().body(form,new ParameterizedTypeReference<MultiValueMap<Str
ing,String>>(){});
}
```

폼에서 송신된 데이터는 스프링 MVC와 마찬가지로 MultiValueMap에 매핑된다. 취득한 값 을 그대로 JSON으로 반환한다. MultiValueMap은 제네릭을 이용하므로 body() 메서드의 두 번째 인수는 ParameterizedTypeReference 클래스를 이용한다.

JSON이 송신된 경우

다음은 Body에 JSON 형식의 문자열이 송신된 경우다.

예제 10-22 JSON이 송신된 경우

```
// 샘플 7 Body에 JSON이 송신된 경우(POST)
// firstName, lastName, birthday(yyyyMMdd)가 요소인 JSON이 송신된다.
public Mono<ServerResponse> handle3(ServerRequest req){
    return ServerResponse.ok().body(req.bodyToMono(Data.class).
map(ConvetUtil::convert),Output.class);
}
```

애너테이션을 이용한 개발과 마찬가지로, 앞서 작성한 **Data** 클래스, **ConvetUtil** 클래스, **Output** 클래스를 이용한다. **Mono** 클래스인 상태로 스트림 처리와 동일하게 처리하는 방법은 웹플럭스다운 방법이다.

라우터 함수(샘플 5~7)

샘플 1~4와 마찬가지로, **POST** 처리인 샘플 5~7의 부분을 하나의 덩어리로 생각해 DemoPostHandler 클래스로 작성한다. [예제 10-23]은 라우터 함수와 DemoPostHandler 클래스를 구현한다.

예제 10-23 DemoPostHandler

```
import com.bigtreetc.arch.chapterten.rest.common.io.Data;
import com.bigtreetc.arch.chapterten.rest.common.io.Output;
import com.bigtreetc.arch.chapterten.rest.common.util.ConvetUtil;
import org.springframework.core.ParameterizedTypeReference;
import org.springframework.stereotype.Component;
import org.springframework.util.MultiValueMap;
import org.springframework.web.reactive.function.server.*;
import reactor.core.publisher.Mono;

import java.time.LocalDate;
import java.time.format.DateTimeFormatter;
import java.time.temporal.ChronoUnit;

@Component
public class DemoPostHandler {
```

```java
  // 샘플 5 송신된 데이터를 문자열로 취급해 그대로 반환하는 경우
  public Mono<ServerResponse> handle1(ServerRequest req){
    return ServerResponse.ok().body(req.bodyToMono(String.class),String.class);
  }

  // 샘플 6 x-www-form-urlencoded에 의해 폼이 송신된 경우
  public Mono<ServerResponse> handle2(ServerRequest req){
    Mono<MultiValueMap<String,String>> form = req.formData();
    return ServerResponse.ok().body(form,new ParameterizedTypeReference<MultiValueMap<S
tring,String>>(){});
  }

  // 샘플 7 Body에 JSON이 송신된 경우(POST)
  // firstName, lastName, birthday(yyyyMMdd)가 요소인 JSON이 송신된다.
  public Mono<ServerResponse> handle3(ServerRequest req){
    return ServerResponse.ok().body(req.bodyToMono(Data.class).
map(ConvetUtil::convert),Output.class);
  }

  public RouterFunction<ServerResponse> routerule(){
    return RouterFunctions.route(RequestPredicates.POST("/func/sample5"),this::handle1)
          .andRoute(RequestPredicates.POST("/func/sample6"),this::handle2)
          .andRoute(RequestPredicates.POST("/func/sample7"),this::handle3);
  }
}
```

Flux

[예제 10-24]는 Flux의 예로, 0부터 24를 순차적으로 송신한다.

예제 10-24 Flux의 예

```java
// 샘플 8 텍스트 스트림을 출력하는 예
public Mono<ServerResponse> fluxHandler(ServerRequest req){

  Flux<Integer> stream = Flux.fromStream(IntStream.range(0,24).boxed());

  return ServerResponse.ok().contentType(MediaType.TEXT_EVENT_STREAM).
body(stream,Integer.class);
}
```

라우터 함수(샘플 8)

위의 예제와 마찬가지로 이 핸들러를 FluxDemoHandler 클래스로 구현한다. [예제 10-25]는 라우터 함수와 FluxDemoHandler 클래스를 구현한다.

예제 10-25 FluxDemoHandler

```java
import org.springframework.http.MediaType;
import org.springframework.stereotype.Component;
import org.springframework.web.reactive.function.BodyInserters;
import org.springframework.web.reactive.function.server.*;
import reactor.core.publisher.Flux;
import reactor.core.publisher.Mono;

import java.util.stream.IntStream;

@Component
public class FluxDemoHandler {

    // 샘플 8 텍스트 스트림을 출력하는 예
    public Mono<ServerResponse> fluxHandler(ServerRequest req){

        Flux<Integer> stream = Flux.fromStream(IntStream.range(0,24).boxed());

        return ServerResponse.ok().contentType(MediaType.TEXT_EVENT_STREAM).
body(stream,Integer.class);
    }

    public RouterFunction<ServerResponse> routerule(){
        return RouterFunctions.route(RequestPredicates.GET("/func/
sample8"),this::fluxHandler);
    }
}
```

웹플럭스를 사용한 웹 액세스

스프링 MVC에서는 RestTemplate을 사용하여 웹을 동기로 액세스한다. 그에 반해 웹플럭스에서는 비동기로 액세스하는 WebClient를 제공한다. [예제 10-26]은 WebClient를 사용해 깃허브의 공개 API를 호출한다.

```
// 샘플 9 WebClient를 사용한 예(GET)
public Mono<ServerResponse> handle1(ServerRequest req){

  WebClient webClient = WebClient.create(GITHUB_BASE_URL);

  // 쿼리 스트링에 user가 포함되어 있는지 체크
  Optional<String> userName = req.queryParam("user");
  if(!userName.isPresent()){
    return ServerResponse.ok().body(Mono.just("user is Required"),String.class);
  }

  // 비동기 호출(비블록)
  Mono<List<GitHubRepository>> values = webClient.get()
        .uri("users/"+userName.get()+"/repos")
        .retrieve()
        .bodyToMono(new ParameterizedTypeReference<List<GitHubRepository>>(){});

  return ServerResponse.ok().body(values, new ParameterizedTypeReference<List<GitHubRep
ository>>(){});
}
```

라우터 함수(샘플 9)

위의 예제와 마찬가지로 이 핸들러를 ClientDemoHandler 클래스로 구현한다. [예제 10-27]
은 라우터 함수와 ClientDemoHandler 클래스를 구현한다.

예제 10-27 ClientDemoHandler

```
import com.bigtreetc.arch.chapterten.rest.common.io.GitHubRepository;
import org.springframework.beans.factory.annotation.Value;
import org.springframework.core.ParameterizedTypeReference;
import org.springframework.stereotype.Component;
import org.springframework.web.reactive.function.client.WebClient;
import org.springframework.web.reactive.function.server.*;
import reactor.core.publisher.Mono;

import java.util.List;
import java.util.Optional;

/**
```

```
 * Created by taka on 2018/05/01.
 */
@Component
public class ClientDemoHandler {

  private static final String GITHUB_BASE_URL = "https://api.github.com";

  // 샘플 9 WebClient를 사용한 예(GET)
  public Mono<ServerResponse> handle1(ServerRequest req){

    WebClient webClient = WebClient.create(GITHUB_BASE_URL);

    // 쿼리 스트링에 user가 포함되어 있는지 체크
    Optional<String> userName = req.queryParam("user");
    if(!userName.isPresent()){
      return ServerResponse.ok().body(Mono.just("user is Required"),String.class);
    }

    // 비동기 호출(비블록)
    Mono<List<GitHubRepository>> values = webClient.get().uri("users/"+userName.
get()+"/repos")
        .retrieve()
        .bodyToMono(new ParameterizedTypeReference<List<GitHubRepository>>(){});

    return ServerResponse.ok().body(values, new ParameterizedTypeReference<List<GitHubR
epository>>(){});
  }

  public RouterFunction<ServerResponse> routerule() {
    return RouterFunctions.route(RequestPredicates.GET("/func/sample9"),this::handle1);
  }
}
```

[예제 10−28]은 깃허브 API에 반환값을 매핑하는 **GitHubRepository**를 구현하므로 필요한 속성만 추출해 매핑한다.

예제 10-28 GitHubRepository

```
import com.fasterxml.jackson.annotation.JsonProperty;

public class GitHubRepository {

  private String id;
```

```java
    @JsonProperty("full_name")
    private String fullName;

    @JsonProperty("open_issues_count")
    private int issueCount;

    public String getId() {
      return id;
    }

    public void setId(String id) {
      this.id = id;
    }

    public String getFullName() {
      return fullName;
    }

    public void setFullName(String fullName) {
      this.fullName = fullName;
    }

    public int getIssueCount() {
      return issueCount;
    }

    public void setIssueCount(int issueCount) {
      this.issueCount = issueCount;
    }
  }
```

@JsonProperty 애너테이션을 사용해 반환값인 JSON을 이 클래스에 매핑한다.

전체 라우팅 설정

마지막으로 각 라우터 함수를 통합하는 빈을 클래스로 정의한다.

예제 10-29 RouteHandler

```java
import com.bigtreetc.arch.chapterten.rest.func.ClientDemoHandler;
import com.bigtreetc.arch.chapterten.rest.func.DemoGetHandler;
import com.bigtreetc.arch.chapterten.rest.func.DemoPostHandler;
```

```java
import com.bigtreetc.arch.chapterten.rest.func.FluxDemoHandler;
import org.springframework.context.annotation.Bean;
import org.springframework.stereotype.Component;
import org.springframework.web.reactive.function.server.RouterFunction;
import org.springframework.web.reactive.function.server.ServerResponse;

@Component
public class RouteHandler {

  private DemoGetHandler demoGetHandler;
  private DemoPostHandler demoPostHandler;
  private FluxDemoHandler fluxDemoHandler;
  private ClientDemoHandler clientDemoHandler;

  public RouteHandler(DemoGetHandler getHandler,
   DemoPostHandler postHandler,
   FluxDemoHandler fluxHandler,
   ClientDemoHandler clientHandler) {

    this.demoGetHandler = getHandler;
    this.demoPostHandler = postHandler;
    this.fluxDemoHandler = fluxHandler;
    this.clientDemoHandler = clientHandler;
  }

  @Bean
  public RouterFunction<ServerResponse> route(){
    return this.demoGetHandler.routerule()
      .and(demoPostHandler.routerule())
      .and(fluxDemoHandler.routerule()
      .and(clientDemoHandler.routerule())
      );
  }
}
```

RouterFunction<ServerResponse>를 반환하는 @Bean을 만들어 스프링에 함수형 웹플럭스 처리를 설정한다. 여기서는 생성자 주입으로 각 핸들러의 인스턴스를 주입하고, 각 핸들러에서 정의한 경로 메서드를 규칙으로 연결해 라우팅을 제공한다.

여기까지 향후에 중요한 역할을 할 웹플럭스의 개요를 예제를 통해 알아보았다.

## CHAPTER 11

로컬 개발 환경 구축

이 책은 스프링/스프링 부트를 어느 정도 알고 있는 사람들을 독자로 가정한다. 예제 프로젝트 개발 환경을 구축한 후, 예제를 구현해보면서 스프링 공식 튜토리얼과의 차이점을 파악해본다. 예제를 응용해보고 싶었던 사람이나 스프링 부트를 시작하는 사람에게 참고가 될 만한 내용을 담았다.

예제 프로젝트 개발 환경을 구축하려면 여러 소프트웨어가 필요하다. 소프트웨어를 설치할 때 특별한 주의 사항이 없다면 기본 설정으로 설치하면 된다.

11.1 깃 설치

예제 프로젝트는 소프트웨어 개발 플랫폼인 깃허브에 OSS로 공개되어 있다. 깃허브는 깃을 이용한 소프트웨어 개발 프로젝트를 위한 공유 웹 서비스다. 깃 다운로드 페이지[1]에서 다운로드하여 설치한다. 설치 후, `git --version` 명령이 제대로 작동하는지 확인하고 예제 프로젝트를 다운로드한다.

예제 11-1 깃 버전 표시

```
$ git --version
git version 2.18.0.windows.1
```

---

1 깃 다운로드 페이지 **URL** *https://git-scm.com/downloads/*

11.2 예제 프로젝트 다운로드

예제 프로젝트는 깃허브의 프로젝트 URL[2]에서 얻을 수 있다. 프로젝트를 배치하는 위치는 어디라도 문제없지만, 한국어가 포함된 경로에 배치하면 오류가 발생하므로 주의하길 바란다.

배치 위치를 확인한 후, git clone 명령으로 예제 프로젝트를 다운로드하자.

예제 11-2 예제 프로젝트 다운로드(git clone)

```
$ git clone https://github.com/miyabayt/spring-boot-doma2-sample.git
Cloning into 'spring-boot-doma2-sample'...
remote: Counting objects: 3713, done.
remote: Compressing objects: 100% (298/298), done.
remote: Total 3713 (delta 152), reused 437 (delta 95), pack-reused 3155
Receiving objects: 100% (3713/3713), 13.08 MiB | 531.00 KiB/s, done.
Resolving deltas: 100% (1491/1491), done.
```

11.2.1 예제 프로젝트 브랜치 설정

예제 프로젝트는 계속해서 개발 중이다. 또한 서비스를 제공하기 위한 코드도 아니다. 따라서 최신 버전의 프로그램에는 일부 결함이 있을 수도 있다. 이 책에서는 동작이 확인된 버전의 프로그램을 얻기 위해 git checkout 명령을 실시한다. 대상 브랜치는 2018_springbootbook 이다.

예제 11-3 예제 프로젝트의 작업 공간 전환(git checkout)

```
$ git checkout 2018_springbootbook
Branch '2018_springbootbook' set up to track remote branch '2018_springbootbook' from 'origin'.
Switched to a new branch '2018_springbootbook'
```

---

2 예제 프로젝트 저장소 **URL** *https://github.com/miyabayt/spring-boot-doma2-sample*

11.3 도커 설치

도커 설치가 필수는 아니지만, 예제 프로젝트를 실행하기 위해서는 MySQL 서버에 접속해야한다. 여기서는 도커를 사용해 MySQL 컨테이너를 실행하는 방법을 설명한다.

이 책에서는 무료 버전인 **도커 커뮤니티 에디션**^{Docker Community Edition}을 이용하기 때문에, 다운로드 페이지[3]에서 사용하는 OS용 도커를 다운로드하길 바란다. 이 책 집필 시점에는 다운로드를 위해 사용자 등록이 필요했다.

도커 커뮤니티 에디션 설치에 필요한 윈도우 요구 사항은 윈도우 10 프로 또는 윈도우 10 엔터프라이즈다. 이 요구 사항에 충족되지 않는다면 도커 툴박스를 설치한다. 도커 툴박스를 사용하는 경우에는 설치 후 **도커 퀵스타트 터미널**^{Docker Quickstart Terminal}로 도커를 실행한다.

설치 후 [예제 11-4]처럼 도커 명령이 제대로 동작하는지 확인하고 JDK를 설치한다.

예제 11-4 도커 설치 확인

```
$ docker --version
Docker version 18.03.0-ce, build 0520e24302

$ docker-compose --version
docker-compose version 1.20.1, build 5d8c71b2

$ docker ps
CONTAINER ID        IMAGE            COMMAND
CREATED             STATUS           PORTS           NAMES
```

11.4 JDK 설치

이 책에서는 집필 시점(2018년 10월)의 최신 버전인 JDK 11을 사용한다. 참고로 JDK 8에 대해서는 356쪽의 '칼럼 : JDK 8로 빌드하는 경우'를 참조하길 바란다. 먼저 JDK 배포 페이지[4]를 열고 JDK 11을 다운로드한다.

---

3 도커 다운로드 페이지 **URL** *https://hub.docker.com/search?q=&type=edition&offering=community*
4 JDK 배포 페이지 **URL** *https://jdk.java.net/*

다운로드한 파일의 압축을 풀고, 압축 푼 파일의 bin 폴더(예 : C:\jdk-11.0.1\bin)를 환경 변수인 Path에 추가한다. 환경 변수를 설정한 후, [예제 11-5]처럼 java -version 명령이 제대로 동작하는지 확인하고 IDE를 설치한다.

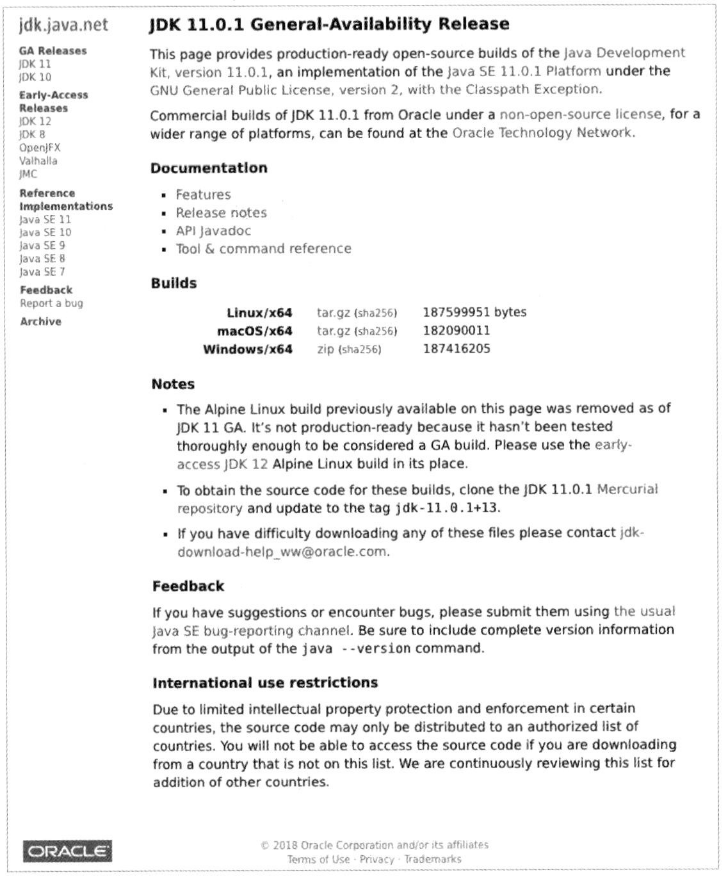

jdk.java.net

GA Releases
JDK 11
JDK 10

Early-Access Releases
JDK 12
JDK 8
OpenJFX
Valhalla
JMC

Reference Implementations
Java SE 11
Java SE 10
Java SE 9
Java SE 8
Java SE 7

Feedback
Report a bug

Archive

JDK 11.0.1 General-Availability Release

This page provides production-ready open-source builds of the Java Development Kit, version 11.0.1, an implementation of the Java SE 11.0.1 Platform under the GNU General Public License, version 2, with the Classpath Exception.

Commercial builds of JDK 11.0.1 from Oracle under a non-open-source license, for a wider range of platforms, can be found at the Oracle Technology Network.

Documentation

- Features
- Release notes
- API Javadoc
- Tool & command reference

Builds

Linux/x64	tar.gz (sha256)	187599951 bytes
macOS/x64	tar.gz (sha256)	182090011
Windows/x64	zip (sha256)	187416205

Notes

- The Alpine Linux build previously available on this page was removed as of JDK 11 GA. It's not production-ready because it hasn't been tested thoroughly enough to be considered a GA build. Please use the early-access JDK 12 Alpine Linux build in its place.
- To obtain the source code for these builds, clone the JDK 11.0.1 Mercurial repository and update to the tag jdk-11.0.1+13.
- If you have difficulty downloading any of these files please contact jdk-download-help_ww@oracle.com.

Feedback

If you have suggestions or encounter bugs, please submit them using the usual Java SE bug-reporting channel. Be sure to include complete version information from the output of the java --version command.

International use restrictions

Due to limited intellectual property protection and enforcement in certain countries, the source code may only be distributed to an authorized list of countries. You will not be able to access the source code if you are downloading from a country that is not on this list. We are continuously reviewing this list for addition of other countries.

ORACLE

© 2018 Oracle Corporation and/or its affiliates
Terms of Use · Privacy · Trademarks

그림 11-1 JDK 11 배포 페이지

예제 11-5 JDK 설치 확인

```
$ java -version
openjdk version "11.0.1" 2018-10-16
OpenJDK Runtime Environment 18.9 (build 11.0.1+13)
OpenJDK 64-Bit Server VM 18.9 (build 11.0.1+13, mixed mode)
```

11.5 IDE 설치

스프링 부트로 개발할 때는 이클립스 기반의 **스프링 툴 스위트**^{Spring Tool Suite}(STS)를 사용하는 경우가 많지만, 여기서는 필자가 즐겨 사용하는 **IntelliJ IDEA**를 사용하므로 그 사용법을 설명한다. 인텔리제이는 제트브레인^{JetBrains}에서 제공하는 통합 개발 환경으로, 최근에는 이클립스보다 이용률이 많아졌다.

먼저 다운로드 페이지[5]에서 설치 프로그램을 다운로드한다. 인텔리제이에는 유료 버전의 Ultimate Edition과 무료 버전의 Community Edition(CE)이 있다. 무료 버전을 사용하는 경우, 사용하는 OS를 선택한 후 다운로드한다. 버전 2018.2 이후에 JDK 11을 지원하기 시작했으므로 2018.2 이전 버전을 사용한다면 인텔리제이를 업데이트하자.

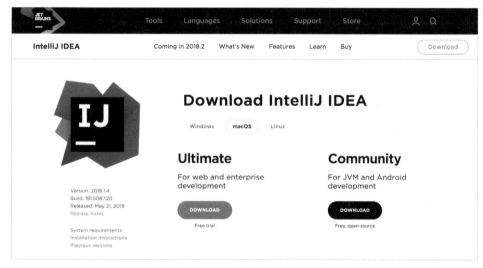

그림 11-2 인텔리제이 다운로드 페이지

11.5.1 인텔리제이 설정

설치가 완료되면 인텔리제이를 실행해 초기 설정을 한다.

---

5 인텔리제이 다운로드 페이지 **URL** *https://www.jetbrains.com/idea/*

JDK를 인텔리제이에 등록하기

앞에서 설치한 JDK를 인텔리제이에 등록한다.

그림 11-3 Welcome to IntelliJ IDEA 창

Welcome to IntelliJ IDEA 창의 오른쪽 아래에 있는 [Configure]에서 [Project Defaults]−
[Project Structure] 순으로 창을 연다.

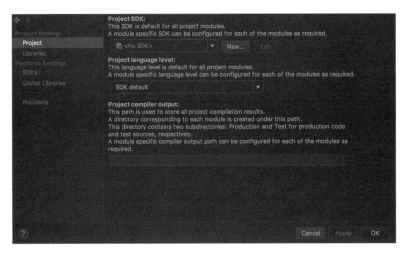

그림 11-4 Project Structure 창

Project Structure 창의 Project SDK가 빨간색 글씨로 No SDK를 표시한다면, [New...] 버튼을 눌러 [+JDK]를 선택한다. 디렉터리 선택 화면이 표시되고 JDK의 설치 장소인 C:\ jdk-11.0.1을 선택한다.

맥 운영체제에서 JDK 설치 장소는 /Library/Java/JavaVirtualMachines/jdk-11.0.1. jdk/Contents/Home/이다. 맥에서는 위 장소로 JDK 디렉터리 경로를 선택하면 된다.

그림 11-5 Project Structure 창(JDK 등록이 완료된 상태)

Project SDK가 11(java version "11.0.1")로 설정된 것을 확인하고 [OK]를 눌러 설정을 완료한다.

오라클 JDK는 2017년 9월 이전까지 무료로 사용했지만, 출시 모델의 변경[6]에 따라 유상 지원(Oracle Premier Support)을 구매하지 않으면 패치 제공(보안 업데이트 등)을 받을 수 없게 되었다(2019년 1월, JDK 8 지원 종료됨).[7]

위에서 언급한 변경에 의해 이 책에서 다루는 예제 프로젝트는 JDK 11이 대상이지만, JDK 8에서도 빌드할 수 있다.

JDK 8에서 빌드하려면 [예제 11-6]과 같이 build.gradle의 sourceCompatibility와 target Compatibility를 수정한다.

예제 11-6 컴파일러 옵션(JDK 8) 지정(build.gradle)

```
sourceCompatibility = 1.8
targetCompatibility = 1.8
```

build.gradle 수정 후, [그림 11-12]처럼 bootRun 작업을 수행하면 예제 애플리케이션을 실행할 수 있다.

Annotation Processor 활성화

예제 프로젝트에서는 롬복을 사용하므로 인텔리제이의 Annotation Processor를 활성화해야 한다. Welcome to IntelliJ IDEA 창의 오른쪽 아래에 있는 [Configure]에서 [Settings] (맥에서는 [Preferences])을 열고, [Build, Execution, Deployment]–[Compiler]– [Annotation Processors] 순으로 연다.

---

6 새로운 JDK 출시 모델과 제공 라이선스 URL *https://www.oracle.com/technetwork/jp/articles/java/ja-topics/ jdk-release-model-4487660-ja.html*

7 오라클 자바 SE 지원 로드맵 URL *https://www.oracle.com/technetwork/java/java-se-support-roadmap.html*

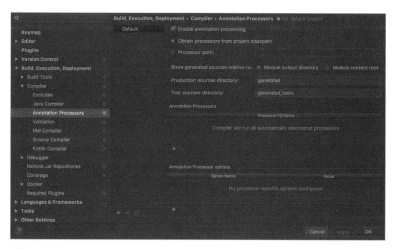

그림 11-6 Annotation Processors 설정 창

설정 창의 상단에 있는 [Enable annotation prosessing]에 체크를 한다.

플러그인 설치

이어서 필요한 플러그인을 설치한다. Settings 창(맥에서는 Preferences 창)의 [Plugins]을 선택하고 [Browse repositories...]를 누른다.

그림 11-7 Plugins 설정 창

검색 키워드에 lombok을 입력하면 리스트에 [Lombok Plugin]이 나온다. 이를 선택한 후 [Install] 버튼으로 플러그인을 설치한다.

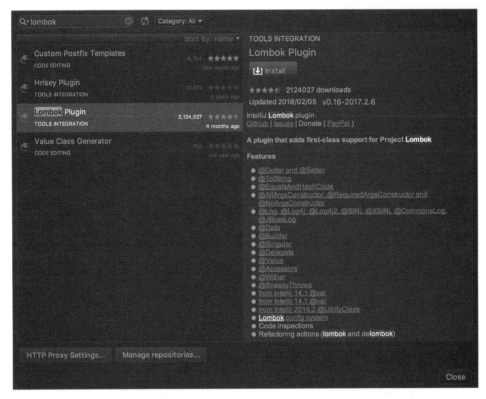

그림 11-8 Browse Repositories 창(롬복 플러그인)

윈도우에서 인텔리제이 설정하기

인텔리제이를 윈도우에서 사용할 때, 콘솔에 출력되는 로그에서 문자가 깨지는 문제를 해결하기 위해 아래 설정을 실시한다.

1 인텔리제이 메뉴에서 [Configure]–[Edit Custom VM Options...]를 선택한다.

2 설정 파일을 작성하는 경로를 묻는 질문에 [YES]를 선택한다.

3 편집기에서 설정 파일을 열기 때문에 -Dfile.encoding=UTF-8을 마지막 줄에 추가한다.

4 인텔리제이를 다시 시작한다.

11.5.2 IDE에서 예제 프로젝트 열기

Welcome to IntelliJ IDEA 창의 [Import Project]를 눌러, 깃에서 clone했을 때의 디렉터리를 선택한다.

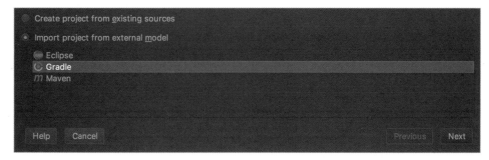

그림 11-9 Import Project 창

[Import project from external model]에서 [Gradle]을 선택하고 [Next] 버튼을 누른다.

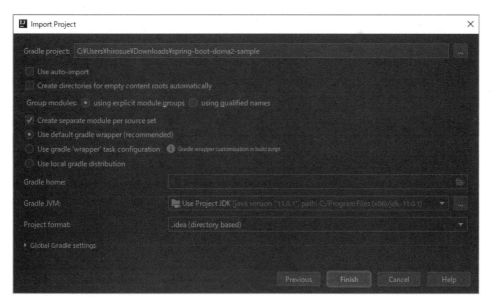

그림 11-10 Import Project 창

그레이들 프로젝트로 열고 싶다면 다음 두 가지 항목에 체크를 한다.

- Use auto-import
- Create directories for empty content roots automatically

[Gradle JVM]에는 Project SDK로 등록한 JDK를 선택하고 [Finish] 버튼을 누른다.

11.5.3 애플리케이션 실행하기

MySQL 컨테이너 실행

그레이들 창에서 [Tasks]–[docker]–[composeUp] 작업을 실행한다. 그레이들 창이 표시되지 않는다면 [View]–[Tool Windows]–[Gradle]을 선택한다.

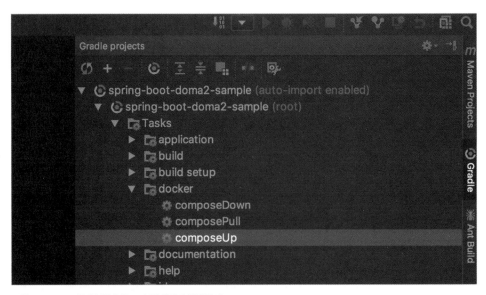

그림 11-11 그레이들 창에서 도커 컨테이너 실행하기

BUILD SUCCESSFUL이 표시되면, MySQL 컨테이너가 성공적으로 실행된 것이다.

sample-web-admin 실행

그레이들 창에서 [sample-web-admin]-[Tasks]-[application]-[bootRun] 작업을 실행한다.

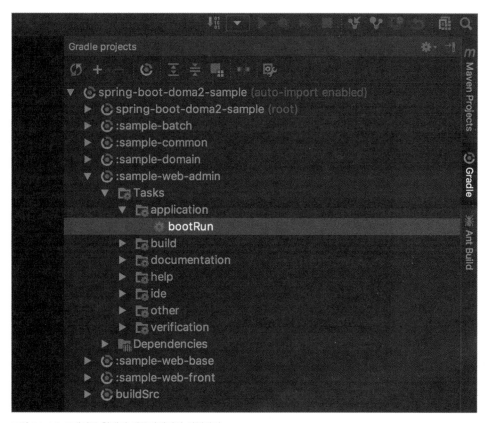

그림 11-12 그레이들 창에서 애플리케이션 실행하기

올바로 실행되었다면, 다음과 같은 로그가 출력된다.

예제 11-7 애플리케이션을 실행했을 때 로그 출력

```
(생략): Jetty started on port(s) 18081 (http/1.1)
(생략): Started Application in 15.24 seconds (JVM running for 17.079)
```

포트 18081에서 실행 중인 것을 확인했으므로 브라우저에서 `http://localhost:18081/admin`에 액세스하면 로그인 화면이 표시된다.

그림 11-13 브라우저에서 애플리케이션 실행 확인하기

도커 툴박스에서 데이터베이스 접속 설정

도커 툴박스를 사용하는 경우, 데이터베이스 접속처를 변경해야 한다. 먼저 명령 프롬프트에서 `docker-machine ls` 명령으로 도커의 IP 주소를 확인한다.

예제 11-8 DB 접속처 변경(application-local.yml)

```
$ docker-machine ls
NAME        ACTIVE  DRIVER      STATE     URL
SWARM       DOCKER  ERRORS
default     *       virtualbox  Running   tcp://192.168.99.100:2376
v18.05.0-ce
```

확인된 IP 주소를 바탕으로 **sample-web-admin/src/main/resources/application-local. yml**의 DB 접속처 정보를 [예제 11-9]와 같이 변경한다.

예제 11-9 DB 접속처 변경(application-local.yml)

```
1: spring:
2:   profiles: local
3:   messages:
4:    cache-seconds: -1
5:   datasource:
6:    platform: mysql
7:    driver-class-name: com.mysql.jdbc.Driver
8:    # url: jdbc:mysql://127.0.0.1:3306/sample?useSSL=false&characterEncoding=UTF-8
# <---- 변경 전
9:    url: jdbc:mysql://192.168.99.100:3306/sample?useSSL=false&characterEncoding=UTF-8
# <---- 변경 후
```

Column bootRun에서 오류가 발생할 경우(데이터베이스 재구축)

예제 프로젝트는 DB 마이그레이션 기능(7.2절 참고)을 사용한다. 예제 프로젝트 설치 확인 시, [예제 11-10] 과 같은 오류가 발생해 DB 마이그레이션에 실패하기도 한다.

예제 11-10 애플리케이션 실행 오류(DB 마이그레이션)

```
org.springframework.beans.factory.BeanCreationException: Error creating bean with
name 'flywayInitializer' defined in class path resource [org/springframework/
boot/autoconfigure/flyway/FlywayAutoConfiguration$FlywayConfiguration.class]:
Invocation of init method failed; nested exception is org.flywaydb.core.api.
FlywayException:Validate failed: Detected failed repeatable migration: 6 insert
permissions}
```

DB 마이그레이션을 수정하는 공식 절차는 플라이웨이의 공식 사이트[8]처럼 수정한 후 다시 마이그레이션해 야 한다. 하지만 이 프로젝트는 데이터베이스에 컨테이너 기술을 사용하기 때문에, 오류가 발생했을 때 [예제 11-11]처럼 DB 컨테이너를 삭제하고 재구축한 다음, 애플리케이션을 다시 실행하면 문제 해결 시간을 단축 할 수 있다.

---

8 플라이웨이 수리 **URL** *https://flywaydb.org/documentation/command/repair*

예제 11-11 데이터베이스 재구축

```
$ pwd
/path/to/directory/spring-boot-doma2-sample/docker
$ docker ps
CONTAINER ID  IMAGE        COMMAND
CREATED       STATUS       PORTS         NAMES
d044cd260c65      docker_mysql         "docker-entrypoint.s…"
3 weeks ago       Up 10 hours           0.0.0.0:3306->3306/tcp
docker_mysql_1
$ docker kill docker_mysql_1 && docker rm docker_mysql_1
$ docker-compose up -d
Creating docker_mysql_1 ... done
$ docker ps
CONTAINER ID  IMAGE        COMMAND
CREATED       STATUS       PORTS         NAMES
afc9e4dbe8ab      docker_mysql         "docker-entrypoint.s…"
3 seconds ago     Up 12 seconds         0.0.0.0:3306->3306/tcp
docker_mysql_1
```

## CHAPTER 12

예제 애플리케이션

예제 프로젝트는 다음 두 가지 웹 애플리케이션을 포함한다.

- 사용자에게 서비스를 제공하는 애플리케이션(sample-web-front)
- 서비스 제공에 수반되는 관리 애플리케이션(sample-web-admin)

여기서는 11장에서 설치한 서비스 제공에 수반되는 관리 애플리케이션인 sample-web-admin (이후 관리 애플리케이션) 이용 방법을 설명한다.

12.1 관리 애플리케이션의 기능

관리 애플리케이션은 다음과 같은 기능을 제공한다.

- 고객 관리(고객 마스터)
- 시스템 설정(담당자 마스터)
- 시스템 설정(공휴일 마스터)
- 시스템 설정(이메일 템플릿)
- 시스템 설정(파일 관리)
- 시스템 설정(역할 관리)

12.2 관리 애플리케이션 이용 방법

다음 순서대로 관리 애플리케이션 이용 방법을 설명한다.

1 로그인
2 시스템 담당자 패스워드 변경

12.2.1 로그인

브라우저에서 `http://localhost:18081/admin`으로 액세스한다.

[그림 12-1]과 같이 로그인 화면이 표시되고, [표 12-1] 로그인 정보를 입력하면 메인 화면
(그림 12-2)으로 전환된다.

그림 12-1 로그인 화면

표 12-1 로그인 정보

로그인 ID	패스워드
test@sample.com	passw0rd

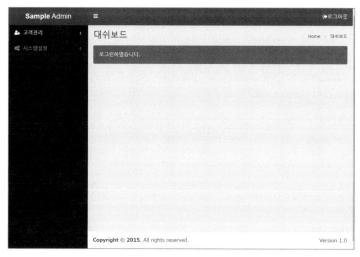

그림 12-2 메인 화면

12.2.2 시스템 담당자 패스워드 변경

왼쪽의 글로벌 메뉴에서 [시스템 설정]–[담당자 마스터]를 선택하고, [담당자 검색] 화면을 연다.

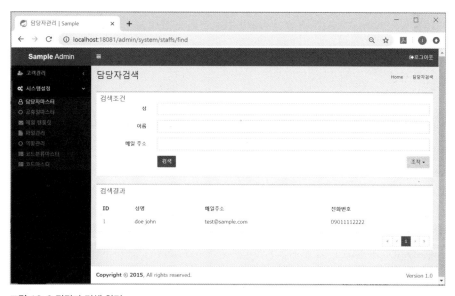

그림 12-3 담당자 검색 화면

담당자 검색 결과 리스트의 ID 항목에 링크가 연결되어 있으므로, '1'을 클릭해 담당자 상세 화면으로 이동한다.

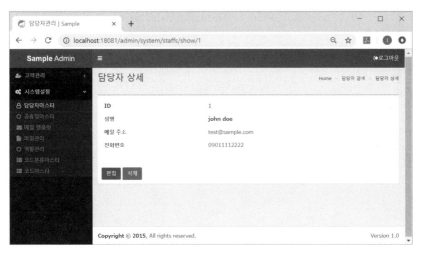

그림 12-4 담당자 상세 화면

담당자 상세 화면에서 편집을 누른 후, 패스워드를 디폴트값에서 변경하고 보관을 누른다. 오른쪽 상단의 로그아웃 버튼을 클릭하여 로그인 화면으로 이동한다.

그림 12-5 담당자 편집 화면

변경한 패스워드로 다시 로그인하여, 변경한 패스워드가 유효한지 확인한다.

그림 12-6 로그인 화면

다른 기능의 사용 방법은 예제 프로젝트의 소스 코드를 참고하며 확인하길 바란다.

참고로 예제 프로젝트는 오픈 소스이므로 버전에 따라 일부 기능이 제대로 작동하지 않을 수도 있다. 그런 경우에는 풀 리퀘스트와 이슈로 대응하길 바란다.

INDEX

INDEX

INDEX

INDEX

INDEX

INDEX